한글과 타자기
─한글 기계화의 기술, 미학, 역사

한글과 타자기 ─한글 기계화의 기술, 미학, 역사

초판 2쇄 발행 2024년 7월 4일
초판 1쇄 발행 2023년 11월 30일

지은이 김태호
펴낸이 정순구
책임편집 정윤경
기획편집 조원식 조수정
마케팅 황주영

출력 블루엔
용지 한서지업사
인쇄 한영문화사
제본 한영제책사

펴낸곳 (주) 역사비평사
등록 제300-2007-139호 (2007.9.20)
주소 10497 : 경기도 고양시 덕양구 화중로 100(비전타워21) 506호
전화 02-741-6123~5
팩스 02-741-6126
홈페이지 www.yukbi.com
이메일 yukbi88@naver.com

ⓒ 김태호, 2023
ISBN 978-89-7696-584-4 93910

이 도서는 한국출판문화산업진흥원의 '2023년 우수출판콘텐츠 제작 지원' 사업 선정작입니다.

한글과
타자기

한글 기계화의 기술, 미학, 역사

김태호 지음

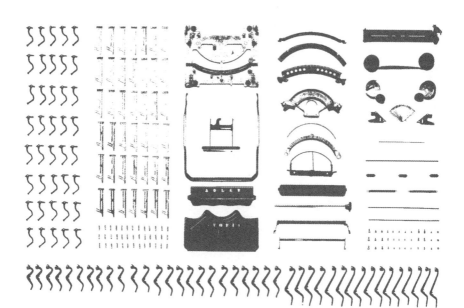

역사비평사

한글 타자기와 나

한때의 화학도가 한글 타자기의 역사에 대한 책을 쓰게 된 곡절

이 책의 씨앗이 내 마음의 밭에 떨어진 것은 1994년 봄의 일이다. 대학에 갓 입학한 나는 수험 시절 여유가 없어 배우지 못했던 컴퓨터부터 배우기로 마음 먹고, 부모님께서 장만해주신 개인용 컴퓨터(PC)를 쓰는 법을 이리저리 열심히 익히고 있었다. 컴퓨터라고는 1980년대 초중반 유행했던 애플투(Apple Ⅱ) 컴퓨터와 MSX로 잠시 게임을 해본 것이 전부였던지라, MS-DOS와 윈도(Windows) 운영체제를 처음부터 새로 익히는 일은 간단치 않았다. 더욱이 새 컴퓨터를 사며 주위듣기로는, 혼자서 컴퓨터를 쓰는 시대는 이제 저물었고 "모뎀"이라는 것을 이용하여 "피씨통신"이라는 곳에 접속하면 여러 사람과 수시로 소통하며 엄청나게 많은 정보를 얻을 수 있다는 것이었다. 그래서 부랴부랴 모뎀 카드를 사려 했더니 가격이 만만치 않아 주저하고 있었는데, 또 주워듣기로 전화국에 가면 모뎀과 비슷한 역할을 하는 "하이텔 단말기"라는 것을 적은 돈만(당시 5천 원) 보증금으로 내고 무기한 대여할 수 있다기에 냉큼 동네 전화국을 찾았다.

전화국에서 빌려 온 하이텔 단말기는 얼핏 보기에는 작은 브라운관 텔레비전처럼 생겼었다. 앞면 아래쪽에 경첩으로 연결되어 덮개가 달려 있었는데,

이것을 열어 앞으로 펴면 작은 키보드가 나타났다. 모뎀은 기판에 내장되어 있어서, 뒷면의 구멍에 전화선을 꽂으면 바로 "01410"으로 전화를 걸어 한국통신의 피씨통신 서비스 하이텔(Hitel)에 연결할 수 있었다. 하이텔 단말기의 정식 명칭은 '비디오텍스 정보검색용 단말기'로, 1991년 한국통신이 하이텔 서비스를 시작하면서 프랑스의 미니텔(Minitel)을 모델 삼아 보급한 전용 단말기였다.[01] 개인용 컴퓨터와 비교하면 기능에 제약이 많았지만, 컴퓨터가 없는 사람도 전화선만 있으면 간편하게 하이텔에 접속할 수 있도록 해주어 1990년대 피씨통신의 확산에 한몫을 거들었다.

하이텔 단말기를 켜고 01410으로 전화를 걸면 "삐, 삐이이이~ 치치치" 하는 날카로운 접속음과 함께 화면에 글자가 빼곡히 들어찼다. 한국통신은 하이텔을 통해 뉴스나 날씨, 주식 정보 같은 다양한 생활정보도 제공했지만, 대다수 이용자들은 자기들끼리 글과 댓글을 주고받을 수 있는 게시판(BBS)이나 채팅 서비스로 몰려들었다. 신문이나 방송과 달리 불특정다수의 대중이 쌍방향으로, 실시간으로 정보를 주고받을 수 있는 최초의 경험이었기 때문이다. 새로운 세계의 문턱을 넘어선 대학 신입생은 시간 가는 줄 모른 채 하이텔의 게시판들을 탐험하기 시작했다. 취미, 지역, 나이, 회사 또는 학교 등 다양한 주제에 따라 헤아리기 어려울 정도로 많은 게시판들이 열려 있었고, 밤낮없이 새로운 글이 올라왔다. 주제별로 나뉜 게시판 말고 누구나 어떤 주제에 대해서도 글을 쓸 수 있는 "플라자"라는 열린 광장 같은 공간도 있었다. 가장 많은 이들이 드나드는 곳이자 글이 가장 많이 올라오는 곳이기도 했으므로, 특별히 가보고 싶

---

01 「기술이 지나간 자리: '삐~' 모뎀 거쳐 키보드 소통… 피씨통신만을 위한 25×27㎝ 단말기」, 『문화일보』 2023. 7. 3, https://www.munhwa.com/news/view.html?no=2023070301032312000001, 2023. 7. 3 접속.

은 게시판이 없을 때 둘러보면 요즘 무엇이 화제인지 자연스레 알 수 있었다.

그런데 1994년 봄 플라자에서 글을 읽다 보면 유달리 자주 눈에 띄는 주제가 있었다. 바깥세상에서는 좀처럼 들어보지 못한 "세벌식"이니 "두벌식"이니, "조합형"이니 "완성형"이니 하는 말들을 두고 갑론을박하는 글들이 하루에도 열 편 넘게 올라왔다. 어떤 한글 자판이 좋은 자판인지, 어떤 한글 코드가 좋은 코드인지, 어른들—당시 대학 신입생의 눈에는 이런 곳에 글을 쓰는 사람은 다 형이나 어른으로 보였다—이 심각한 토론을 이어가고 있었다. 플라자에 올라온 이런 글들을 읽다 보면 바깥세상에는 아는 사람이 별로 없는 중요한 비밀을 알게 된 것 같은 우쭐한 기분도 들었다. 한글 자판은 두벌식보다 세벌식이 낫고, 한글 코드는 완성형보다 조합형이 나은데, 1994년 현재 한글 기계화 정책은 거꾸로 가서 표준 자판은 두벌식이고 표준 코드는 완성형이라는 주장이, 적어도 하이텔 플라자나 한글 기계화 관련 게시판에서는 다수의견이 되고 있었다.

이렇게 자판과 코드에 대한 글을 읽다 보니, 어느새 하이텔 단말기가 답답하게 느껴졌다. 나는 아직 한글 타자가 익숙하지 않았기에 양손 검지를 세워 콕콕 글자를 찍는 이른바 '독수리 타법'으로 하이텔에 로그인하고 더듬더듬 채팅을 하고 있었다. 하지만 하이텔 단말기에 달려 있는 키보드는 선택의 여지없는 표준 자판, 즉 두벌식이었다. 나는 이 자판을 더 열심히 익혀서 독수리 타법을 벗어나야 하는가? 아니면 어차피 새로 배우는 김에, 플라자에서 다들 칭찬하는 세벌식 자판을 배워볼까? 세벌식 자판이라는 것은 어디서 어떻게 익혀야 하는가?

다행히 새로 장만한 컴퓨터가 나의 목마름을 풀어주었다. 당시 개인용 컴퓨터를 사자마자 누구나 설치하던 필수 프로그램으로는 워드프로세서 '흔글', 타자연습 프로그램 '한메타자교사', 피씨통신 에뮬레이터(모뎀 조작 프로그램) '이야기' 등이 있었다. 말하자면 컴퓨터를 처음 산 사람도 이 정도 프로그램만 있으면 타자를 익히고, 문서를 쓰며, 궁금한 것이 있으면 피씨통신에 들어가 정보를 찾아볼 수도 있었으니, 그야말로 초보를 면케 해주는 기본 프로그램들이었다. 그런데 이 세 가지 프로그램에서 모두 한글 자판을 고를 수 있었다. 하이텔 단말기는 물론이고, 컴퓨터의 운영체제였던 MS-DOS도 표준 두벌식 자판말고는 지원하지 않았는데, 신생 민간 기업이나 심지어 아마추어 컴퓨터 동아리에서 만든 프로그램들은 달랐다. 마치 정부 정책 같은 건 모르겠다는 양, 설치 화면에서부터 "한글 자판은 두벌식과 세벌식 중 무엇으로 선택하시겠습니까?"라고 물어봄으로써 사용자들에게 생각할(또는 궁금해 할) 여지를 주었다.

역사상 손꼽을 정도로 무더웠던 1994년 여름, 나는 방학 내내 '한메타자교사'로 세벌식 자판을 배우는 데 몰두했다. 내 컴퓨터의 키보드에는 표준 두벌식 자판만 새겨져 있었지만, '한메타자교사'는 화면에 세벌식 자판 배열을 보여주면서 글쇠를 한 줄 한 줄 외울 수 있도록 가르쳐주었다. 어느 정도 글쇠가 손에 익자 프로그램에 내장된 게임인 '베네치아'를 통해 외워 치기를 익혔다. 베네치아는 하늘에서 낱말들이 "산성비"(어째서인지 나중 버전에서는 바이러스라고 설정이 바뀌었다)로 떨어지는 것을 막아내 도시가 부식되지 않도록 지켜내는 게임이었는데, 타자 학습 단계에 따라 가운뎃줄 글쇠만 사용한다든가 난이도를 조절할 수 있어서 여러 모로 유용했다. 방학 막바지에는 학교에서 시국 관련 행사로 전국에서 모여든 학생과 전투경찰이 대치하여 순환도로가 빨간 물감 섞은 최루액으로 물드는 등 여러 가지 사건이 있었지만, 그 와중에도 나는 타자 연습에 푹 빠져 있었던 것으로 기억한다.

그리고 2학기 이후 나는 컴퓨터에 대한 이야기가 나올 때면 선뜻 "나 세벌식 써"라고 스스로를 소개하고 다니게 되었다. 돌이켜 보면 당시 플라자 논객들이 대개 그러했듯, 나 혼자 세벌식을 쓰는 것을 넘어서 "이거 좋은데 너도 한번 써봐"라며 전도하듯 권유하고 싶은 마음도 조금은 있었던 것 같다. 하지만

한메타자교사(왼쪽)와 베네치아(아래)
도아, 「추억의 프로그램 6. 한메타자교사」, 도아의 블로 그(https://offree.net/entry/ Hanme-HTT), 2009. 3. 12 작 성. 2023. 9. 15 접속.

전도의 성과는 없었다. 오히려 과 도서실 등에서 말썽만 일으키곤 했다. 한글 자판 설정을 세벌식으로 바꿔 쓰다가 원상복귀를 깜빡 잊고 자리를 뜨면, 다음 에 이용하는 사람들이 한글이 이상하게 입력되는 것을 보고 컴퓨터가 고장 났 다며 작은 소동이 일어난 적도 몇 차례 있었다. 그 와중에 공용 컴퓨터의 시대 도 지나가고, 각자 노트북 컴퓨터 같은 개인 장비를 지니고 자신이 원하는 대 로 설정하여 쓰게 되면서, 서로 무슨 자판을 쓰느냐 물어볼 필요도 없는 시대 가 되었다. 나도 일단 익숙해진 다음에는 자전거를 타고 수영을 하듯 자연스럽 게 세벌식 자판으로 타자를 했을 뿐, 다른 이들의 자판에는 관심이 옅어졌고 내가 쓰는 자판이 세벌식이라는 것도 딱히 신경 쓰지 않게 되었다.

매일 쓰면서도 크게 의식하지 않던 세벌식 자판에 대해 다시 생각하게 된 것은 대학원에 들어가서였다. 한때 화학자가 되기를 꿈꾸었던 나는 전공을 바꾸어 '과학사 및 과학철학 협동과정'이라는 긴 이름의 대학원에 들어갔다. 대학원에서 과학사와 기술사를 정식으로 배우다 보니 예전에 당연하게 여기고 넘어갔던 것들이 새롭게 눈에 띄었고, 이것들을 학교에서 배운 이론의 틀로 바라보자 다른 각도에서 해석되기 시작했다. 그리고 해외의 기술사 연구자들이 일찌감치 다루었던 고전적 주제 가운데, 타자기가 있었다.

타자기는 기술사에서 여러 차례 다루어진 주제 중 하나다. 서구의 언어생활을 크게 바꾸어놓았을 뿐 아니라 그 설계와 생산 측면에서 미국식 기계공업의 전범을 보여주었다는 점, 또 사회적으로는 20세기 초 여성의 사회 진출의 실마리를 마련했다는 점 등에서 타자기는 매우 흥미로운 주제였다. 또한 타자기는 대량생산, 표준(화), 그리고 기술의 잠금(lock-in) 효과 등 기술사를 관통하는 주제들과도 연결되어 있었으므로, 많은 이들이 여러 각도에서 타자와 타자기의 역사를 연구해왔다.

이들은 물론 영문(로마자) 타자기에 대한 연구였지만, 한국어 독자에게도 은근히 낯설지 않았다. 해외 연구를 읽어 나가던 중, 나는 오래 전 플라자에서 읽었던 이야기들이 실은 해외의 타자기 논의를 많이 참고하였다는 것을 깨닫게 되었다. 플라자 논객들이 "세벌식 자판이 더 좋은 것인데 표준이 되지 못했다"는 주장을 할 때 늘상 해외의 비슷한 사례로 끌어오던 "드보락(Dvorak) 자판" 같은 이야기들은 이미 해외 기술사 연구에서는 알려질 대로 알려진 이야기였고, 또 그에 대한 반론도 만만치 않게 쌓여 있었다. 미국의 타자기 역사에 얽힌 이야기들은 누가, 언제, 왜 한국에 소개했을까? 이 이야기들을 한국의 사례에 적용하면 어떤 결론이 나올까? 미국에서는 오래 전부터 꽤 많이 연구해온 주제인데, 한국에는 과학기술사 전문 연구자로서 여기에 관심 갖는 사람이 왜 별로 없었을까?

이런 의문들이 꼬리에 꼬리를 물었지만, 당시 대학원에서 기술사를 공부하면서 세벌식 자판을 쓰는 사람이 내 주변에 달리 없었기에 이 의문에 답하는 것은 결국 내 몫이었다. 나는 기술사 수업의 기말 소논문 주제를 '한글 타자기 자판 논쟁'으로 잡았고, 그 뒤 20여 년 동안—다른 연구도 병행하면서—이 주제에 매달려 국내외에서 여러 편의 논문을 발표했다. 처음 '세벌식'이라는 말을 접했던 대학 신입생 시절까지 거슬러 올라가면, 이 책은 거의 삼십 년 동안 붙잡고 있었던 화두에 대한 하나의—그러나 마지막은 아닐—대답인 셈이다.

무엇에 대한, 누구를 향한 책인가?

이 책은 한글 타자기의 역사를 다룬다. 그런데 이것이 책까지 써야 할 정도로 큰 주제인가? 오늘날 우리는 컴퓨터나 스마트폰에 한글을 입력하는 데 아무 어려움이 없지 않은가? 이 책은 그런 의아함을 느낄 독자들을 위해 쓴 책이다. 그들에게 과거에는 한글을 입력하는 것이 꽤나 어려운 일이었다는 것을 알려주고, 그런 어려움을 앞 세대가 어떻게 극복하여 오늘에 이르렀는지 짚어주며, 나아가 오늘날 거의 잊히고 만 그들의 헌신과 노고를 존중하는 마음으로 함께 돌아보자고 권하는 책이다.

2014년 국립한글박물관이 개관한 직후의 일이다. 개관을 손꼽아 기다렸던 나는 상설전시를 보러 가서, 최초로 공개된 송기주 타자기를 비롯하여 여러 종류의 타자기 앞에서 오랜 시간을 보내다 잠시 앉아서 쉬고 있었다. 앉은 채로 전시장을 둘러보던 중 흥미로운 것을 발견했다. 유리장 안에 전시된 타자기들 옆 모퉁이에, 관람객이 직접 기계식 타자기를 만져보고 글을 찍어볼 수 있도록 표준 네벌식 타자기가 두어 대 놓여 있었다. 저 타자기를 만져보는 이들은 얼마나 될 것이며, 제대로 글을 찍을 수 있는 이들은 그중에서 또 얼마나 될 것인가? 나는 잠시 호기심이 동해 가만히 앉아서 지켜보기로 했다. 아니나 다를까, 기계식 타자기를 접해보았을 성싶지 않은 젊은 관람객들이 호기심에 도전해 보았다가 너나 할 것 없이 곤혹스러운 표정을 짓더니 몇 자 찍다 말고 발길을 돌리곤 했다. 체험용 타자기 앞에는 사용 방법이 나름 친절하게 적혀 있었지 만, 그것만으로 처음 보는 타자기를 능숙하게 다루기는 무리였던 듯하다.

뒤에서 자세히 설명하겠지만, 네벌식(1969 제정) 또는 두벌식(1983 제정) 표준 기계식 타자기는 자판만 보면 오늘날의 컴퓨터 자판과 별반 다르지 않게 보이 지만, 막상 글을 찍으려 하면 컴퓨터 자판 치듯이 칠 수는 없는 물건이다. 타자 기의 구조와 작동원리를 익히고 글자 형태에 따라 조작 방법이 달라진다는 것 을 이해해야 비로소 사용할 수 있다. 특히 받침이 있는 음절과 없는 음절을 매 번 구별하여 글쇠를 달리 조작해야 하므로, 오늘날의 컴퓨터 자판을 칠 때와는 달리 음절 하나를 찍을 때마다 경우를 따지며 생각해야 한다는 것을 금세 깨닫 게 된다. 즉 머리를 거치지 않고—엄밀히 말하면 이런 일은 가능하지 않지만— 눈에서 손으로 바로 연결하여 타자하는 것은 기계식 타자기 시대에는 좀처럼 기대하기 어려운 일이었다.

같은 한글인데 어째서 기계식 타자기의 시대에는 이렇게 타자하는 일이 복잡했을까? 이에 대한 자세한 설명은 뒤에서 찾을 수 있겠지만, 일단 이것이 궁금해졌다면 이 책을 읽을 이유는 생긴 셈이다. 이 책은 한글 기계화의 역사 가 우리가 막연히 상상하는 것처럼 매끈하지 않았음을 보이는 책이다. 한글 기 계화의 역사는 군데군데 패이고 끊긴, 울퉁불퉁하고 구불구불한 길을 따라 왔 다. 오늘날 한글을 디지털 기기에 입력하는 것이 너무 쉽고 편하다 보니 옛날 에도 한글 기계화가 쉽고 간단했을 것이라고 믿기 쉽지만, 한글 기계화의 역사 에는 생각보다 훨씬 많은 어려움이 있었다.

하지만 왜 그런 어려움까지 일일이 알아야 하는가? 끝이 좋으면 다 좋은 것

아닌가? 이 반문에 대해, 나는 "온전히 기억하고 제몫을 찾아주기 위해서"라고 답하고 싶다. 한글 기계화의 역사가 굴곡 없이 매끈하고 평탄하게 이어져왔다고 생각하면, 오늘날 우리가 알고 있는 것과 다른 모습으로 한글 기계화를 시도했던 이들은 역사에서 자기 자리를 제대로 찾지 못하게 된다. 과거의 다양한 시도들은 "정답에 이르지 못한 시행착오" 정도로 치부할 수만은 없는 역사적 의미를 지니고 있다. 각각의 시도들은 한글이란 무엇인가, 그 기계화는 어떤 모습으로 이루어져야 하는가 등의 묵직한 질문에 대한 나름의 응답이었고, 그 다양한 시도들을 토양 삼아 오늘날의 한글 문화가 꽃필 수 있었기 때문이다.

많은 한국인들은 전사기술의 시대에 한글을 편하게 쓸 수 있는 원인을 "한글의 우수성"에서 찾는 데 별다른 위화감을 느끼지 않는다. "한글이 세계에서 가장 과학적인 글자"라든가, "한글은 모아 쓰는 소리글자이므로 적은 수의 낱글자로 다양한 소리를 표현할 수 있게 해주며 따라서 기계화에 잘 어울린다"는 이야기는 한국인들에게 상식처럼 통하고 있다. 가령 "세계인권선언을 타자하는 데 한글이 가장 타수가 적게 든다"는 식의 이야기는 인터넷상의 여러 곳에서 쉽게 찾아볼 수 있다. 사실 이렇게 가상공간에서 복제되어 돌아다니는 밈 (meme)들은 엄밀한 논증의 논거가 될 수는 없다. 어떤 언어로 번역하느냐에 따라 세계인권선언이라는 텍스트의 길이도 제각각으로 변하고, 한자나 일본어처럼 입력방식이 복잡해 보이는 문자들도 실제 타자 과정에서는 문맥에 따라 단어를 예측하는 기술 등으로 보완이 가능하기 때문에 숙달된 사용자는 영문보다 빨리 입력이 가능한 경우도 있다. 그럼에도 불구하고 이런 이야기들이 별다른 비판 없이 복제되고 공유되는 것은 우리가 "한글의 우수성"이라는 명제를 의심하지 않고 믿기 때문일 것이다.

한글이 다른 문자 체계에 비해 우수한 특징들이 없는 것은 아니다. 그러나 "과학적이고 배우기 쉬운 문자"라는 것이 곧바로 "기계화에 적합한 문자"임을 의미하지는 않는다. 문자의 기계화는 언제 어디서나 같은 방식으로 이루어지는 게 아니고, 특정한 사회문화적 조건과 그 안에서 형성된 기술적 조건에서 비롯된 여러 제약에서 자유로울 수 없는 역사적 사건이다. 다시 말해서 우리가 오늘날 쓰고 있는 컴퓨터의 한글 자판은 로마자 자판의 역사와 떼어 생각할 수 없고, 그 로마자 자판은 다시 미국에서 19세기 후반 기계식 타자기가 발명되었을 당시 경쟁했던 여러 가지 타자기 가운데 하나가 살아남은 데서 비롯된 것이다. 다른 모든 기술과 마찬가지로 한글을 기계화하는 기술 또한 역사의 산물이며, 따라서 그것에 대한 평가도 역사적 맥락 위에서 내려야 한다.

　한글 기계화의 역사는 숱한 굴곡과 분기점들로 이루어져 있다. 기계식 한글 타자기는 만들기도 어려웠으며, 처음에는 기꺼이 사용하려는 사람도 많지 않았고, 한국의 글쓰기 문화가 변화하면서야 비로소 시장을 개척할 수 있었다. 우여곡절 끝에 개발한 한글 타자기도 구미에서 로마자 타자기가 글쓰기 문화의 중심으로 자리잡았던 것과 비교하면 보조적 위치에 머물러 있었다. 더구나 여러 제조사들이 치열하게 경쟁하면서 서로 다른 타자기를 앞다투어 출시했는데, 이들은 타자 동작과 자판 배열이 모두 달라 서로 호환되지 않았다. 그에 따라 한글 타자기 시장도 회사의 숫자만큼 여럿으로 잘게 쪼개졌고, 이렇게 혼란스러운 시장 상황은 한글 타자기의 저변을 넓히는 데 걸림돌이 되었다. 오늘날 한글 기계화가 편리하게 정착된 것을 "한글의 우수성"의 당연한 귀결이라고 전제하는 것은 이와 같은 역사적 맥락을 도외시하는 처사일 것이다.

　한글 기계화의 현재를 온전히 이해하려면, 한글을 기계로 쓰는 것이 생각대로 되지 않고 불편하던 시절, 그 불편함을 감수하고 찍어낸 결과도 모든 사람을 만족시키지 못하던 시절, 왜 그렇게 불편한데도 굳이 기계로 한글을 써야 하는지 이해하고 지지하는 사람도 별로 없던 시절로 돌아가서 그 역사를 되짚어가야 한다. 그 복잡한 도전과 실패의 흔적들은 마치 생물 진화의 흔적과도 같은 모습이다. 살아남아 오늘까지 이어진 기술이 하나 있다면 그 이면에는 계승되지 못하고 대가 끊긴 수십, 수백의 기술이 숨어 있다. 대를 잇지 못하고 잊혀간 기술의 자취를 따라 그것들을 복원해냄으로써, 우리는 오늘날 우리 곁에 살아남은 기술에 대해 한층 더 입체적이고 풍성하게 이해할 수 있을 것이다.

즉 한글 기계화의 여정을 되짚는 것은, 그것이 순탄치 않았고 때로 우연과 강압 등도 작용하며 여러 시행착오를 겪었다는 것을 아는 것이며, 그것이 당연한 "정답"이 없는 문제였을 뿐 아니라 오늘날의 시각으로는 기이해 보이는 시도를 했던 이들도 나름의 근거가 있었음을 이해하는 것이다. 나아가 그들의 분투가 우리가 오늘날 쉽고 편하게 기계에 한글을 입력할 수 있게 된 밑거름이 되었음을 알고, 그 다양한 시도들을 존중하며 기억하는 법을 배우는 것이기도 하다. 그리하여 궁극적으로는 한글의 역사를 다채롭고 풍부하게 입체적으로 이해하는 일이 될 것이다. 여기에 일부라도 공감할 수 있다면, 기계 장치의 작동원리에 얽힌 이야기들이 수시로 튀어 나오는 이 책도 재미있게 읽을 수 있지 않을까 기대해본다.

덧붙이자면, 이 책은 어느 자판이 가장 우수했느냐, 또는 어느 자판이 표준이 되었어야 하느냐를 따지지는 않을 것이다. 오히려 표준이 되지 못하고 잊혀간 자판이 얼마나 많았는지에 주목하고, 그들의 특징과 개성을 생생하게 그려내고자 한다. 생물의 생태계에 비유하자면, 표준화 이전의 한글 타자기 생태계의 '종 다양성'을 보여주는 것이 이 책의 목표다.

이런 관점은 사실 내가 처음 한글 타자기의 역사를 학문적으로 접근해보겠다는 마음을 먹었을 때의 생각과는 다소 달라진 것이다. 이 연구를 본격적으로 시작하기 전까지만 해도, 나의 관점은 대학 신입생 시절 하이텔 플라자에서 읽었던 글들의 관점과 다르지 않았다. 하지만 연구자로서 최대한 객관적인 입장에서 돌아보니, 아마도 대부분 세벌식 사용자들이었을 그 시절 플라자 논객들의 관점을 그대로 따라가기도 어려웠다. 그 글들은 당시의 논쟁 지점들을 생생하게 보여주고 있다는 점에서 역사 연구의 사료로서는 가치가 있지만, 세벌식 자판이 가장 우수하고 따라서 표준이 되었어야 한다는 결론을 전제하고 쓴 것들이어서 한글 타자기에 대한 객관적인 평가로 보기는 어렵다. 당시의 피씨통신은 오늘날의 인터넷과 비교하면 사용자의 숫자도 훨씬 적을 뿐 아니라 극히 제한된 연령과 계층이 다수를 차지하고 있었기 때문에, 플라자를 비롯한 피씨통신의 "여론"을 단서로 한국사회 전체의 분위기를 판단해서도 안 된다. 따라서 연구자로서의 나는, 세벌식 자판이 좋다 여기고 그것을 삼십 년째 써온 사용자로서의 나와는 선을 긋기로 했다.

물론 그럼에도 책의 전체 서술에서 세벌식 타자기와 그것을 만든 공병우라는 인물에 대한 이야기가 큰 비중을 차지하는 것은 피할 수 없었다. 개인적 선호를 떠나서 실제로 그것이 중요하기 때문이다. 공병우가 세벌식 타자기를 개발하지 않았다면, 그리고 그 타자기가 상업적으로 성공한 한글 타자기의 본보기가 되지 않았다면, 한글 기계화는 또 다른 경로를 따랐을 것이다. 역사에 가정이란 없지만 아마도 조금은 더 길고 구불구불한 경로가 되었을 가능성이 높다. 다만 그렇다고 해서 공병우 타자기가 최선의 한글 타자기였다는 옹호자들의 주장을 그대로 추인하는 것도 아니다. 앞서 밝혔듯 공병우 타자기를 비롯한 다종다양한 타자기들의 존재를 최대한 드러내 보여주는 것이 나의 목표다.

그러다 보니 이 책의 관점은 양쪽에서 비판받을 수도 있다. 한편으로는 이 책이 세벌식 타자기와 공병우를 지나치게 부각하는 것처럼 보일 수도 있지만, 다른 한편으로는 반대로 세벌식 타자기를 여러 한글 타자기 가운데 하나에 지나지 않는 것처럼 취급하는 것으로 보일 수도 있다. 특히 세벌식 타자기에 애착을 가진 독자라면 이 부분을 아쉽게 느낄 수도 있으리라. 그러나 이것은 내가 과학기술사 연구자로서 선택한 관점이다. 이 관점에 대한 학문적 비판과 제안은 언제 어떤 형태로든 환영하겠지만, 왜 이런 관점을 택했느냐는 질문에 대해서는 "많은 고민 끝에 일부러 그런 것입니다"라고 미리 답을 드리고 싶다.

고마운 분들

삼십 년 가까이 걸려 씨앗이 꽃을 피웠으니, 그 씨앗이 빨아들인 햇빛과 물과 바람도 이루 헤아리기가 어려울 것이다. 한글 타자기의 역사를 한 권의 책으로 엮어내는 데는 정말 많은 분들의 도움이 있었다.

가장 먼저 홍성욱 교수님께 감사를 드리고 싶다. 홍 선생님은 박사과정 학생이 당신의 기술사 수업 기말 소논문으로 쓴 한글 타자기 이야기의 잠재력을 높이 평가해주셨으며, 이 주제로 해외에서 여러 차례 논문을 발표할 때도 늘 함께하며 격려해주셨다. 박사과정의 지도교수로서 내가 기술사에 눈을 뜨고 연구자로서 살아갈 수 있도록 여러 면에서 모범이 되어주셨음은 물론이다.

선배와 동료 기술사 연구자들도 내 글의 독자이자 평자가 되어주었다. 송성수, 김명진, 문만용, 전치형, 최형섭, 박동오, 이종민, 유상운, 민수홍 선생님 등은 국내외 기술사 연구 동향에 대해 언제나 좋은 정보를 나누고 소통하며, 서로 격려하며 밀고 당겨주는 든든한 동지들이다. 특히 최형섭, 박동오 두 선생님과는 "기술이 지나간 자리"(문화일보) 칼럼을 2년여 동안 함께 연재하며 기술사를 어떻게 연구하고 서술할 것인지 깊은 고민을 나누었다. 사라지고 잊힌 과거의 기술에 대해 어떻게 이야기할 것인지 관점을 잡아 나가는 데 두 분과의 대화가 큰 영향을 미쳤고, 그 관점은 이 책을 마무리하는 데 큰 도움을 주었다.

비슷한 주제를 파고든 해외 연구자들과의 교류도 큰 힘이 되었다. 한자 타자기의 역사를 『The Chinese Typewriter』라는 책에 담아내 세계적인 주목을 받은 토머스 멀레이니(Thomas Mullaney) 교수, 일본 타자기의 역사를 연구한 라자 아달(Raja Adal) 교수, 한자 상용(常用) 정책에서부터 기계식 타자기를 거쳐 컴퓨터의 일본문자 코드에 이르기까지 일본어 기계화의 역사에 통달한 야스오카 코이치(安岡孝一) 교수 등은 이십 년 가까이 교류하면서 나의 스승이자 도반이 되어주셨다. 이들과 나눈 대화를 통해, 나는 한국인이 당연하게 전제하는 것들을 잠시 제쳐두고 한 걸음 떨어져서 볼 때 한글 타자기의 역사를 더욱 입체적으로 쓸 수 있다는 것을 깨달았고, 나아가 세계 문자사 또는 기술사의 맥락에서도 한글 타자기의 역사가 얼마나 흥미로운지 새삼 느끼게 되었다.

또한 국문학자들과의 협동 연구도 신선한 자극이 되었다. 한글 타자기에 대한 기술사적 연구라는 생소한 접근을 흥미롭게 여긴 국문학자들 덕분에, 동국대학교 황종연 교수님이 지휘한 "근대와 탈근대 문학의 테크놀로지" 연구 프로젝트에 합류하여 공동 연구를 진행할 수 있게 되었다. 이를 통해 글쓰기라는 행위에 대해 여러 각도에서 접근하며 다양한 관점에서 해석하는 법을 배우게 되었다. 함께 연구한 서희원, 이수형, 김민선, 차승기, 허병식, 위수정, 조형래 선생님께도 이 지면을 빌어 감사드린다.

이 책은 기계로서의 한글 타자기를 다루며 시작하지만, 기계식 타자기가 사라진 시기에 그 유산으로 남은 컴퓨터 글꼴에 대해 이야기하며 끝난다. 폰트와 타이포그래피에 대한 이야기가 책에서 중요한 부분을 차지하기 때문에, 이 분야를 잘 알지 못했던 나는 글꼴을 연구하고 만드는 분들을 찾아다니며 많이 배워야 했다. 안상수체를 만든 안상수 선생님, 공한체를 만든 한재준 선생님, 한결체를 만든 홍동원 선생님 등은 문외한의 도전을 격려해주시고 귀한 조언을 아끼지 않았다. 타이포그래퍼 유지원 선생님은 오랜 시간 교류하면서 글자를 바라보는 나의 시각을 넓혀주었고, 초고의 여러 가지 오류를 바로잡아주는 등 많은 도움을 주었다. 한글 활자의 역사에서 독보적 연구 업적을 내신 류현국 선생님도 지면으로 많은 것을 가르쳐주시고 용기를 북돋아주었다. 여러 선생님들의 후의를 이 책에서 온전히 살려냈는지 두려울 따름이다.

이 책의 뼈대는 여러 편의 연구 논문에 바탕을 두었지만, 한 권의 책으로 엮어내기 위해서는 스토리라인을 조정하는 작업이 필수적이었다. 우연한 계기에 "과학하고 앉아 있네" 팟캐스트와 유튜브에 출연하게 된 건 여기에 더할 나위 없이 좋은 기회였다. 2021년 "삼테성즈" 코너에서 논문에 미처 담아내지 못했던 한글 타자기의 역사의 구석구석까지 이야기할 수 있는 기회를 얻었고, 이를 통해 책 전체의 서사를 다듬을 수 있었다. 방송의 기회를 마련해준 "과학과 사람들"의 최진영, 원종우(파토), 이용, 유만선 선생님들께, 그리고 방송 경험 없는 서생의 난삽한 이야기를 재미있게 들어준 시청자 여러분께 감사드린다.

한글 타자기 관련 사물과 자료는 최근까지도 여기저기에 흩어져 있었고, 하나둘씩 소리소문 없이 망실되어가고 있었다. 그래도 국립한글박물관이 개관하면서 체계적인 보존과 연구가 이루어지고 있어 큰 힘이 되었다. 이뮤지엄(e-Museum)에 공공누리 규약을 따라 공개된 국립한글박물관의 자료가 없었다면 이 책은 그림이 몇 장 들어가지 않은 무미건조한 책이 되고 말았을 것이다. 국립한글박물관의 김수라, 신하영 연구사님과, 세종대왕기념사업회의 조경란 편수부장님 덕택에 사진의 촬영과 이용 등에서 많은 도움을 받았다. 블로거 "팥알"(http://pat.im) 님은 한글 타자기와 컴퓨터 자판에 대한 엄청난 양의 자료를 망라하고 있어서, 시대에 따른 타자기 자판의 변천사를 정리하는 데 막대한 도움을 주었다. 또한 홍순언 대표님은 1980~90년대 자판과 글꼴 논쟁에 대해 모아둔 귀한 자료를 아낌없이 공유해주었다. 모든 분들께 다시 한번 감사드린다.

이 모든 분들의 아낌없는 도움에도 불구하고, 이 책이 밝히지 못한 궁금증도 많이 남아 있으며 이 책에서 제시한 설명 중에는 필경 불완전하거나 사실과 어긋난 것들도 있을 것이다. 이 모든 잘못은 전적으로 나의 공부가 부족한 데서 비롯된 것이며, 앞으로 더 많은 연구를 통해 고쳐 나가는 길밖에 없으리라.

1장

타자기라는 도전이자 기회

미국이 세계에 자랑하는 발명, 타자기

타자기는 기계 또는 전자 장치의 힘을 빌어 글자를 즉석에서 하나씩 종이에 찍어주는 도구다. 키보드나 문자판을 통해 입력하고 싶은 글자를 선택하면, 그와 연결된 활자가 잉크를 묻히거나 잉크를 먹인 천(리본)을 때려 종이에 글자를 찍어준다.

활자인쇄는 아시아에서는 한국(고려) 기술자들이 13~14세기에 발명했으며, 서양에서는 구텐베르크(Johannes Gutenberg)가 1440년경 발명했다. 활자인쇄는 필사나 목판인쇄에 비해 더 효율적이고 아름답게 글을 찍어낼 수 있었지만, 이것은 이미 써둔 글을 쪽 단위로 판을 짜서 복제하는 기술이므로 그때그때 생각나는 대로 글을 적는 데 사용할 수는 없었다. 판을 짜지 않고도 글자를 하나하나 그 자리에서 인쇄해주는 기계가 있다면 단정하고 보기 좋은 문서를 만드는 데 요긴하게 쓸 수 있을 것이라고 생각한 발명가들이 나타났고, 이들이 타자기의 할아버지뻘이 되었다고 할 수 있다.

글자를 즉석에서 찍어주는 기계에 대한 기록은 서양에서는 16세기까지 거슬러 올라간다. 1575년 이탈리아의 인쇄공 람파제토(Francesco Rampazetto)가 종이에 글자를 눌러 새겨주는 기계를 발명했다는 기록이 있다. 1714년에는 영국의 밀(Henry Mill)이 앤 여왕에게 글자 쓰는 기계의 특허를 인정받았다. 이 기계의 구조나 작동원리 등은 남아 있지 않지만, 특허 문서에 따르면 이 기계는 "종이에 글자를 하나씩 눌러 찍어서 인쇄된 것과 다름없이 보이는 문서를 만들 수 있"으며, 이것을 사용하여 "위조나 변조의 염려가 없는 공문서를 만들 수 있을" 것이라고 했다. 오늘날의 타자기와 비슷한 효과를 냈을 것으로 짐작할 수 있다.[01] 1808년에는 이탈리아의 투리(Pellegrino Turri)가 글자 찍는 기계를 만들었다는 기록이 있으며, 1829년에는 미국의 버트(William Austin Burt)가 타이포그래퍼(Typographer)라는 이름의 기계로 미국 특허를 받았다.[02] 하지만 이들 기계는 구상 단계에 머물렀을 뿐, 대량생산되어 시장에서 판매되는 데까지는 이르지 못했다. 실물이 남아 있지 않은 것은 물론이고—버트의 타이포그래퍼 견본은 1836년 특허국 화재로 소실되었다—기록도 충분히 남아 있지 않아서 그 구조와 작동원리 등을 알 수 없다.

실용성을 갖추고 시장에 자리잡은 타자기가 발명된 것은 19세기 후반의 미국이다. 이는 수요와 공급 두 가지 면에서 조건이 무르익었기 때문이었다. 우선 수요 면에서는 회사 제도의 발달 등으로 문서의 생산과 소비가 크게 늘어났고, 규격과 형식을 갖춘 문서를 빠르게 많이 만들 수 있는 기계에 대한 수요도 늘어났다. 그리고 공급 면에서는 표준화된 호환식 부품(interchangeable parts)을 이용하여 값싸고 질 좋은 기계를 대량생산하는 기술이 미국에서 19세기 초반에 정착되었다. 휘트니(Eli Whitney) 등의 기술자들이 선반이나 밀링머신을 이용하여

---

01   Woodcroft, Bennett, *Reference index of patents of invention, from 1617 to 1852*, 1855, p. 49.

02   Peters, Gary, "World's First Writing Machine"(October 24, 1979), *The Sheboygan Press*, Sheboygan, Wisconsin, p. 47. https://www.eliwhitney.org/museum/about-eli-whitney/factory, 2023. 7. 20 접속.

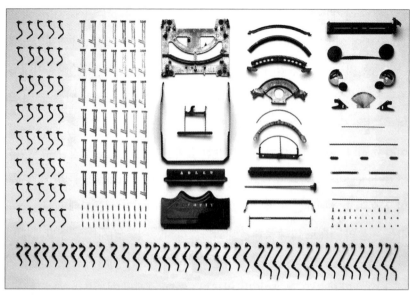

아들러 파보릿(Adler Favorit) 타자기를 분해한 모습
금속부품의 정밀가공 기술은 타자기 대량생산의 전제조건이었다. 사진: Florian Klauer: CC0.

나사와 톱니바퀴 등의 부품을 표준 규격에 맞추어 정밀가공하는 데 성공했고, 이들 부품을 이용함으로써 총기류나 재봉틀 등 기계 제품의 가격을 크게 낮출 수 있었다. 타자기도 이러한 기술혁신에 힘입어 작고 정밀한 금속부품을 적극적으로 활용하면서도 합리적인 가격에 대량생산할 수 있게 되었다.

현대 타자기의 원형이 확립되기까지

"타자기를 처음으로 만든 것이 누구인가"라는 질문에 대해 딱 떨어지는 답을 찾기는 어렵다. 앞서 살펴보았듯 글자를 찍는 기계는 여러 가지 형태로 만들 수 있었으며, 도면상의 아이디어에 머문 것부터 시제품만 만든 것, 대량생산하여 널리 유통한 것까지 그 발명의 결과도 여러 층위로 선을 보였기 때문이

한센 라이팅 볼(Hansen Writing Ball)
덴마크의 라스무스 몰링-한센이 1865년
발명했다. 활자체로 글자를 찍는 기계라
는 점에서는 숄즈 등이 만든 현대식 타자
기보다 앞서 상품화되었으나, 신속하게
다량의 문서를 찍기에는 기술적 한계가
있었다. 종이가 아래에 말려 있어 타자
수가 글자가 찍히는 모습을 바로 확인할
수 없는데, 초창기 타자기 중에는 이처
럼 글자가 어떻게 찍히는지 바로 확인할
수 없는 것들이 많았다. CC BY-SA 4.0,
Malling Hansen, 1867, Dänemark.

다. 심지어 오늘날 당연히 타자기로 번역하는 '타이프라이터(typewriter)'라는 이름도 1900년을 전후하여 뿌리를 내렸다. 그 전까지는 여러 제조사들이 '글쓰기 기계(writing machine)' 등 다양한 이름을 상표로 걸고, 비슷하지만 조금씩 다른 기계들을 내놓았다.

그럼에도 불구하고 현대 타자기의 원형이 확립된 시점은 대략 19세기에서 20세기로 넘어갈 무렵이라고 말할 수 있다. 초창기의 치열한 경쟁을 거쳐 이 무렵이면 현대 타자기들이 공통적으로 갖추게 되는 기술적 특징들이 모두 선을 보였고, 경쟁 상대의 장점을 받아들이면서 1910년을 전후해서는 대부분의 타자기들이 제조사에 상관없이 비슷한 형태와 메커니즘으로 수렴되었다. 이후 제조사들은 타자 속도나 소음 또는 유지보수의 편리함과 같은 세부적 요소를 두고 경쟁하게 되었다. 이렇게 20세기 초 확립된 타자기의 기본 구조는, 제조사에 상관 없이 다음과 같은 특징을 공유한다.

첫째, 오늘날 '보편 자판(universal keyboard)'이라고도 불리는 '쿼티(QWERTY) 자판'이 로마자 표준 자판으로 자리잡았다. 초창기 타자기의 발명가들은 저마다 임의로 자판을 배열했기 때문에, 타자수가 한 가지 타자기를 익히고 나면 다른 타자기로 바꾸기가 쉽지 않았다. 그런데 숄즈(Christopher Latham Sholes)와 글리든(Carlos Glidden) 등이 개발하고 레밍턴(Remington) 사에서 1874년부터 시판한 '숄즈와 글리든 타자기'가 시장에서 크게 성공하자, 다른 타자기 제조사들도 그 자판 배열과 메커니즘을 따라 하기 시작했다.

'쿼티 자판'이라는 이름은 숄즈 타자기의 글쇠가 맨 윗줄의 왼쪽부터 Q, W, E, R, T, Y 순서로 배열되어 있는 데서 비롯되었다. 이 자판 배열의 핵심은 다섯 개의 모음을 비롯해 자주 사용하는 글쇠들을 되도록 서로 멀리 떨어뜨려 배열한 것이다. 자주 사용하는 글쇠들이 가까이 붙어 있으면 쉴새없이 들고 나는 타이프바(typebar)끼리 서로 부딪혀 엉켜버리므로 이들을 떼어놓는 편이 안정적으로 타자를 치는 데 도움이 되었다.

이것이 로마자 사용자들이 생각할 수 있는 가장 뛰어난 자판인지에 대해서는 오늘날까지도 여러 갈래의 논의가 있다. 하지만 당시에 경쟁하던 타자기 자판 가운데는 비교적 고장이 적고 쓰기 편한 자판이었던 게 사실이고, 이것은 숄즈 타자기가 시장에서 앞서 나가는 중요한 계기가 되었다. 숄즈 타자기가 상업적으로 크게 성공하면서 타자기 대중화 시대가 열렸고, 숄즈 타자기는 사실상 타자기의 대명사가 되었다. 19세기 후반 여러 발명가들이 다양한 타자기를 내놓았으나, 오늘날 우리가 '타자기'라는 말을 들으면 숄즈 타자기 말고 다른 타자기를 떠올리기는 쉽지 않다. 심지어 '타이프라이터(typewriter)'라는 이름도 숄즈 타자기의 상표명에서 유래했다.

쿼티 자판은 이윽고 '시프트(shift)키'라는 기술과 결합하여, 오늘날 컴퓨터에

1889년 시판된 스미스 프리미어 1호(Smith Premier No. 1) 타자기
전방타격식 메커니즘이 발명되기 전의 제품으로, 글쇠를 누르면 원기둥 모양을 이루며 세로로 배열된 타이프바가 위로 당겨져 플래튼 아래쪽에 있는 리본을 때려 글자를 찍는다. 쿼티 키보드를 채택했지만, 시프트키는 도입하지 않아서 대문자와 소문자를 구별하여 글쇠를 7행으로 배열하였다.
"Antique Typewriters: Martin Howard Collection"(https://www.antiquetypewriters.com).

서 볼 수 있는 4행(行) 자판으로 정착되었다. 오늘날 우리 눈에는 자판에 글쇠가 넉 줄 있는 게 너무나 당연해 보이지만, 곰곰 생각해 보면 꼭 넉 줄이어야 할 필연적인 이유 같은 것은 없다. 실제로 로마자의 대문자와 소문자(각 26개)를 모두 담고 아라비아 숫자와 문장부호까지 넣으려면 매우 많은 글쇠가 필요하다. 예를 들어 스미스 프리미어 1호(Smith Premier No. 1, 1889 출시) 같은 타자기는 대문자와 소문자에 글쇠를 각각 하나씩 배당하여 총 7행(76키)에 이르는 자판을 달고 나왔다. 위로부터 로마자 대문자 3행, 로마자 소문자 3행, 사이띄개(스페이스바)와 문장부호 1행 등이었다. 하지만 자판에 글쇠의 수가 너무 많아지면 손의 위치를 자주 옮겨야 하므로 키보드를 외워서 보지 않고 치기(촉지타자 touch-typing)가 어려워진다. 촉지타자를 원활히 하려면 대체로 세로로는 석 줄에서 넉 줄, 가로로는 한 줄에 열두세 개 정도의 글쇠를 넣는 것이 좋다. 실제로 초창기의 숄즈 타자기는 타자 동작이 번잡스러워지는 일을 막기 위해 소문자는 빼고 대문자만 석 줄을 넣어 넉 줄짜리 타자기를 만들었다.

이 문제를 풀어준 것이 1878년 레밍턴 스탠더드 2호(Remington Standard No. 2)가 최초로 채택한 시프트키 기술이었다. 시프트키는 이름 그대로 종이가 감긴 원통(플래튼 platen)을 살짝 들어올리는(shift) 역할을 한다. 그리고 타이프바를 위아래로 길게 만들어서 글자를 두 개씩 넣으면, 플래튼이 제자리에 있을 때는 아래쪽 글자가 찍히고, 플래튼을 들어올리면 타이프바와 만나는 궤적이 바뀌면서 위쪽 글자가 찍히게 된다. 레밍턴 사에 이어 언더우드(Underwood) 등 다른 제조사들도 숄즈의 쿼티 키보드 배열에 시프트키 기술을 가미하여 3행 또는 4행의 자판으로 로마자 대소문자를 촉지타자 할 수 있는 타자기들을 속속 내놓았다. 이후 글자의 사용 빈도 통계를 바탕으로 더 빠르고 편리한 자판을 제안한 타자기들도 출시되었으나,[03] 쿼티 키보드는 여러 경쟁자의 도전에도 불구하고 살아남아 사실상의 표준이 되었고, 타자기가 과거의 유산이 된 오늘날 컴퓨터 시대에도 가장 보편적인 입력장치로 남아 있다.

둘째, 타자기 대중화를 실현한 가장 큰 혁신은 '정면타격식(front-striking)' 타자 기술의 개발이었다. 기계식 타자기의 기본적인 작동방식은, 글쇠를 누르면 거기에 연결된 타이프바가 움직여서 잉크를 먹인 리본을 때림으로써 종이에 글자가 찍히는 것이다. 글쇠를 누르는 힘은 지렛대와 스프링, 철사 등을 통해 타이프바까지 연결되었는데, 많게는 70~80개에 이르는 타이프바를 좁은 공간에

---

03 대표적인 것이 드보락 자판이다. 드보락 자판에 대해서는 이 책 제7장 참조.

효과적으로 배열하는 것은 쉽지 않은 일이었다. 그래서 스미스 프리미어 1호나 초창기의 숄즈 타자기 등은 타이프바를 원기둥 모양으로 빙 둘러 아래로 늘어뜨려두고 그 위에 플래튼을 두었다. 글쇠를 누르면 타이프바가 위로 끌어당겨져 원기둥 위에 걸려 있는 리본을 때리고, 그 위에 놓인 플래튼에 감긴 종이에 글자가 찍혔다. 이렇게 하여 여러 개의 타이프바가 서로 부딪혀 엉킬 가능성을 낮추고 빠른 속도로 글자를 찍을 수 있었으나, 문제는 정작 타자수가 타자하면서 글자가 제대로 찍히는지 확인할 수 없다는 점이었다. 줄이 바뀔 때마다 플래튼을 돌려 종이를 감아가며 서너 줄 정도를 찍고 나면, 그때 비로소 타자수의 눈에 아까 찍은 글자들이 보이기 시작했다. 방금 무슨 글자를 찍었는지 바로 확인하고 싶다면 플래튼을 포함한 이송장치(carriage) 전체를 들어올려서 아랫부분을 보는 방법밖에 없었다. 타자수들은 오타를 확인하기 위해 주기적으로 타자를 멈추고 레버를 눌러 이송장치를 들어올려보는 습관을 들이게 되었다. 자연히 타자의 흐름도 중간에 자주 끊겼고 속도도 높일 수가 없었다. 이 때문에 초창기 타자기들은 '깜깜이 타자기(blind typewriter)'라는 달갑지 않은 별명으로 불리기도 했다.

타자수가 글자를 찍으면서 바로바로 확인할 수 있는 '보이는 타자기(visible typewriter)'는 호튼(Horton) 사에서 1883년에 최초로 만들었다. 호튼이나 '보이는 올리버 1호(Oliver Visible No. 1)'(1893) 등은 플래튼 위로 성벽처럼 높이 타이프바가 올라간 독특한 형태였지만, 타이프바가 아래에서 위로 올라가는 궤적이 아니라 위에서 아래로 내려가는 궤적을 그림으로써 타자수가 플래튼이 움직이며 글자가 찍히는 것을 바로 확인할 수 있도록 해주었다.

보이는 타자기를 확실한 대세로 만든 것은 1896년 시판된 언더우드 1호 타자기(Underwood 1 Typewriter)였다. 언더우드 사는 원래 타자기용 리본을 만들던 회사인데, 1895년 와그너 타자기 사(Wagner Typewriter Company)의 지분을 인수하면서

보이는 올리버 1호(Oliver Visible No. 1) 광고에 실린 기계 외관(1893)
Mark Adams, "The Oliver Typewriter (1893)", Type-Writer.org.

그들의 특허도 같이 인수하게 되었다. 와그너 타자기 사의 창업자 와그너(Franz Xavier Wagner)는 1892년 새로운 방식의 보이는 타자기를 개발했다. 자판과 플래튼 사이에 빈 공간을 만들어두고, 타이프바가 여기에 부채꼴로 모여 누워 있다가 글쇠를 누르면 솟구쳐 일어나 플래튼을 때리도록 만든 것이다. 이는 타이프바가 기계 안에 수납되어 있는 형태이므로, 호튼이나 올리버 타자기와 비교해도 타자수의 시야를 가리는 요소를 없앴을 뿐 아니라 훨씬 작고 휴대가 편리한 기계를 만들 수 있도록 해주었다. 진정한 의미의 '정면타격식 타자기'가 탄생한 것이다. 그 결과 타자수가 자신이 쓰는 글을 항상 보면서 타자할 수 있게 되어 능률이 크게 올랐다. 언더우드 1호는 시장에서 경쟁자들을 압도했고, 언더우드 사는 타자기 시장의 선두 주자로 발돋움했다. 레밍턴 사가 1908년 출시한 레밍

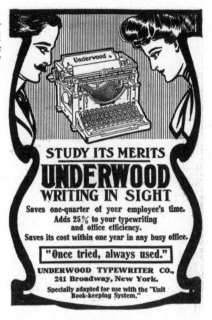

턴 10호(Remington No. 10)도 이와 동일한 정면타격식을 도입하면서 정면타격식 타
자기는 사실상 시장의 표준이 되었다.

　세번째 혁신은 이송장치 되돌림(CR: carriage return) 레버의 표준화다. 이송장치
(캐리지)란 타자용지가 감긴 플래튼과 그것을 타자의 진행에 따라 좌우로 옮겨
주는 부품들을 아울러 부르는 이름이다. 로마자는 왼쪽에서 오른쪽으로 써 나
가므로, 로마자 타자기의 이송장치는 글쇠를 하나 누를 때마다 플래튼을 오른
쪽에서 왼쪽으로 한 칸씩 움직여준다. 종이의 오른쪽 끝에 다달아 더 이상 쓸
자리가 없어지면 CR 레버를 눌러주고, 그러면 이송장치 전체가 오른쪽 끝으로
이동하면서 동시에 플래튼이 위로 한 줄 간격만큼 돌아가서 새 행을 시작할 수
있도록 한다. 타자기 시장이 성숙하면서 타자기 활자의 크기도 일정한 범위로
수렴되었고, CR 레버와 탭(tab) 단추 등의 기술이 발전하면서 줄 간격과 탭 간격

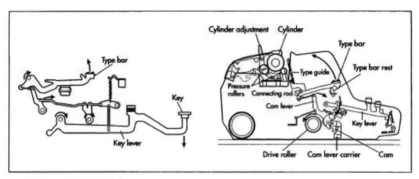

정면타격식 타자기의 작동원리

등도 사실상 표준화되었다. 그 결과 타자기로 생산한 문서들은 대체로 일정한 표준을 따르게 되었다. 단순히 글을 빨리 쓰는 것을 넘어서, 타자기의 도입으로 문서 생활 전체가 표준화된 것이다.

  기계식 타자기에는 CR 레버가 플래튼의 왼쪽에 달려 있었다. 하지만 한 줄을 쓸 때마다 레버를 눌러주는 것도 번거로운 일이었으므로, 전기회로를 이용하여 캐리지를 옮기고 플래튼을 한 줄 간격 돌리는 두 가지 동작을 자동으로 해주는 기술도 개발되었다. 언더우드 사는 1910년 앤더슨(Neal Larkin Anderson)이 개발한 '전동 자동 이송장치 되돌림장치'를 단 제품을 출시하였고, 차츰 "CR"이라고 쓰여 있는 단추가 CR 레버를 대신하게 되었다. 타자하다가 손을 자판에서 뗄 필요가 없도록 CR키는 오른손 새끼손가락으로 누를 수 있는 가운데 행의 오른쪽 끄트머리에 자리잡게 되었다. 컴퓨터 시대가 되자 캐리지가 사라지면서 '캐리지 리턴(carriage return)'도 간단히 '리턴(return)'으로 바뀌어 불리게 되었고, 오늘날까지도 '리턴키'는 컴퓨터 자판의 가운데 행 오른쪽 끄트머리에서

기계식 타자기 시절과 거의 같은 역할을 수행하고 있다.[04]

앞서 언급했듯이, 타자기의 대량생산은 미국 기계공업의 발전, 그중에서도 호환식 부품의 보급 덕을 보았다. 예컨대 레밍턴 사는 타자기 생산에 손을 대기 전에 이미 총기와 재봉틀 등을 생산하며 자리를 잡은 제조업체였다. 이들 제품을 양산하며 쌓인 경험은 타자기 생산에 곧바로 적용되었고, 거기에 여러 업체의 경쟁이 더해지면서 타자기는 더 값싸게 더 많은 사용자를 만날 수 있게 되었다.

타자기가 바꾼 문서 생활

타자기는 20세기 초중반 문서의 생산, 복제, 보관 등에 총체적 변화를 불러일으켰다. 각급 사무실에서는 전문 타자수를 고용하여 손으로 쓴 메모나 초고, 통화기록 등 각종 자료를 타자기로 정서하여 보관했다. 숙달된 서기가 펜으로 1분에 30단어(영어 기준) 정도를 쓸 수 있는 데 비하여, 숙달된 타자수는 분당 최고 176단어까지 쓸 수 있었다. 타자기는 손으로 쓰는 것보다 훨씬 빠른 속도로 단정한 문서를 생산할 수 있었고, 이는 다시 문서량의 증대로 이어졌다. 로마자 타자기 활자의 크기가 가로 10분의 1인치, 세로 6분의 1인치로 사실상 전세계적으로 통일됨에 따라 문서의 분량을 추산하고 관리하는 일도 매우 간편해졌다. 또 먹지(carbon paper)를 종이 사이에 끼워 타자하거나 스텐실 용지에 타자한 뒤 등사기로 복제하는 등, 타자기를 활용하여 여러 장의 동일한 문서를 한꺼번에 생산하는 기술도 자리잡았다.

기계식 타자기는 1980년대 전자산업의 성장과 함께 쇠퇴하기 시작했다. 전

---

04 "Carriage return", Wikipedia. https://en.wikipedia.org/wiki/Carriage_return. 전산기기에서는 한 줄의 명령어 입력을 마치고 실행하는 키라는 뜻으로 '엔터(enter)키'라고 불리기도 했다.

기를 이용한 볼(ball) 타자기나 전자회로를 이용한 전자 타자기 등이 차츰 기계식 타자기의 시장을 잠식했다. 그리고 디지털 기술의 보급과 함께 문서를 편집할 수 있는 프로그램(워드프로세서)이 개발되었고, 기계식 타자기에 대한 수요는 크게 줄어들었다. 2011년 인도 뭄바이의 고드레지 앤드 보이스(Godrej and Boyce)사가 문을 닫으면서 수동식 타자기를 대량 생산하는 업체는 지구상에서 사라졌다. 하지만 2020년대에도 기계식 타자기에 대한 수요는 일부 남아 있다. 전력 공급이 불안정한 개발도상국이나 재소자의 컴퓨터 사용이 금지된 교정기관 등에서는 기계식 타자기를 여전히 활용하고 있다.

타자기의 시대는 저물었지만, 타자기의 유산은 여러 곳에 남아 있다. 특히 키보드라는 입력장치는 타자기 이외에도 텔레타이프, 라이노타이프, 컴퓨터, 심지어 스마트폰까지, 문자를 입력하는 거의 모든 장치에 활용되었다. 컴퓨터 키보드에 남아 있는 '시프트', '리턴', '탭' 같은 이름들도 기계식 타자기 시대의 유산이며, 전자메일에서 참조 수신자를 지정할 때 쓰는 'cc'라는 표현도 먹지로 복제한 사본(carbon copy)을 보내던 타자기 문화의 흔적이다.

로마자 세상 밖으로 나간 타자기

로마자를 쓰는 유럽과 북아메리카의 강대국들은 다른 지역보다 앞선 군사력과 산업 생산력을 바탕으로 19세기 후반 제국주의 시대를 열었다. 서구의 군사적 또는 경제적 침략에 맞닥뜨린 다른 문명들은 자기네 전통 문명의 한계에 당황하면서도, 동시에 서구 문명의 효율성과 강대함의 비결을 알아내 그들을 따라잡고자 백방으로 노력했다.

그 비결 중 하나로 비서구사회 지식인들의 눈에 들어온 것이 타자기였다. 서양인들이 로마자 타자기를 써서 굉음을 내며 빠른 속도로 규격에 맞는 문서를 뚝딱 만들어내고, 생산된 문서들을 효율적으로 유통하며 복제하고 보관하는 모습을 본 이들은, 타자기가 서구사회의 효율적인 행정의 비결이자, 나아가 서구의 강대함의 토대를 이루는 요소 중 하나라고 믿게 되었다. 따라서 자기네 문자를 쓸 수 있는 타자기를 만드는 것은 이들에게 단순한 발명 놀음이 아니라, 서구 열강의 침략을 면하고 근대국가를 이룰 수 있도록 해주는 중요한 과업 중 하나였다.

하지만 타자기라는 기술이 로마자 문화를 바탕으로 태어난 것이어서, 다른 문자로 타자기를 만드는 일은 생각만큼 쉽지 않았다. 세계에는 수많은 문자가 있고, 그들은 저마다 다른 특징이 있다. 로마자는 뜻 없이 소리만 나타내는 26개의 글자를 낱낱이 따로 떼어 쓰는 문자인데, 이에 맞춰 만든 기계인 타자기는 다른 문자와는 잘 어울리지 않는 경우도 허다했다. 아랍어처럼 글자와 글자를 이어 쓰면서 위치에 따라 모양이 바뀌는 글자도, 한자처럼 수가 엄청나게 많은 글자도, 한글처럼 기본 글자의 수는 적지만 이들을 조합하면서 갖가지 변화가 생기는 글자도, 로마자 타자기를 그대로 가져다 쓰기는 어려웠고 여러 가지 조정과 개량을 겪어야 했다.

서구 문명이 세계의 표준처럼 여겨지던 시대의 사람들은, 문자의 기계화도 자연히 로마자와 로마자 타자기를 기준으로 두고 생각하게 되었다. 그러다 보니 저마다 개성을 가진 문자들도 로마자와 비교하여 마치 무언가 부족한 것처럼 여기게 되는 일이 흔했다. 한자 타자기의 역사를 연구한 토머스 멀레이니의 표현을 빌면 "유대어는 '후진하는' 영어, 아랍어는 '흘려 쓴' 영어, 러시아어는 '글자가 다른' 영어, 태국어는 '글자가 많은' 영어, 프랑스어는 '악센트가 있는' 영어"가 되었고, 이들 문자를 기계화하려는 이들은 어떻게 이런 '단점'을 보완하여 로마자 타자기에 이들 문자를 이식할 것인가를 고민하게 되었다.[05] 그리

---

05   토머스 멀레이니, 전주범 역, 『한자무죄─한자 타자기의 발달사』, 한울아카데미, 2021, 92쪽.

고 각 문명의 사정을 반영하여 다양한 형태의 비(非)로마자 타자기들이 출현했다. 로마자 타자기에 익숙한 눈으로 보면 어떤 것들은 번잡스럽거나 기괴해 보일 수도 있겠지만, 관점을 바꾸어보면 타자기 이전에 문자가 있었으니 신발이 발에 맞지 않으면 발을 자를 일이 아니라 신발을 고쳐 신는 것이 마땅할 것이다. 아래에서는 특히 한자를 사용하던 동아시아 국가들이 타자기라는 새로운 기술을 어떻게 이해하고 그것을 전통문화와 조화시켜 나가려 했는지 살펴볼 것이다.

한자를 껴안고 '탈아입구'한 일본

일본의 근대화를 이끈 구호 중 하나가 '탈아입구(脫亞入歐)', 즉 아시아를 벗어나 유럽의 일원이 된다는 것이다. 서양식 머리를 하고 옷을 입고, 서양식 학교에서 서양 학문을 배우고, 서양식으로 국민 모두가 군대에 의무복무 하고, 서양식 공장에서 서양식 시간표에 따라 노동하고, 심지어 서양식 연회복을 입고 서양식 무도회를 여는 등 사회 모든 분야에서 급격한 서구화가 진행되었다.

그런데 탈아입구의 걸림돌로 떠오른 것이 한자였다. 국민개병제로 군대에 들어온 농민의 자제들은 한자투성이의 문서를 잘 읽지 못하여 명령 전달에 어려움을 겪었고, 선거에 참여하여 민주주의의 주체가 되어야 할 민중에게는 법조문은 물론 신문 한자도 읽기에 버거웠다. 서양에서 들여온 인쇄와 조판에 관한 각종 기계들은 로마자를 왼쪽부터 가로로 써 나가는 문화에서 개발된 것들이어서, 한자를 오른쪽부터 세로로 써 나가는 서적에 활용하려면 많은 궁리를 곁들여야 했다. 또 근대화를 상징하는 대표적 기술이던 전보를 도입하려 해도, 수천 자의 한자를 위한 부호를 새로 만들거나 가나로만 전보를 써 보낸 뒤 받는 쪽에서 그 의미를 추리하여 다시 한자가 섞인 문장으로 바꾸어 전달해야 했다.

한자가 이렇게 '문제'로 떠올랐다는 사실 자체가 동아시아 지식인들에게는 무척 당혹스러운 일이었다. 동아시아 문명에서 한자는 가르치고 배우는 기초 수단이었으며, 한문으로 쓴 수많은 문헌들은 학문의 기본 바탕이었다. 한자를 알고 한문을 구사하지 못하면 관청 일을 보거나 소송을 걸고자 해도 남의 힘을 빌릴 수밖에 없었다. 나아가 과거제를 실시한 나라들에서는 어느 정도 수준의 한문 실력을 갖추지 않으면 입신출세는 꿈도 꿀 수 없었다. 이렇게 전통사회에서 한자는 형편만 된다면 누구나 배우고 싶어 하는 것이었고, 한자에 능통한 사람은 존경과 부러움을 샀다. 그러나 하루 빨리 서구 문명을 따라잡고자 몸이 달아오른 19세기 말의 동아시아 사람들의 눈에, 한자는 더이상 동아시아 문명의 꽃이 아니라 근대화의 걸림돌로 보일 뿐이었다.

일본의 '가나문자 운동'

한자가 그들의 말을 표현하는 유일한 문자였던 중국에 비해, 일본과 한국은 자기네 문자가 있었기 때문에 다른 가능성들을 상상할 수 있었다. 일본은 가나(仮名)가, 한국은 한글이 있었다. 서구화의 충격에 맞닥뜨린 이들 나라의 지식인들 가운데 이참에 아예 한자와 이별하고 가나로만, 또는 한글로만 글을 쓰는 편이 낫지 않을까 생각한 이들이 나타난 것도 이해하기 어렵지 않다.

일본에서는 실업가이자 외교관이며 언어운동가였던 야마시타 요시타로 (山下芳太郎, 1871~1923)가 주도한 '가나문자 운동'이 이러한 흐름을 잘 보여준다. 야마시타는 실업가로서 명망을 쌓은 뒤 외교관으로도 활동하며 일본 정관계 인사들과 폭넓게 교류했다. 그는 일본사회가 서구식 근대로 전환하는 과정에서 한자를 둘러싸고 여러 방면에서 벌어지는 비효율적인 일들을 직간접적으로 경험하게 되었고, 그 결과 한자를 쓰지 않으면 일본의 교육과 행정이 더 빨리 근대적으로 변모할 수 있다고 믿게 되었다. 그런 생각을 바탕으로 야마시타는 1914년부터 '가나문자 운동(仮名文字運動)'을 주창하고, 한자 없이 가타카나만으로 일본어를 쓰자고 주장했다. 야마시타는 가타카나만으로 의미를 전달하기 위해 가로쓰기와 띄어쓰기 등 로마자의 글쓰기 방식을 적극적으로 받아들여야 한다고 주장했다. 그는 이를 위하여 가독성을 높인 가타카나 전용 글꼴까지 만들고, 이 글꼴을 활용하여 가로쓰기와 띄어쓰기를 적용한 소식지 『가나의 빛』을 펴내고 널리 배포하기도 했다.

야마시타가 1923년 한창 나이에 사망한 뒤로 가나문자 운동은 힘을 잃고 말았다. 그럼에도 불구하고 일본에서도 한자 철폐 운동이 있었다는 점, 그리고 한자 철폐의 전제조건으로 로마자를 본따 띄어쓰기와 가로쓰기가 필요하다고 인식했다는 점, 나아가 가나 고유의 특성을 살린 글꼴의 개발을 추구했다는 점 등은 주목할 만하다.[06]

가나문자 운동을 비롯한 한자 철폐 운동이 큰 성과를 거두지 못한 채 사그러들면서, 일본의 근대 글쓰기 문화는 미우나 고우나 한자를 안고 가는 쪽으로 정립되었다. 다만 전 국민이 교육과 국방의 의무를 지는 시대가 되었으니 소수의 식자층만 한자를 배우던 시대와는 다른 정책적 고려가 필요했다. 이른바 '상용한자(常用漢字)'라는 것은 그런 맥락에서 제정되었다. 상용한자는 "날마다 쓰는 한자", 즉 "의무교육을 마친 국민이라면 이 정도는 알아야 하는 한자"를 가리킨다. 앞서 말했듯 국민개병제가 실시되면서 교육 수준이 높지 않은 병사들의 한자 해독 능력이 작전 수행을 저해할 수 있다는 문제가 알려졌다. 나아가 학교나 공장 등의 근대적 제도가 원활히 자리잡기 위해서도 보통 사람들이 꼭 필요한 한자는 익힐 수 있도록 하되, 지나치게 큰 학습 부담을 지우지 않

---

06 야스오카 코이치(安岡孝一), 「山下芳太郎」(1), 『タイプライターに魅せられた男たち』第146回, 2014. http://dictionary.sanseido-publ.co.jp/wp/2014/09/04/yamashita1/ (2017. 10. 1 접속).

도록 적절한 숫자의 한자를 선별해야 한다는 주장이 제기되었다. 그에 따라 일본 정부는 1940년 '병기 명칭용 제한 한자표'를 제정하여, 군에서 무기 이름 등에 사용하는 한자를 1,235자로 제한하고 84자에 대해서는 약자를 공식적으로 채택했다. 이어서 1942년에는 『표준한자표』를 제정하여 상용한자 1,134자, 준상용한자 1,320자, 특별한자 74자 등 총 2,528자만 인정하는 '한자제한시책'의 틀을 잡았다. 1946년에는 호적법에도 법령으로 규정한 "상용 평이한 문자"만 인명용 한자로 쓸 수 있도록 한다는 조항이 추가되었다. 이후 상용한자와 인명용 한자의 범위는 여러 차례 조정되어, 2010년에는 상용한자 2,136자, 인명용 한자 861자가 공인되었다. 이들 상용한자는 난이도에 따라 의무교육 기간에 매년 일정한 분량을 적절히 나누어 가르치도록 했다. 오늘날 일본의 유아용 책은 거의 전부 가나로 쓰여 있지만, 학년이 올라가면서 교과서에 한자의 수가 많아지고 출현 빈도가 높아지는 것은 이런 역사적 맥락에서 비롯된 것이다.[07]

한편 이 여파로 일본에서는 띄어쓰기와 가로쓰기도 확산되지 못하고 말았다. 이 두 가지 글쓰기의 기술은 원론적으로는 한자 철폐 여부와 별 상관이 없어 보이지만, 현실에서는 서로 영향을 미친다. 우선 띄어쓰기는 의미를 시각적으로 분절해주는 기술적 장치다. 로마자가 띄어 쓰도록 진화한 것은 소리글자를 모두 이어서 늘어놓으면 어디서 끊어 읽을지 쉽게 알 수 없기 때문이다. 이에 비해 한자는 글자 하나하나가 뜻을 지니고 있으므로, 약간의 훈련을 받으면 의미를 파악해가며 끊어 읽을 수 있다. 일본이나 한국에서는 한문을 익힐 때 자기네 말로 토를 달아가며 읽는 법을 배우는데, 여기에 익숙해지면 한자와 가나, 또는 한자와 한글이 섞인 글은 띄어쓰기 않아도 쉽게 끊어가며 읽을 수 있

---

07 야스오카 코이치(安岡孝一), 「常用漢字と人名用漢字の歴史」, 『新しい常用漢字と人名用漢字—漢字制限の歴史』, 三省堂, 2011, 第1章.

다. 주로 한자가 용언이나 체언의 의미를 담당하고 가나 또는 한글은 일본어나 한국어로 토를 달아 읽을 때 어미나 조사의 역할을 맡게 된다.

그런데 한자 없이 가나 또는 한글로만 글을 쓰면, 같은 일본어 또는 한국어 문장이라도 의미 파악이 어려워진다. 한자에서 시선을 잠시 멈추며 의미를 파악하는 식으로 눈이 움직일 수 없기 때문이다. 따라서 가나 또는 한글로만 글을 쓸 때는 로마자와 마찬가지로 띄어 쓰는 편이 의미를 파악하기가 편하다. 실제로 현대 한국에서 띄어쓰기가 정착된 뒤에야 한글 전용(專用)이 가능해졌다는 사실은 이를 잘 보여준다.

한편 가로쓰기는 띄어쓰기만큼 직접적인 관련은 없지만, 가로쓰기와 띄어쓰기가 모두 로마자 문화 안에서 서로 연결되어 진화해왔기 때문에 문서의 형식 면에서는 한문보다는 로마자 띄어쓰기와 잘 어울린다. 이에 비해 한자와 가나 또는 한자와 한글을 섞어 쓴 문서는 동아시아에서 전통적으로 세로로 써왔으므로, 글을 출판하는 쪽도 읽는 쪽도 한자와 가나로 쓴 글을 구태여 생소함을 무릅쓰고 가로로 쓸 만한 동기가 강하지 않았다. 그 결과 2020년대 현재 사실상 한글 전용이 실현된 한국에서는 세로쓰기 문서를 거의 찾아보기 어렵게 된 데 비해, 일본에서는 아직도 상당수의 서적이나 신문 등이 세로쓰기로 출판되고 있다.

한자와 가나를 같이 써야 했던 일본의 타자기

이렇게 일본은 이런저런 모색 끝에 근대적 문자 생활에서도 한자를 섞어 쓰는 것으로 방향을 잡았다. 한자를 일본식으로—뜻으로 또는 소리로—읽기는 하지만 사실상 문장의 의미는 한자 부분이 전달하므로, "섞어 쓴다"는 표현보다는 아직도 시각적으로는 가나가 한자를 보조하는 역할에 머물러 있다고 하는 편이 더 정확할지도 모르겠다. 한자 없이 가나로만 쓴 문서는 막 글을 배

스기모토 타자기

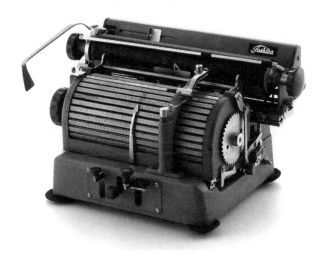

도시바 타자기　세계문자박물관 소장

우는 어린이를 위한 것 말고는 일상생활에서 만나기 어려운 것이 현실이다.

한자를 빼고는 문서를 쓰기가 어려우니, 일문(日文) 타자기가 사실상 한자

타자기가 된 것도 당연한 일이었다. 일본에서 와분타이프라이터(和文タイプライ

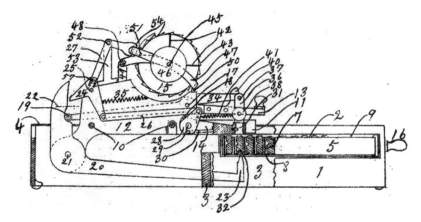

스기모토 타자기의 타자 메커니즘
전후좌우로 움직이는 레버(13)로 활자를 선택하면 공이(23)가 그 활자를 밀어올리고, 이것이 타이프바의 돌기(31)와 연결된다. 타이프바는 잉크를 묻힌 롤러(38)를 지나 플래튼에 감긴 종이를 때리고, 제자리로 돌아가 활자를 내려놓는다. 그림은 스기모토 타자기의 특허문서(1915)에서 가져왔다.

タ—) 또는 호분(邦文)타이프라이터라고 부르는 기계식 일문 타자기는 실제로는 한자를 찍기 위해 만든 기계다. 대략 1천5백 자에서 2천 자를 찍을 수 있는 기계인데, 이 중 히라가나와 가타카나를 합쳐도 100여 자밖에 되지 않고 나머지는 모두 한자이기 때문이다. 최초의 일문 타자기는 1915년 스기모토 쿄타(杉本京太)가 발명하고 니혼(日本)타이프에서 시판했다(일본 특허 27877호). 이후 도시바(Toshiba)를 비롯하여 스가누마(菅沼)타이프, 도요(東洋)타이프, 시마다(島田)전동식 타이프 등 여러 회사에서 고유 모델을 제작했다.[08]

　일문 타자기는 회사에 따라 조금씩 구조와 타자 메커니즘이 달랐다. 하지만 이들이 기본적으로 공유한 특징은 자판에서 글쇠를 눌러 글자를 찍는 것이 아니라 레버를 움직여 커다란 활판 또는 색인(index)에서 글자를 골라서 찍는다

08　장봉선(張鳳仙), 「한자 타자기의 발전과 전망」, 『인쇄계』 92, 1982. 6, 48쪽.

는 점이었다.

가장 먼저 개발된 스기모토 타자기의 기본 구조를 그림으로 살펴 보자. 가장 먼저 눈에 띄는 것은 약 2천 자가 들어가는 커다란 활판이다. 로마자 타자기처럼 활자들이 타이프바에 고정되어 있는 것이 아니라 인쇄소의 활자처럼 자유롭게 하나씩 뽑아 쓸 수 있다. 타자수가 레버를 움직여 찍으려는 활자를 고르면, 레버와 연결된 공이가 아래로부터 그 활자를 밀어올린다. 활자의 옆면에 파인 홈에 타이프바의 돌기가 연결되면 글자를 찍을 준비가 된 것이다. 타이프바가 잉크를 묻힌 롤러를 지나 플래튼에 감긴 종이를 때리면 글자가 찍히고 플래튼은 글자 하나 크기만큼 위로 회전한다. 플래튼이 한 글자 쓸 때마다 오른쪽에서 왼쪽으로 이동하고 한 줄 쓰고 나면 위로 회전하는 로마자 타자기와는 달리, 세로쓰기 타자기이므로 플래튼이 한 글자 쓸 때마다 위로 회전하고 한 줄 쓰고 나면 왼쪽에서 오른쪽으로 이동한다. 그리고 타이프바가 제자리로 돌아가 활자를 제자리에 심어놓으면 한 글자의 타자가 끝난다.[09]

스기모토 타자기 이후 개발된 다른 일문 타자기들도 색인에서 한자를 골라 찍는다는 타자 방식은 기본적으로 바뀌지 않았다. 다만 선택한 활자를 종이에 찍고 제자리에 돌려놓는 기술은 조금씩 개량되었다. 1930년대 이후에는 활자와 색인을 가로로 한줄씩 묶고 그것을 다시 캐터필러처럼 세로로 연결해서 커다란 원통형으로 만든 타자기들이 개발되었다. 찍고자 하는 글자를 고르면 그 활자가 속한 가로줄 전체가 원통에서 분리되어 위로 올라오고, 스프링에 연결된 해머가 해당 글자를 때리면 리본을 통해 글자가 찍히는 방식으로 작동했

---

09 스기모토 타자기의 작동방식을 3차원 애니메이션으로 재구성해놓은 영상을 보면 이해에 도움이 될 것이다. "The FIRST Japanese Typewriter: Invented by Kyota Sugimoto 1915", Michael's music instruments, https://www.youtube.com/watch?v=KomYshzkrPU, 2023. 8. 15 접속.

미뇽 모델 4 타자기(Mignon Model 4, 1924)
색인을 짚는 레버와 회전하는 활자 부위가 톱니로 연결되어 있어 레버 조작으로 글자를 손쉽게 고를 수 있다. 이렇게 자판에서 글쇠를 누르는 대신 색인을 짚어 글자를 고르는 색인형 타자기(index typewriter)도 로마자를 쓰는 세계에서 고유의 시장을 확보하고 있었다. CC BY-SA 2.0.

다. 타자수는 활자가 감긴 원통 왼쪽의 다이얼을 조작하여 문자판을 돌리거나 좌우로 이동하며 조작했다. 뒷날 전기기술이 결합된 뒤에는 볼(ball) 타자기 방식이 도입되기도 했다.

이처럼 일문 타자기는 흔히 알려진 로마자 타자기와는 구조가 전혀 달랐다. 하지만 유사한 기술을 찾아볼 수 없는 것은 아니다. 비록 기술의 규모나 복잡함 등에서 적잖은 차이를 드러내기는 하지만, 로마자 타자기 중에도 색인형 (index) 타자기가 여러 종류 개발되어 틈새시장을 개척했다. 로마자는 대소문자에 숫자와 문장부호를 합쳐도 100자를 넘지 않기 때문에, 로마자 색인형 타자기는 자판형 타자기에 비해 오히려 더 작고 간단하게 만들 수 있었다. 활자를 활판에서 뽑아서 타이프바에 연결하는 등 복잡한 과정을 거칠 필요 없이, 금속제 원통의 겉면에 로마자와 숫자 등을 모두 새기고 레버나 다이얼로 글자를 고르면 그중 하나가 찍히도록 하면 된다. 이렇게 구조가 간단했으므로, 19세기 말부터 20세기 초에 걸쳐 개발된 로마자 색인형 타자기는 값이 싸다는 점과 작고 가벼워 여행할 때도 가지고 다닐 수 있다는 점 등을 장점으로 내세웠다.

예를 들어 1893년 발리케(Louis Philippe Valiquet)가 발명한 '아메리칸 타자기(American Typewriter)'는 단 35개의 부품으로 만들어 발매 당시 5달러라는 파격적인 가격을 자랑했다. 반원형의 색인판에서 글자를 선택하고 왼쪽의 레버를 누르면 글자를 찍어주는 간단한 구조였으므로 타자 기술이나 유지보수 방법을 따로 익힐 필요도 없었다. 제조사는 "비싼 타자기를 살 돈과 그것을 익힐 시간이 없는 이들을 위한 탁월한 선택"이라는 구호를 내세워 광고했다. 이렇게 작고 간단하고 값싼 것을 장점으로 내세웠다는 점에서 로마자 색인형 타자기와 일문 타자기는 다소 차이가 있다. 다만 자판을 두드려 입력하는 것만 타자기라고 생각하는 고정관념에서 벗어나 더 넓은 시야로 타자기의 역사를 인식하려면, 이런 타자기들의 역사를 아울러 생각하는 것이 도움이 된다.

일문 타자기는 손글씨에 비해 눈에 띄게 빠르지는 않았지만 인쇄한 것처럼 깔끔한 문서를 만들 수 있었으므로 관공서, 은행, 기업 등에서 형식을 갖춘 문서를 만드는 데 썼다. 입력할 글월에 따라 차이가 크지만 숙련된 일문 타자수는 1분에 30여 자 정도를 찍을 수 있었다고 한다. 한자를 2초마다 한 자씩 쓰는 셈이므로 손으로 쓰는 것과 얼추 비슷한 속도이기는 하지만, 로마자 타자기처럼 손글씨를 압도할 수 있는 속도와는 거리가 멀었다. 아달(Raja Adal)은 일문 타자기가 속도 면에서 차별화가 어려워지자 손글씨보다 단정한 문서를 만들 수 있다는 점을 장점으로 내세웠고, 그 결과 일본의 글쓰기 문화에서 일종의 분업이 이루어졌다고 분석했다.[10] 빨리 써야 할 때는 (서양식) 펜을, 조형미를 높여 예쁜 문서를 만들고 싶을 때는 붓을 쓰는 것이 일종의 문화적 규칙으로 자리잡았고, 타자기는 붓보다 빠르게, 펜보다 단정한 글씨로 쓸 수 있었기 때문에 펜과 붓의 중간지대를 확보하게 되었다는 것이다.

이렇게 '빠른 문서'보다는 '깔끔한 문서'에 초점을 맞추는 기술로 진화해 나갔기 때문에, 일문 타자기, 그리고 그와 유사한 한자 타자기는 문서작업의 후반부에 주로 사용되었다. 손으로 휘갈겨 쓴 원고를 깔끔하게 정서하는 데는 이런 기계가 무척 유용했기 때문이다. 정서한 문서를 수십 또는 수백 부 복제해야 한다면 등사나 인쇄 등이 효율적이겠지만—복사기는 1980년대 이후에야 대중화되었다—서너 부 정도라면 먹지를 겹쳐 대고 타자하는 것만으로 간단히 인쇄물에 가까운 깔끔한 문서를 만들어낼 수 있었다. 이 때문에 일문 타자기는 일명 '청타(淸打) 기계'라 불리기도 했다. '청타'란 '손으로 쓴 원고를 타자기로 깔끔하게 옮겨 적기'를 뜻하니, 문서의 생산과 유통 과정에서 일문 타자기가 차지했던 위치를 이 별명으로 짐작할 수 있다.

일문 타자기는 등사(謄寫)라는 또 다른 기술과 결합하여 간이 인쇄를 하는 데도 요긴하게 쓰였다. 이러한 쓰임새는 이 타자기의 또 다른 별명인 '공판(孔版) 타자기'라는 이름에서 드러난다. 등사는 일종의 스텐실(stencil) 인쇄 기술이다. 스텐실 용지에 철필로 글씨를 쓰거나 그림을 그리고 그것을 등사판에 팽팽하게 고정한 뒤 잉크를 바르면, 철필로 긁힌 부분을 따라 잉크가 통과하여 종이에 그 모양 그대로 찍히게 된다. '공판'이란 곧 스텐실을 가리키는 다른 이름

---

10   Raja Adal, "Japan's Bifurcated Modernity: Writing and Calligraphy in Japanese Public Schools, 1872~1943", *Theory, Culture and Society* 26:2-3, March/May 2009, pp. 233~247; Raja Adal, 지은이와 나눈 대화, Annual Meeting of the Association for Asian Studies, Honolulu, U.S.A, March 31~April 3, 2011.

이다. 일문 타자기에 스텐실 용지를 넣고 글자를 찍으면 활자가 철필 대신 자국을 남기고, 이 용지를 등사판에 걸면 대량의 문서를 간단히 복제할 수 있다. 활판인쇄만큼 많은 부수를 찍기는 어렵고 글자도 활판인쇄만큼 또렷하지는 않지만, 큰 인쇄기를 돌리지 않고서도 볼 만한 수준의 인쇄물을 수백 부 단위로 만들어낼 수 있으므로 학교나 기업 등에서 널리 쓰였다.

또한 일문 타자기는 숙달된 타자수가 자기 손에 익은 기계를 써야만 그 진가를 발휘할 수 있다는 점에서도 로마자 타자기와 달랐다. 앞서 말한 바와 같이, 로마자 타자기는 20세기 초에 이르면 자판 배열과 타자 메커니즘 등이 사실상 통일되었다. 다시 말해서 평소 손에 익은 타자기가 아니더라도 잠깐만 연습하면 누구나 어떤 타자기로도 글을 쓸 수 있었다. 이에 비해 일문 타자기는 특정한 규칙 없이 활판에 활자를 자유롭게 배열할 수 있으므로, 타자수마다 자기 일터에서 자주 쓰는 글자들을 가운데에 두어 편하게 쓰곤 했다. 다시 말해서 자기가 늘 쓰던 타자기는 글자의 위치를 대략 외움으로써 제법 빨리 찍을 수 있었지만, 남이 쓰던 타자기를 쓰려면 활자를 하나하나 한참 눈으로 찾아서 찍을 수밖에 없었다. 또한 타자수는 글자의 특성에 따라 타자하는 힘을 조절하는 기술도 익혀야 했다. 마침표나 쉼표 같은 간단한 문장부호를 찍을 때 힘을 너무 세게 주면 종이가 뚫려버린다. 반대로 획수가 많은 복잡한 한자를 찍을 때는 힘을 세게 주지 않으면 글자가 흐릿하게 뭉개져 알아볼 수 없게 되어버리고 만다. 타자수들은 자기 필요에 따라 활판에 활자를 배열하고, 그 각각의 활자에 따라 어느 정도 힘을 주어 찍는 것이 좋을지 몸에 익혀야 했다. 결과적으로 일문 타자기는 자기 타자기로 늘 연습하는 소수의 숙달된 타자수가 아니면 쓰기 어려운 기계가 되었다.

중국과 한국 등 한자를 쓰는 이웃 나라들도 일문 타자기와 그에 연동되어 발전한 기술들을 그대로 공유했다. 일문 타자기에서 가나를 들어내고 한자를 더 채우기만 하면 그대로 한자 타자기가 되었고, 최소한의 필수 한자를 남기고 "가, 갸, 거, 겨"처럼 한글의 초·중·종성을 모아 써 완성된 음절글자 활자를 채우면 그것이 곧 (완성형) 한글 타자기가 되었다. 완성형 한글 타자기는 '청타기'나 '공판 타자기'라는 별명도, 그 별명이 가리키는 역할도 일문 타자기와 똑같이 공유했다. 즉 머릿속에서 떠오르는 생각이나 상대방의 말을 그대로 받아적는 '신속한 1차 문서 기계'가 아니라, 휘갈겨 쓴 초고를 인쇄물에 가까운 가지런한 형태로 가공해주는 '단정한 2차 문서 기계'로 자리를 굳혔다. 다만 한글 타자기를 꿈꾸었던 발명가나 문인들이 이러한 형태의 타자기에 만족했는가는 또 다른 문제로 남았다.

한자는 "쓰는" 것인가, "찾는" 것인가?

거대한 활판에 수천 자의 활자를 깔아놓고 이것을 뽑아 쓰는 타자기에 만족하지 못한 이들은 중국에도 있었다. 물론 일문 타자기와 같은 형태의 한자 타자기는 중국에서도 여러 회사가 생산하여 상당히 많은 수가 팔려 나갔다. 그럼에도 불구하고 로마자 타자기와는 다른 형태의 기계로 진화하면서, 로마자 타자기의 장점 중 상당수를 포기할 수밖에 없게 된 것도 사실이다. 적은 수의 글쇠로 모든 글자를 입력하므로 누구나 쉽게 익히고 자판을 외워 빨리 칠 수 있다는 점, 비교적 간단한 구조로 대량생산하여 값싸게 손을 넣을 수 있다는 점, 가벼운 휴대용 기기를 만들어 여행지나 전쟁터 등 어디에서도 글을 쓸 수 있게 해준다는 점 등이 로마자 타자기의 장점이었는데, 활판형 타자기를 쓰면 이것들은 모두 포기할 수밖에 없었던 것이다.

하지만 수천 자의 한자를 스물 여섯 자의 로마자와 같거나 비슷한 방식으로 타자한다는 것이 과연 가능한 일인가? 이는 결국 가나문자 운동과 같이 "한자를 버리고 로마자로 중국어를 쓰자"는 이야기로 되돌아가는 것은 아닌가?

한자를 한자답게 쓰면서 "자판을 통한 간단한 입력"을 할 수 있을까? 그렇다면 우리가 자판에 입력하게 될 부호들은 무엇일까?

이런 질문들에 대해, 오늘날의 중국어 입력방식은 결국 로마자를 방편으로 이용하는 것을 답으로 제시했다. 우리는 컴퓨터 자판에 로마자—엄밀히 말하면 로마자를 차용한 한어병음기호—로 중국어의 발음을 입력한다. 이것은 "한자를 버리고 로마자로 중국어를 쓰자"는 주장을 계승한 것이기도, 아니기도 하다. 로마자로 소리를 입력하면 그것이 그대로 화면에 찍히는 것이 아니라, 같은 소리를 내는 글자들의 목록을 보여주는 대화상자가 뜨고 그중 하나를 고르면 마지막에 화면에 한자가 찍히는 것이기 때문이다. 즉 우리가 자판에 입력하는 부호들은—로마자의 형태를 한—중국어의 발음기호들이고, 우리 눈에 보이는 입력의 결과는 한자—중화인민공화국 성립 이후에는 간체자—라는 이중적 구조가 된다. 이 입력방식의 장점은 전 세계인에게 친숙한 로마자 자판을 이용해 입력할 수 있다는 점, 그리고 한자도 버리지 않고 그대로 안고 갈 수 있다는 점이다. 그러나 이 입력방식의 단점도 분명하다. 이것은 로마자를 한자로 변환해주는 소프트웨어의 도움을 받지 않으면 성립할 수 없는 입력방식이다. 즉 기계식 타자기에는 적용할 수 없는 그림의 떡일 뿐이다.

그렇다면 기계식 타자기로 한자를 입력하는 최선의 방법은 역시 스기모토 식 또는 그와 비슷하게 활판에서 글자를 하나하나 찾아 찍는 것일까? 설령 그렇다 해도, 활판에 수많은 활자를 어떻게 배열할 것인가? 수천 자의 한자를 규칙도 없이 늘어놓으면 원하는 글자를 찾아 찍기도 어렵지 않겠는가? 그 규칙이란 한자를 찾기 쉽게 도와주는 것이면서도, 동시에 어려서부터 한자를 익힌 중국 지식인들이 쉽게 이해하고 납득할 수 있는 것이어야 하지 않겠는가? 요컨대, 한자를 어떻게 분류하고 배열할 것인가 하는 문제는 근대사회의 기계문명과 수천 년간 축적된 한자 문화를 어떻게 조화시킬 수 있을 것인가 하는 문제와 깊이 연결되어 있었던 것이다.

중국의 지식인 중에는 전통적으로 한자를 분류하고 배열하던 방식을 근대적 기계에 어떻게든 이식할 수 있을 거라고 믿은 이들도 적지 않았다. 그것은 한자를 "부수의 결합"으로 생각하는 것이었다.

부수(部首)는 한자를 구성하는 기본 단위다. 한자가 진화해오는 과정에서 간단한 글자들이 먼저 생겼고, 그 간단한 글자들을 조합하여 더 복잡한 글자들이 생겨났다. 특히 표현해야 할 대상이 늘어나고 글자 수가 늘어나면서 뜻과 뜻을 모아 만드는 회의자(會意字)나 소리 부분과 뜻 부분을 조합하여 새로운 글자를 만드는 형성자(形聲字)의 비중이 점점 높아졌다. 이렇게 숫자도 많아지고 형태도 복잡해진 글자들을 분류하기 위해, 중국 지식인들은 한자를 부수의 조합으로 이해하기 시작했다. 부수는 여러 한자에 자주 보이는 공통요소들 가운데 그 한자의 뜻을 설명할 수 있는 것으로 정한다. 복잡한 글자의 구성요소로 들어간 간단한 글자들일 때도 있고, 낱글자를 이루지 못하는 두세 개의 획의 조합일 때도 있다.

부수라는 개념이 확립되고 나자 부수는 사람들이 한자를 읽고 쓰고 생각하는 기본 단위가 되었다. 획순을 비롯한 서법도 부수를 기본 단위 삼아 확립되었으며, 그에 따라 수많은 한자들을 분류하고 인식하는 기준도 부수가 되었다. 한자 사전, 즉 자전(한국에서 흔히 '옥편'이라고도 부른다)으로 한자를 찾는 과정을 생각하면 이해가 쉬울 것이다. 로마자 사전은 A-B-C 순서로, 한국어 사전은 ㄱ-ㄴ-ㄷ 순서로 낱말들을 분류한다. 이와 비슷하게 한자를 분류할 때 길잡이 역할을 하는 것이 부수다. 자전에서 한자를 찾을 때는 두 단계를 거친다. 우선 색인에서 획수에 따라 배열된 부수를 찾고, 그 다음에는 부수를 제외한 나머지 획수를 세어 그 한자를 찾으면 된다. 예를 들어 타자기의 '기(機)' 자를 자전에서 찾아보려면 우선 '나무 목(木)'자가 부수라는 것을 알고, 4획짜리 부수 중에서

'목(木) 부'를 찾아 들어간다. 그 다음에는 부수를 제외한 나머지 획수가 12획이 므로 '목 부'의 12획을 찾아보면, 그중에서 '틀 기(機)' 자를 찾을 수 있다. 한자는 소리글자가 아니므로 로마자나 한글처럼 소리의 순서로 분류할 수는 없지만, 부수와 획수라는 두 가지 열쇠를 활용하면 이렇게 글자를 분류하고 사전을 만 들 수 있다.

한자 문화권에서 자라난 중국의 지식인들은 자연히 부수의 개념을 익히고, 언어와 나아가 사물을 인식할 때도 그 체계를 반영하게 되었다. 그들에게 한자 는 서로 연관성 없이 뿔뿔이 흩어져 있는 네모난 통글자도 아니고, 체계 없이 나열된 수많은 획들의 집합도 아니었다. 부수가 모여 한자가 되는 것이고, 한 자는 부수로 쪼개어 인식하고 기억할 수 있는 것이었다. 그렇다면, 부수를 입 력하면 글자를 찍어주는 타자기를 만들 수는 없을까? 나아가서 이런 타자기는 로마자 타자기처럼 자판으로 입력하는 형태로 만드는 것도 가능하지 않을까? 로마자 타자기처럼 열 손가락을 다 써서, 손가락이 보이지 않을 정도로 빠르게 칠 수 있는 한자 타자기도 만들 수 있지 않을까?

이런 생각을 실현하고자 노력했던 인물 중 하나가 린위탕(林語堂, 1895~1976) 이다. 린위탕은 푸젠성에서 태어나 홍콩의 세인트존스대학과 미국 하버드대 학을 거쳐 독일 라이프치히대학에서 중국 문헌학으로 박사학위를 받은 국제 적 엘리트였다. 그는 중국과 미국을 넘나들며 많은 책을 썼는데, 특히 능숙한 영어 실력을 바탕으로 중국의 사상과 문화를 영어권 독자들에게 알리는 책을 내어 큰 호응을 얻었다. 20세기 초 서구사회에서 중국의 이미지는 오리엔탈리 즘의 영향을 받아 상당히 왜곡되어 있었고, 중국에 대한 책도 대부분 그렇게 왜곡된 시선으로 중국을 관찰한 서구의 작가들이 쓴 것이었다. 린위탕은 중국 과 미국, 유럽사회를 모두 경험하고 양쪽의 언어에 모두 능통했으므로, 중국인 의 시선을 유지하면서도 서구 독자들이 쉽게 받아들일 수 있는 형태로 중국 문

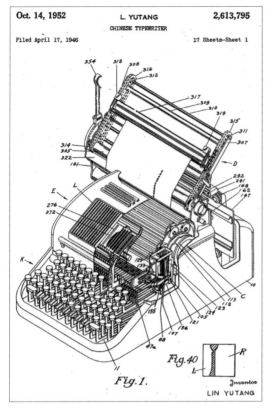

Oct. 14, 1952   L. YUTANG   2,613,795
CHINESE TYPEWRITER
Filed April 17, 1946   17 Sheets-Sheet 1

Fig.40
Fig.1.
Inventor
LIN YUTANG

린위탕의 밍콰이 타자기
린위탕은 미국 생활을 계기로 타자기에 관심을 갖게 되었고, 1930년대부터 실험과 개량을 거듭한 끝에, 1947년부터 '밍콰이(明快) 타자기'라는 이름으로 판매를 개시했다.

화와 중국인의 사고방식을 소개하는 글을 쓸 수 있었다. 그가 1937년 미국에서 출판한 『The Importance of Living』(한국어판 제목은 『생활의 발견』)은 중국인이 쓴 책으로는 최초로 뉴욕타임즈 베스트셀러가 되는 등 큰 인기를 끌었다.

린위탕은 미국 생활을 계기로 타자기에 관심을 갖게 되었고, 이 혁신적인 기계를 중국인이 쓸 수 있도록 개조하겠다는 목표를 세웠다. 1930년대부터 1940년대에 걸쳐 여러 차례 실험과 개량을 거듭한 끝에, 그는 1946년 미국 특허청에 한자 타자기의 특허를 출원하고, 1947년부터 '밍콰이(明快) 타자기'라는 이름으로 판매를 개시했다.

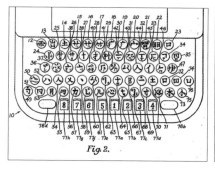
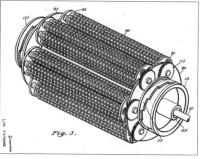

밍콰이 타자기의 자판(왼쪽)과 내부의 활자틀(오른쪽)
밍콰이 타자기의 자판에는 완성된 한자가 아니라 부수가 배열되어 있다(왼쪽). 타자기 내부에는 8천여 자의 활자가 36개의 팔각기둥으로 나뉘어 들어가 있다(오른쪽). 자판에서 부수를 차례로 입력하면 이 팔각기둥들이 전동 모터의 힘으로 움직여 찍고자 하는 글자를 찾아준다.

밍콰이 타자기는 "부수를 조합하여 한자를 찍는" 타자기라는 독특한 기계였다.[11] 손으로 붓글씨를 쓰는 것도 아니고, 기계식 타자기에서 어떻게 이것이 가능했을까? 밍콰이 타자기는 부수를 그대로 찍어주는 것이 아니라 부수를 입력하면 글자를 "찾아주는" 타자기였기 때문이다. 밍콰이 타자기의 내부에는 로마자 타자기처럼 글쇠와 연결된 타이프바 대신, 복잡한 활자 뭉치가 들어 있다. 전체를 보면 마치 옥수수 여섯 개가 다발로 묶여 있는 것 같은 모습이다. 옥수수처럼 생긴 금속기둥 하나를 들여다보면, 자유롭게 회전할 수 있는 막대 여섯 개가 한 다발로 묶여 있다. 각각의 막대를 다시 들여다보면 팔각기둥 모양

11　밍콰이 타자기 이전에도 이런 시도들이 있었다. 저우허우쿤(周厚坤)은 1916년에 부수와 획수를 입력하여 한자를 골라 찍는 타자기를 만들었고, 카오충친은 1944년 한자를 네 자리의 숫자 코드로 분류하여 자판의 숫자키를 누르면 해당 한자가 찍히는 타자기를 만들어 미국 특허를 받았다. 이들은 미국에서 타자기가 널리 쓰이는 것을 보고 그 영향으로 한자 타자기를 만들고자 결심했다는 공통점이 있었다. 저우허우쿤은 MIT에 유학했던 엔지니어였고, 카오충친은 미국 IBM에서 근무하고 있었다.

이다. 그리고 그 팔각기둥의 한 면에는 다시 29개의 활자가 들어 있다. 즉 밍콰이 타자기 내부에는 최대 29×8×6×6=8,352개의 활자를 넣을 수 있다. 그리고 자판에는 완성된 한자 대신 부수가 담겨 있다. 붓으로 한자를 쓰는 순서, 즉 왼쪽 위부터 오른쪽 아래 순서로 부수 글쇠를 누르면, 전동 모터의 힘으로 내부의 활자 뭉치가 움직여서 그 부수에 해당하는 글자들이 담긴 기둥과 막대를 위로 올려준다. 8천여 개의 한자들을 부수에 따라 걸러내다 보면, 서너 번 부수를 입력하고 나면 후보가 여덟 개 안으로 좁혀진다. 이 여덟 글자는 팔각기둥의 한 칸에 빙 둘러 배열되어 있고, 타자기 상단에는 이 여덟 글자를 보고 고를 수 있는 별도의 창이 마련되어 있다. 타자수는 마지막으로 자판 하단의 숫자키를 눌러 이 중 한 글자를 확정하여 종이에 찍으면 된다.[12]

한자를 부수라는 전통적 방식에 따라 "합리적으로" 찍을 수 있다는 점, 그리고 그 발명가가 중국과 미국 양쪽에 널리 알려진 유명 작가 린위탕이었다는 점 때문에 밍콰이 타자기는 큰 주목을 받았다. 하지만 관심에 비해 사업으로서 성공하지는 못했다. 너무 많은 부품을 사용하여 복잡한 구조로 만들었기 때문에 고장도 잦았고 가격도 비쌌기 때문이다. 린위탕은 레밍턴 타자기 사에 그의 발명품을 보여주고 투자를 받으려 했으나, 정작 시연회에서 기계가 고장나는 바람에 두 번의 시연 기회를 날리고 말았다. 속도 면에서도 밍콰이 타자기의 이점은 뚜렷하지 않았다. 린위탕과 그의 딸 린타이이 등 이 기계로 오래 연습한 이들은 1분에 약 50자를 찍을 수 있었다고 한다. 활판 형식의 타자기가 1분에 30여 자를 찍는 데 비하면 빠르지만, 20세기 중반 무렵 로마자 타자기의

---

12 공병우, 「林語堂 先生의 明快打字機」, 『한글』 13:3, 1949. 1, 54~58쪽; R. John Williams, "The Technê Whim: Lin Yutang and the Invention of the Chinese Typewriter", *American Literature* 82:2, June 2010, pp. 389~419.

타자 속도 세계기록이 분당 300타를 넘어섰다는 사실을 감안하면 능률 면에서 로마자 타자기에 비길 수 없었다. 자판으로 입력한다는 점에서는 로마자 타자기와 유사하지만, 실제 사용자가 느끼는 속도감은 큰 거리가 있었던 셈이다.

이후에도 밍콰이 타자기는 잦은 고장으로 기대한 만큼의 성능을 과시하지 못했고, 린위탕은 빚더미에 오르고 말았다. 그는 부채를 해결하기 위해 친구 펄 벅(Pearl Buck)에게 돈을 빌려달라는 편지를 보내기도 했고, 가외의 일을 하려 파리의 유네스코에 잠시 체류하기도 했다. 결국 린위탕은 1948년 머겐텔러 라이노타이프 사(Mergenthaler Linotype Company)에 밍콰이 타자기의 특허를 넘겨주었다.

하지만 기술적 결함보다 더 큰 난관이 밍콰이 타자기의 앞길을 가로막았다. 국공내전이 1949년 공산당의 승리로 끝나자 중화인민공화국은 새로운 어문 정책을 시행했는데, 로마자를 차용한 한어병음(Pinyin)기호로 한자의 발음을 표기하고 복잡한 획을 생략한 간체자를 쓰는 것 등이 주요 내용이었다. 이는 린위탕을 비롯하여 전통 교육을 충실히 받은 지식인들이 기대하던 것과 반대 방향의 정책이었다. 얼핏 생각하면 '부수를 입력하면 완성된 한자를 찾아서 찍어주는 타자기'라는 구상은 무척 과학적이며 합리적인 것으로 보이지만, 이는 어디까지나 한자의 기본 구조를 이해하고 부수의 개념을 몸에 익혀서 한자를 보면 대번에 그 부수를 떠올릴 수 있는 지식층이라야 할 수 있는 생각이다. 중화인민공화국이 성립할 당시 중국의 문맹률이 무려 80퍼센트(5억 중 약 4억), 특히 농촌에서는 95퍼센트에 달했다는 점을 감안하면, 린위탕과 같은 고급 지식인이 꿈꾸었던 한자 타자기는 사실 대다수 민중에게는 그림의 떡에 지나지 않았다. 중국공산당은 수천 년 동안 축적되어온 한자의 구조적 정합성과 부수 체계 등을 희생한 대가로 민중의 문자해독률을 단기간에 비약적으로 끌어올릴 수 있었다.[13] 비록 홍콩과 타이완, 일본 등에서는 여전히 번체자를 사용했으나, 중화권 인구의 절대다수가 병음기호와 간체자로 교육을 받게 된 마당에 밍콰이 타자기를 비롯하여 번체자에 바탕을 둔 기술에 투자하려는 수요는 사실상 사라지고 말았다.

그럼에도 불구하고 밍콰이 타자기의 도전은 부분적으로나마 이후 한자 기계화에 유산으로 남았다. 앞의 이야기로 돌아가보자. 오늘날 대다수의 사용자들은 컴퓨터나 스마트폰 등에 중국어(한자)를 입력할 때 한어병음기호로 발음을 입력한다. 그리고 다음 단계로, 기계가 보여주는 발음이 같은 글자나 단어 가운데 내가 원하는 것을 골라 입력을 마친다. 이렇게 목록을 좁혀 나가 원하는 글자를 찾아 입력하는 것을 중국어로는 '수입(輸入, 슈루)'이라고 하는데, 린위탕의 밍콰이 타자기는 기계식 메커니즘으로 한자를 '수입'하려 했던 시도라는 점에서 역사적 의의가 있다.

그렇다면 한글은?

한자는 동아시아 문명에 축복이자 굴레였다. 한자의 풍부하고도 함축적인 표현력과 오랜 세월 다듬어진 조형미 덕분에 동아시아 지식인들은 한자를 이용하여 높은 수준의 학문과 예술을 쌓아올릴 수 있었다. 그러나 서세동점의 시대에 서양식 기계문명이 무조건 따라야 할 모범으로 여겨지게 되자, 간단한 소리글자인 로마자를 기반으로 발전한 서양식 기계들과 호환성이 떨어지는 한자는 근대화의 걸림돌이라는 비판을 받으며 천덕꾸러기 신세가 되고 말았다. 중국과 일본에서 적지않은 지식인들이 한자를 아예 없애버리고 로마자나 가

---

13 2020년대 중국의 문맹률은 0.1% 선까지 떨어져서, 사실상 전 국민이 문자를 해독할 수 있게 되었다. (위키피디아) https://www.globaldata.com.

타카나 등으로 문자 생활을 혁신하자고 주장했던 것도 이 때문이다.

하지만 전통은 힘이 세다. 대중은 지나치게 급진적인 문자개혁의 구호에 선뜻 동조하지 않았고, 여러 차례 여러 갈래의 한자 철폐 운동이 벌어졌음에도 불구하고 한자는 살아남았다. 발명가들은 한자를 편리하게 입력할 수 있는 기계를 만드는 쪽으로 생각을 바꾸었다. 스기모토 타자기와 같은 활판 형태의 타자기이건, 밍콰이 타자기와 같은 수입(輸入) 방식의 타자기이건, 로마자와는 다른 한자의 특성을 고려하여 고유의 메커니즘을 만들고자 고심한 흔적이 담겨 있다. 로마자 타자기에 익숙한 시선으로 재단하면 이런 기계들은 기괴하리만치 크고 복잡해 보일지도 모른다. 그러나 '간단한가 복잡한가'라는 한 가지 잣대로 기계의 우열, 나아가 문자와 문명의 우열을 평가하려 드는 것은 매우 편협한 시각이다. 더욱이 앞서 간단히 살펴보았듯이, 로마자 타자기도 처음부터 오늘날과 같은 형태로 만들어진 것은 아니었다. "로마자 알파벳을 즉석에서 종이에 한 글자씩 찍는다"는 목표를 실현하기 위해 서로 다른 여러 가지 메커니즘이 고안되었고, 오늘날 우리가 알고 있는 숄즈식 타자기는 수많은 후보들이 경쟁한 끝에 살아남은 기술 진화의 결실일 뿐이다. 일본과 중국에서 만들었던 여러 가지 형태의 한자 타자기들도 "한자를 즉석에서 종이에 한 글자씩 찍는다"는 목표를 실현하기 위한 여러 갈래 궁리의 결실이다. 한자 타자기 개발에 도전했던 이들은 한자라는 전통문화와 타자기라는 근대 기계문명의 교집합을 찾기 위해 다방면으로 노력했고, 결국 "타자기는 로마자 타자기(숄즈 타자기)와 같은 형태라야 한다"는 생각을 버림으로써 자신들의 타자기를 만들 수 있었다. 이렇게 본다면 한자 타자기는 로마자 타자기에 비해 "이상한" 또는 "열등한" 타자기가 아니라, 단지 "다른" 글자를 찍기 위해 만든 "다른" 타자기일 뿐이다.

그렇다면 동아시아 문명의 또 하나의 주체였던 한국에서는 어떤 타자기를 만들려 했는가? 한국 타자기의 역사는 두 가지 면에서 일본이나 중국과 다른 방향으로 갈라져갔다. 첫째로 한국은 동아시아에서 유일하게 한자와 결별하고 한글로만 쓰는 타자기를 만들었으며, 둘째로 동아시아에서 유일하게 로마자 타자기와 같은 구조의 타자기를 만들었다. 결과론이지만, 일본과 중국이 로마자 타자기와 다른 타자기를 만들어 한자를 안고 가는 데 성공했다면, 한국은 반대로 '로마자 타자기와 같은 형태의 타자기를 만들어야 한다'는 목표에 매진하여 결국 성공한 것이라고도 할 수 있다.

이는 근대 한국이 추구한 이중의 과제 때문이라고 할 수 있다. 바로 서구의 과학기술문화를 받아들이면서도, 이웃의 두 큰 나라의 영향에서 벗어나 한국만의 독자적 길을 찾는 것이다. 전근대 한국사회에 절대적인 영향을 미쳤던 중국으로부터도, 근대로의 이행을 강제하며 한국사회에 장단기적으로 복합적인 영향을 미쳤던 일본으로부터도 거리를 두면서 서구적 근대의 이상에 가까이 다가가는 것이 한국의 근대화를 꿈꾸던 이들이 공유한 목표였다고 할 수 있다.

그런 점에서 한글 타자기의 개발은 단순히 하나의 기계를 새로 만드는 것이 아니라, '한국어로 글을 쓰는 문화' 전체를 새롭게 정립하는 큰 과업의 일부분이 되었다. 한글 타자기의 개발자들은 일본과 중국이 한자를 버리지 못했기 때문에 커다랗고 복잡한 색인형 활자 타자기로 타협할 수밖에 없었다고 생각했다. 이에 비해 로마자 타자기와 똑같은 자판형 타자기로 한글을 찍는 데 성공한다면, 그것이야말로 한글의 '우수성'을 입증하고 동아시아에서 한국 문화가 지닌 특수성을 보여주는 일이 될 터였다. 그리고 그런 타자기를 만들기 위해서 한자와의 결별은 필수적 전제 조건이었다.

2장

순탄치만은 않았던 한글 타자기의 탄생

한글 타자기의 역사는 다양한 비서구 타자기의 역사 중에서도 특이한 경우다. 한글 타자기는 소리글자인 로마자 타자기의 기본 틀을 유지하면서도, 로마자 타자기를 만들 때는 생각할 필요가 없었던 문제들을 해결하기 위해 여러 개조를 거쳐야 했다. 때로는 일반인들은 이해하기도 어려운 복잡한 기계장치가 덧붙기도 했다.

이렇게 복잡한 개조 과정은 "한글이 세계에서 가장 쉽고 과학적인 글자"라는 속설과 일견 잘 들어맞지 않는 것이어서 더욱 흥미롭다. 한글이 가장 과학적인 문자라는 이야기는 한국인이라면 너무나 당연하게 "알고" 있는 것이기 때문이다. 교과서나 대중서적은 수시로 한글의 우수성을 강조하고 있으며, 매년 한글날이면 인터넷과 대중매체는 한글을 사랑하고 세종대왕을 흠모하는 외국인들의 이야기를 거듭 전하고 있다.[01]

---

01 예를 들어 레디야드(Gary K. Ledyard)의 박사논문 중 "no other alphabet in the world is so beautifully, and sensibly, rational"이라는 구절과 샘슨(Geoffrey Sampson)이 한글이 소리글자보다 한 단계 높은 "자질문자(featural alphabet)"라고 칭송했다는 일화는 각종 책과 인터넷 글에서 숱하게 상호 인용되고 있다. Gary K. Ledyard, *The Korean language reform of 1446: the origin,*

그런데 이 "가장 과학적인 문자"를 "과학적인 글쓰기 도구"의 총아인 타자기와 결합시키려던 근대 초기의 한국인들은 한글 기계화가 쉽지 않은 과제임을 절감하고 각종 타협책을 강구해야 했다. 그 타협책들 가운데는 한글을 한글이게 하는 기본 속성마저 포기하는 과격한 것들도 더러 있었다. 가장 과학적인 문자를 과학적으로 설계된 기계에 싣는 것이 왜 그렇게 어려웠을까? 한글과 타자기의 무엇이 서로 맞지 않았던 것일까? 한글 기계화의 난제들을 해결하기 위해서는 어떤 계기가 필요했을까?

한글 타자기의 개발은 단순히 로마자 타자기의 활자와 글쇠를 한글 자모로 바꾸는 식으로는 성취할 수 없었고, 한국인의 글쓰기 방식 자체를 바꿈으로써 비로소 가능해졌다. 글쓰기 문화의 변화라는 더 큰 차원의 사회적 맥락을 고려하면, 한글 타자기의 역사를 개별 발명가의 창의성에 초점을 맞추어 이해하는 좁은 시야에서 벗어나 한층 더 입체적으로 이해할 수 있게 될 것이다.

이 장에서는 우선 한글 기계화를 시도하는 과정에서 드러난 문제점들을 소개하고, 다음으로는 최초의 한글 타자기들이 그 문제점을 해결하고자 어떤 시도를 했는지 보인 뒤, 마지막으로 한글 타자기가 상업적으로 성공하기 위한 여건이 갖추어지는 과정을 여러 각도에서 밝혀볼 것이다.

한글 타자기의 개발을 가로막은 장애물들

개항 후 쏟아져 들어오는 서구 근대 문물 가운데 타자기는 식자층의 많은

---

background, and Early History of the Korean Alphabet, Ph.D. dissertation, University of Califorina, 1966, p. 202; Geoffrey Sampson, *Writing Systems*, Stanford University Press, 1990, p. 120. 시카고대학교의 언어학자 맥콜리(James D. McCawley)가 "한글 창제를 기념하기 위해 한글날이면 파티를 열었다"는 이야기도 마찬가지로 인터넷에서 쉽게 찾아볼 수 있다. 「한글을 사랑한 언어학자, 제임스 맥콜리 교수」, http://moogi.new21.org/tc/368 등 참조.

관심을 끌었다. 타자기가 서구 문명의 특징인 속도와 능률을 체현하고 있다고 여겨졌기 때문이다. 1923년에는 영문 타자기 발명 50돌을 알리는 다음과 같은 기사를 신문에서 볼 수 있었다.

영국 애늬 여왕 시(1714년) '밀'이라는 발명가가 최초의 사자기(寫字機)를 제출(制出)하엿스나 '밀' 씨가 서거 후에 모형(模型)까지 유실되엿다가 1873년 미국 '일리온'이란 곳에서 '숄' 씨가 완전한 사자기를 발명하엿는대 '숄' 씨는 인쇄업자이며 신문기자이엇다.

사자기는 기후 발전되야 금에 일백오십 종류의 언어를 사출하는대 차기(此機)의 발명을 따라 부녀의 경제해방을 실행하얏나니 사자기는 여자 자유 생활의 로(路)를 개(開)하야 점차로 여자는 각 방면 실업에 종사케 되엿다. 오십 년 전 "일리온"은 금에 미국 뉴육(紐育)주 "허키머" 군(郡)인 바 금년 동군에서는 "타이프우라잇터" 오십 년 기념식을 거행하엿다.[02]

1930년대에는 단순한 호기심을 넘어 한반도에서 직접 타자를 가르치고 배워보려는 시도가 나타나기도 했다. 아래 신문기사는 '경성영문타이피스트양성소'의 설립을 알리고 있는데, 당대 명사들이 관여하고 있다는 점, 강사가 중국의 외국계 기업에서 타자를 배워 왔다는 점, 그리고 타자 교육의 목적을 국내에서 쓰기 위한 것이라기보다는 "구미에 도항하는 사람"들의 "유력한 고학

---

02 「사해섬광: 타이프우라잇터」, 『동아일보』, 1923. 8. 27, 1면. 기사 속의 "사자기(寫字機)"란 엄밀히 말하면 서양식 타자기와는 다른 기계로, 수천 개의 활자가 실린 활자판에서 글자를 뽑아 찍는 일본식 타자기를 말한다. 하지만 일본에서는 두 가지를 구분하지 않고 "타이프라이터"라고 불렸고, "타자기"라는 번역어는 아직 쓰이지 않던 상황이었으므로 사자기라는 이름이 통용되었을 것으로 보인다.

자료"를 마련하기 위한 것으로 소개하고 있다는 점이 흥미롭다.

　고학을 목적하고 구미에 도항하는 사람이 근래에 만흠에도 불구하고 아모 기술 하나도 가지고 가는 것이 업서 흔히 실패하고 돌아옴에 감(鑑)하야 그들에게 가장 유력한 고학 자료 하나를 손쉽게 주기 위하야 조윤용(趙允鏞), 윤치호(尹致昊), 박희도(朴熙道) 삼씨의 알선(斡旋)으로 경성영문타이피스트양성소를 시내 청진동 188 경성보육학교 구내에 신설하고 강사는 1923년 연전상과졸업후 선교회 서기생(書記生), 남경 영미연공사(英米煙公司) 사자생(寫字生)으로 경험잇고 숙련한 오국환(吳國煥) 씨가 전무하게 되었다는데 (…).[03]

　경성영문타이피스트양성소에 대한 기사는 약 석 달 뒤인 1931년 1월 하순에 다시 나온다. "시내 어성정(御成町) 삼십사번지에 잇는 경성영문타이피스트연구소에서는 오는 이십오일 오후 1시에 제1회 졸업식을 거행한다는 바 졸업생은 속성과(速成科)의 4인뿐이라 한다"는 짧은 기사(『동아일보』 1931. 1. 24, 7면)는 영문 타자 교육이 예상만큼의 호응을 얻지 못했음을 짐작케 한다. 소수의 무역회사를 빼고는 매일같이 영문 문서를 타자로 찍어낼 일이 없었으므로 영문 타자기라는 물건은 한국인의 언어 생활과는 직접 연결되지 않고 있었던 것이다.

　한편 일문 타자기는 영문 타자기에 비해서는 널리 쓰였으나, 그 또한 한국인의 언어 생활에 깊이 스며들지는 못했다. 일문 타자기는 관공서, 은행, 기업 등에서 형식을 갖춘 문서를 만드는 데 더러 쓰기는 했으나, 식민지였던 한반도에서 일문 문서 작성의 수요가 그다지 많지는 않았다. 아래 인용문에서 보듯 일문 타자기를 칠 수 있는 타자수에 대한 수요도 별로 없었다.

---

03 「타이피스트 양성소 신설」, 『동아일보』 1930. 11. 8, 4면.

[문] 나는 금년에 모 녀자고등학교를 졸업한 녀자입니다. 다른 사람처럼 상급 학교도 못 가고 그럿타고 또 취직도 못하엿습니다. 말을 드르니 '타이피스트'가 되면 녀자의 직업으로 수입이 상당하다 하오니 그 내용을 좀 가라쳐주십시오 또 '타이피스트' 양성소는 어듸어듸 잇습니가 지금도 양성소에를 드러갈 수 잇슬가 요?—시내 일 애독자

[답] 명치뎡(明治町)이라는 뎐차정류장에서 내려 식산은행(殖産銀行)에서 조금 올나가면 단층집으로 '일본타이피스트양성소(日本タイピスト養成所)'라고 써 잇습니 다. 그곳에 가서 자서한 내용을 무러보시면 알으실 것입니다. 그러나 조선 녀자의 직업으로 이것이 적당할는지 의문입니다. 조선에서는 '타이피스트'를 쓰는 회사 나 은행이 별로 업기 때문입니다.[04]

이처럼 영문이나 일문 타자기는 대다수 한국인들에게 긴요한 물건이 아니 었으므로 한국인의 언어 생활에 큰 영향을 끼치지는 못했다. 기계가 한국인의 언어 생활 깊숙히 들어오려면 결국 한글 타자기를 개발하는 길밖에는 없었다. 당대의 식자들도 언젠가는 한글 타자기를 만들어 써야 한다는 인식을 가지고 있었다. 또 한글 타자기가 기왕이면 일문 타자기처럼 불편한 것이 아니라 로마 자 타자기처럼 편리하게 양 손으로 칠 수 있는 것이 되기를 바라는 마음도 있 었다. 예를 들어 이광수(李光洙)는 1934년에 쓴 논설에서 "문필에 종사하는 이로 서 아직 원고를 손으로 쓰는 것은 아마 동양 사람들뿐일 것"이라고 개탄하고, "서양인은 관청이나 각종 사무소는 물론이려니와 지식계급이라고 이름짓는 사람으로서는 거의 사람마다 한 타자기를 가지는 형편"이라고 지적했다. 나아 가 "조선 싸람들이 한문ㅅ자를 버리고 조선ㅅ글만을 쓴다 하면 (…) 조선 문화

---

04 「가뎡고문」, 『동아일보』, 1926. 5. 1, 3면.

의 발달에 큰 혁명을 이르킬 것"이라고 내다보았다.[05]

그런데 한글 타자기를 만드는 것은 생각만큼 간단한 일이 아니었다. 한글은 자음과 모음이 나뉘어 있는 소리글자이므로, 뜻글자인 한자나 음절 단위의 소리글자인 일본 가나에 비해 로마자 방식의 타자기를 만들기가 쉬울 것으로 생각하기 쉽다. 하지만 한글 타자기는 단순히 로마자 타자기의 활자면(typeface)을 한글 자모로 바꾸는 식으로는 만들 수 없었다. 한글 타자기를 만들기 위해서는 몇 가지 과제를 우선 해결해야만 했는데, 그 과제들은 기술적인 혁신 뿐 아니라 사회·문화적인 변화가 함께 따라야 풀릴 수 있는 것들이었다.

기술적 과제: 모아쓰기

첫째 과제는 모아쓰기를 기계적으로 어떻게 구현하느냐였다. 낱자모가 독립된 공간을 차지하는 로마자와 달리, 한글은 자모를 모아 음절글자를 구성한다. 모아쓰기는 한글의 '과학성'을 잘 보여주는 고유한 장점으로 일컬어지곤 한다. 시각적으로 음절을 구분할 수 있을 뿐 아니라 자모가 놓인 자리가 그 자모의 음성학적 역할을 알려주기 때문이다. 한글 말고도 음소를 모아 쓰는 문자들이 있기는 하지만, 모든 음절과 음소에 일관된 규칙을 적용하여 모아 쓰는 문자는 한글이 유일하다.[06]

그런데 한글 우수성의 지표로 흔히 거론되는 모아쓰기는 한글 기계화를 추구하는 이들에게는 커다란 골칫거리가 되었다. 크게 두 가지 이유를 생각해 볼 수 있는데, 우선 자소를 한자리에 모아 음절글자를 만들기 위해서는 타자기

---

05 이 논설은 한글 타자기를 개발한 송기주의 귀국에 즈음하여 쓴 것이다. 다음 절 참조.

06 김경석, 「모아 쓰는 글자는 한글뿐인가?」 (1), 『한글새소식』 185, 1988. 1, 14~15쪽; 김경석, 「모아 쓰는 글자는 한글뿐인가?」 (2), 『한글새소식』 186, 1988. 2, 12~14쪽; 김경석, 「모아 쓰는 글자는 한글뿐인가?」 (3), 『한글새소식』 187, 1988. 3, 16~17쪽.

의 움직임이 매우 복잡해진다는 점이다. 로마자 타자기는 한 글자를 찍을 때마다 플래튼이 한 칸씩 움직이도록 만들어져 있는데, 이것을 단순히 활자만을 한글 자모로 바꾸어 한글 타자기로 개조한다면 모아쓰기를 할 수 없는 풀어쓰기 타자기가 되어 버린다. 가로 모음(ㅗ, ㅜ, ㅡ 등)이나 받침은 먼저 찍힌 자모의 아래 찍혀야 하므로 글쇠 중 일부를 롤러를 움직이지 않는 '안움직글쇠(silent key 또는 dead key)'로 만들어야 모아 쓰는 한글 타자기를 만들 수 있다. 따라서 모아쓰기를 기계적으로 어떻게 구현할 것인가, 그를 위해 어떤 글쇠를 안움직글쇠로 만들 것인가 등의 문제가 한글 타자기 발명에 도전하는 이들에게 중요한 과제가 되었다.

또한 음절글자를 만드는 과정에서 낱자모들의 모양이 조금씩 바뀐다는 것도 문제가 되었다. 아래 그림은 기역(ㄱ)을 예로 들었는데, 기역은 초성으로 쓰일 때는 최대 열네 가지, 종성으로 쓰일 때는 두 가지의 서로 다른 모양을 갖게된다. 쌍기역(ㄲ)을 따로 글쇠를 마련하여 찍지 않고 기역을 두 번 눌러 찍는 경우까지 생각하면 스물여덟 가지의 서로 다른 모양을 생각해야 한다. 중성에 쓰이는 모음도 받침이 있을 때와 없을 때, 또 "ㅗ"나 "ㅜ"를 복모음의 일부로 쓰는 경우 등을 생각하면 두 가지 또는 네 가지의 서로 다른 모양을 마련해야 한다.

음절 내 위치에 따른 자음 기역(ㄱ)의 형태 변화

C (ㄱ)							V (ㅜ)	C_e (ㄱ)
가	고	과	구	귀	그	긔	우	낙
각	곡	곽	국	귁	극	긕	욱	낚
까	꼬	꽈	꾸	뀌	끄	끠	위	
깍	꼭	꽉	꾹	뀍	끅	끽	윅	

즉 활자인쇄처럼 균형 잡힌 글자를 타자기로 찍어내려면 적어도 300여 개의 글쇠가 필요하다는 말이 된다. 인쇄활자처럼 미려한 모양새를 추구하지 않는 다고 해도, 자모를 제자리에 모아 찍으려면 하나의 자모에 최소한 두 개의 글 쇠를 배당해야 어색해 보이지 않는 문서를 찍을 수 있었다.

이것은 단지 기술적 난제에 머무는 것이 아니라 '한글의 우수성'에 대한 담 론을 뒤흔드는 것이 될 수 있었기에 더욱 골치 아픈 문제였다. 20세기 초반의 한국 지식인들은 한자나 가나에 비해 한글이 우수한 점은 로마자와 마찬가지 로 적은 수의 자모로 수많은 소리를 표현한다는 데 있다고 보았고, 따라서 한 글 타자기도 한글의 간결함을 살리는 방향으로 만들어야 한다고 믿었다. "한 문 글자나 가나(仮名)와 같은 글자는 좋은 타입우라이터가 되기 어렵고, 만들었 다 하더라도 큰 인쇄기계와 같아서 도저히 영문이나 우리 한글처럼 신속하게 할 수 없는 것"이라는 송기주의 말은 한글 타자기가 어떤 것이 되어야 하는가 에 대한 당대의 의견을 보여준다.[07] 그런데 모아쓰기와 글자꼴 등의 이유로 하 나의 자모가 여러 글쇠를 갖게 된다면, 한글 타자기가 일문 또는 중문 타자기 에 비해 질적으로 우월하다고 말하기가 어렵게 되므로 한글 타자기에 대한 자 부심의 기반에 금이 가는 셈이었다. 따라서 모아쓰기의 문제는 기계식 한글 타 자기가 쓰이던 내내 발명가들을 괴롭혔다. 아래에서 볼 '한글을 로마자처럼 풀 어 쓰자'는 주장은 이런 맥락에서 나온 것이기도 했다.

사회·문화적 과제: 가로쓰기와 한글 전용(專用)
더욱이 초창기 한글 타자기는 모아쓰기 말고도 넘어야 할 장벽이 두 가지 더 있었다. 당시 한글을 쓰는 방식이 서구에서 로마자를 이용하여 글을 쓰는

---

07 송기주, 「한글 타입우라이터의 유래와 발전」 (상), 『한글』 13, 1934. 6, 7쪽.

방식과 전혀 달랐기 때문이다. 한글 타자기 발명을 위해 해결해야 했던 두 번째 과제는 가로쓰기의 문제였다. 로마자 타자기는 로마자의 가로쓰기에 맞추어 개발되었으므로 당연히 글자가 왼쪽에서 오른쪽으로 찍히고 줄이 바뀌면 플래튼이 종이를 아래에서 위로 한 줄씩 밀어 올리게끔 설계되었다. 하지만 동아시아에서는 종이의 오른쪽 위부터 아래로 글씨를 써 나가는 세로쓰기가 일반적이었으므로 로마자 타자기를 그대로 쓰기가 어려웠다. 글쇠를 하나 누르면 플래튼이 한 칸 가로로 이동하여 다음 글자가 찍힐 자리를 내어주는 가로쓰기 메커니즘은 로마자 타자기의 핵심이었으므로, 초창기 한글 타자기의 발명가들은 세로쓰기 메커니즘을 타자기에서 구현하기보다는 가로쓰기 메커니즘에 맞추되 한글을 세로로 쓴 것처럼 보이도록 찍는 방식으로 절충을 시도하였다. 가령 타자기의 활자를 왼쪽으로 뉘여 만들고 타자한 종이를 오른쪽으로 돌려 읽으면 오른쪽 위부터 세로로 쓴 문서로 보이는 식이다.[08] 하지만 종이를 돌려서 글자를 찍다 보니 방금 타자한 글자가 제대로 찍혔는지도 확인이 쉽지 않았다. 그런 면에서 이는 어디까지나 임시방편일 뿐 세로쓰기를 제대로 구현한 것이라고 보기는 어려웠다.

아예 로마자처럼 가로로 쓰고 가로로 읽는 타자기를 만든다면 이런 문제는 간단히 해결될 터였다. 하지만 가로쓰기 타자기가 성공하려면 가로로 쓴 문서를 기꺼이 읽을 독자가 있어야 했다. 글을 세로로 쓰고 읽는 것은 한국의 독자들에게 너무나 당연한 일이었다. 세로로 쓰는 한문의 전통을 따라 한글도 세로로 쓰도록 발전해왔고, 일제강점기에도 세로로 쓴 일문이 공식적으로 통용되었다. 따라서 가로쓰기는 단순한 개인의 취향이나 선택의 문제가 아니라, 글에 대한 관념과 인식의 틀을 바꾸는 혁명적 변화였다.

가로쓰기를 주창한 이들은 가로쓰기가 한글이 한자 문화의 그늘에서 벗어나 새로운 정체성을 세우는 지름길이라고 여겼다. 아울러 가로쓰기를 채택하면 로마자나 아라비아 숫자와 어울려 쓰기에도 편하고,[09] 타자기나 인쇄기와 같은 서양식 기계를 도입할 때도 개조할 부분이 줄어들어 더 효과적으로 한글의 기계화를 도모할 수 있다고 주장했다.[10]

가로쓰기를 지지한 이들 중 많은 수는 한 발 더 나아가 '가로 풀어쓰기'를 지지하기도 했다. 이들은 받침을 아래에 적는 것이 세로로 쓰는 관습에서 비롯된 것이므로, 한글을 가로로 쓰다 보면 결국 로마자처럼 낱자모를 풀어 쓰게 되리라고 내다보았다.[11] 또 풀어쓰기로 한글을 더 로마자에 가깝게 바꾸면 글꼴 개발이나 기계화가 더 쉬워지리라는 기대도 있었다. '한글'이라는 이름을 짓고 한글 맞춤법을 정초한 주시경이나, 그의 뒤를 이어 한글 연구를 주도하고 광복 후 남한의 어문 정책에 큰 영향을 미친 최현배 등이 모두 가로 풀어쓰기의 옹호자였다.[12] 이들이 1946년 결성한 '한글 가로쓰기 연구회'에서 9월 문교부에 낸 건의서를 보면, 가로쓰기의 궁극적 종착점이 가로 풀어쓰기이고 음절 단

---

09 로마자나 아라비아 숫자는 세로쓰기에 맞지 않았으므로 이들을 세로로 쓴 문서에 보기 좋게 집어넣는 것은 상당히 어렵다. 때문에 수학 교과서는 1900년대 초반부터 전체를 가로로 쓰거나 숫자 계산하는 부분만 가로로 쓰기도 했다. 카렌 쳉·노민지·이용제·심우진·박활성, 『마이크로 타이포그래피—문장부호와 숫자』, 워크룸프레스, 2015.

10 「한글 '풀어쓰기'를 건의—제정 오백 년에 문자 대혁명, 우리 문화 향상에 새 과제, '한글가로쓰기연구회'에서 제기」, 『동아일보』 1946. 9. 18, 2면.

11 일례로 최현배는 '가로쓰기'와 '풀어쓰기'를 구별하지 않고 같은 뜻으로 사용했다. 구본영·한욱현, 「풀어쓰기 한글의 타당성 고찰」, 『커뮤니케이션디자인학연구』 29, 2009. 2, 4~11쪽.

12 주시경은 『말의 소리』(1914)에서 가로 풀어쓰기를 제안했는데 이것이 가로 풀어쓰기를 주장한 최초의 문헌이다. 김윤경, 「한글 가로쓰기의 사적 고찰」, 『한글』 5:2, 1937. 2, 8~15쪽. 광복 후 최현배는 『글자의 혁명—한자 안 쓰기와 한글 가로써기』(군정청문교부, 1947)에서 다시 이를 주장했다.

한글 가로글씨 (29자)

큰 박음

작은 박음

큰 흘림

작은 흘림

(2)

[최현배가 고안한 가로 풀어쓰기 자모로 적은 예문 — 정체(인쇄체) 및 필기체로, 고시조를 가로 풀어쓰기로 표기한 것]

이 몸이 죽고 죽어, 일백 번 고쳐 죽어,
백골 이 진토 되어, 넋 이라도 있고 없고,
임 향한 일편 단심 이야 가실 줄 이 있으랴?

최현배의 가로 풀어쓰기

최현배가 『글자의 혁명—한자 안 쓰기와 한글 가로씨기』(군정청 문교부, 1947)에서 제시한 풀어쓰기 한글 자모와 예문. 소리값이 없는 초성 기호 이응(ㅇ)을 쓰지 않는 것은 가로 풀어쓰기 진영에서 한결같이 주장해온 것이다. 대·소문자와 필기체까지 설정한 것은 이 "글자의 혁명"이 명백히 로마자를 목표로 삼았음을 보여준다.

위 가로쓰기는 과도기적 표기법이라는 이들의 생각이 잘 드러나 있다.

> 한글은 세계 문자의 가장 높은 자리를 차지한다고는 하나 그 발달 계단으로서 볼 때는 자모음으로 단음문자이나 철자상으로는 음절문자이라 완전하다고는 할 수 없다. 또한 철자법에 있어 5가지의 가름과 20가지의 형태대로 복잡하게 되어 있다. 따라 이 전음절문자의 불편을 벗어나 단음문자로서 즉 가로 풀어 쓸 수 있게 한다면 가장 글의 이상적 지위에까지 가게 된다. 이에 조선교육심의회에서도 한글을 풀어서 왼쪽에서 가로쓰는 것이 자연적이고 이상적인 것을 인정하는 동시에 추후 잠정적으로 실행하겠다고 정하였다.

> 이에 우리는 70%의 문맹을 퇴치함에 있어 단연 문자의 혁신을 제기하는 바로 가로글씨 결정안을 채택하여주기를 바라고 교과서는 물론 일반사회에 널리 보급시켜주기 바란다.[13]

하지만 가로 풀어쓰기는 지나치게 과격한 주장이라 여겨 모아쓰기를 유지한 채 가로로 쓰는 길을 택한 이들도 많았다. 공병우를 비롯한 1950~60년대의 타자기 개발자들도 가로 모아쓰기를 현실적 대안으로 받아들였다.

그리고 모아쓰기와 가로쓰기보다도 더 큰 사회·문화적 과제가 하나 남아 있었다. 바로 한자를 어떻게 처리할 것인가였다. 이 또한 한글 타자기가 기술적으로 가능하냐는 것과는 다른 차원의 문제였다. 한자를 그대로 살려 한자어를 쓰는 것이 보통이었던 당시 언어 생활의 실정에 맞게 타자기를 만든다면 결국 한자를 찍을 수 있게 만들어야 하는데, 그러자면 일문 타자기의 활자판에 가나 대신 한글 자모를 싣는 정도밖에는 만들 수가 없었다. 실제로 한자 겸용

---

13 「한글가로쓰기연구회, 한글 가로쓰기 건의서 문교부에 제출」, 『동아일보』 1946. 9. 18, 2면.

한글 타자기는 일문 타자기를 개조하여 가나 대신 자주 쓰는 한글 음절글자 수백 자를 한자와 함께 실은 것이었다.[14] 즉 '한자를 찍을 수 있는 한글 타자기'란 사실상 '한글 음절글자도 찍을 수 있는 한자 타자기'였던 것이다. 이런 방식의 절충을 거부하고 간결한 소리글자라는 한글의 장점을 살려 기계화하려면 한글만 찍는 타자기를 만드는 수밖에 없었다.

하지만 20세기 초반 한글 전용(專用)이라는 주장은, "광란"이라는 비난을 들을 정도로[15] 과격한 것으로 받아들여졌다. 광복 직후의 고조된 분위기에서 한글 전용의 대의 자체에는 아무도 이의를 제기할 수 없었지만, 그 실행의 폭과 속도에 대한 논란은 끊이지 않았다. 남한 국회는 1948년 10월 1일 '한글 전용에 관한 법률'을 통과시켜 한글날인 10월 9일 공포했다. 이는 대한민국 정부가 수립된 뒤 국회가 가장 먼저 통과시킨 법률 가운데 하나였다.[16] 그러나 "대한민국의 공용문서는 한글로" 쓸 것을 규정한 그 법안에도 "다만 얼마 동안 필요할 때에는 한자를 병용할 수 있다"는 단서가 붙어 있었다. 일거에 한글 전용을 추진해야 한다는 국회의원들과 현실을 감안하여 점진적으로 시행해야 한다는 의원들의 타협의 결과였다.[17]

조선어학회와 한글문화보급회 등 운동 단체들은 '한글 전용촉진회'를 설

---

14 광복 직후 조선타이프, 흥아타이프, 고려타이프 등이 조선에 남아 있는 일본 타자기 회사를 인수하여 300자가량의 한글 음절글자와 한자, 또는 2,000자의 한글 음절글자(한글 전용)를 실은 타자기를 제작했다. 또 장봉선(張鳳仙)은 '장타이프 사'를 세우고 1945년 10월부터 한글 1,200자와 한자 1,200자를 가나다 순으로 배열한 타자기를 만들었다. 장봉선, 「한자 타자기의 발전과 전망」, 50쪽.

15 이상은(李相殷), 「월요시평: 상용한자의 제한」, 『동아일보』 1949. 5. 9, 1면.

16 대한민국 국회, 「한글 전용에 관한 법률(법률 제6호)」, 『관보』 제8호, 1948. 10. 9.

17 조헌영(趙憲泳)이 제출한 수정안은 86대 22로(재석 131명) 본회의를 통과했다. 「공문서는 한글 당분간 병용키로」, 『동아일보』 1948. 10. 2, 1면.

립하고 '한글 전용 지도자' 양성을 위한 강습회를 여는 등 여세를 몰아 한글 전용을 밀어붙이고자 했다.[18] 하지만 대의명분과 현실 사이에는 적잖은 틈이 있었다. 당장 한글로만 쓴 문장은 뜻이 명확치 않으며, 급격한 한글 전용이 세대 간 단절을 야기한다는 비판이 식자층으로부터 나왔다. 그에 따라 문교부는 '상용(常用)한자'를 선정하여 "한글 전용을 전제로 한자 제한"을 하겠다는 입장을 밝혔고, 이후 한글 전용론자와 한자 제한(적사용)론자 사이의 논쟁이 지면을 뜨겁게 달구었다.[19]

한자 제한론자들은 한글 전용론이 "궤상적(机上的) 합리주의"로 "문화의 전통성과 생명성을 무시"하고 "신문 하나 편지 하나 보지 못"하는 "문화 불구자"를 양산한다고 비판했고, 심지어 공산주의와 함께 민족문화를 노리는 "이군(二軍)의 위협"이라는 비난도 서슴지 않았다. '날틀(비행기)'과 같이 당대의 기준으로는 무리하게 보이는 신조어도 한글 전용론자들의 무모함을 보여주는 것으로 싸잡아 비판 받았다. 심지어 국회에서 한글 전용을 주장하는 의원을 월북한 국어학자 이극로(李克魯)와 엮어 "이극로주의자"라고 몰아붙이는 색깔론도 횡행했다.[20] 이에 대해 한글 전용론자들은 한자 병용론자들을 훈민정음 반포를 반대했던 최만리(崔萬理)에 비유하며 비판했다.[21] 이후 한글 전용 논쟁은 한국전쟁을 거치며 잠시 잠잠해졌으나, 식자층의 완강한 반발로 결국 제한적인 한자

---

18 「한글 전용 지도자 양성 강습회 개최」, 『경향신문』 1949. 1. 12, 4면; 「한글 ―色으로―夏期를 이용 강력한 운동 전개」, 『경향신문』 1949. 7. 26, 2면.

19 「사용 한자 제한 문교부서 심의」, 『경향신문』 1949. 1. 21, 4면.

20 「버림받은 '한글' 전용? 국민교 한자 병용, 국회 결의에 문교당국 태도 주목」, 『경향신문』 1949. 11. 6, 2면.

21 김진억(金鎭億), 「시대역행의 한자어 강요―이숭녕 씨를 반박함」, 『경향신문』 1949. 6. 29~7. 2.

병용이 신문·잡지·공문서 등에서 주류로 자리잡았다.

한글 전용의 이상이 현실에서 관철되지 않는다면, 한글 타자기는 어떤 쓸모가 있을 것인가? 한글 기계화를 위해서는 어떤 타자기를 만들어야 하는가? 한글의 장점을 포기하고 한자 타자기와 같은 형태의 타자기를 만들 것인가? 아니면 한글의 우수성을 살리는 대신 한글 전용 타자기는 쓸모없다는 대중의 인식과 맞서 싸울 것인가? 이는 한글 타자기 개발에 뛰어든 이들이 피해갈 수 없는 과제였다. 또한 한글 타자기의 개발이 단순한 기술적 도전에 머무르지 않고 차츰 일종의 사회운동으로 자라나게 된 단초이기도 했다.

이 세 가지 과제는 오늘날 정리해놓고 보면 서로 별개의 것이다. 하지만 한글의 맞춤법, 문법, 쓰는 방식 등이 모두 확립되지 않은 채 뒤섞여 이야기되던 20세기 초반에는 이들이 뚜렷이 구분되지 않았다. 가령 한글 전용을 지지하는 이는 대체로 가로쓰기를 지지했고, 또 그중 많은 수는 한글을 가로로 쓰는 김에 로마자처럼 풀어 써야 한다고 주장했다. 예를 들어 최현배는 그의 글에서 '가로쓰기'와 '풀어쓰기'를 사실상 구별하지 않고 같은 뜻으로 사용했다. 반면 뒤에서 소개할 공병우는 한글 전용과 가로쓰기를 열렬히 지지했지만 풀어쓰기에는 반대하고 모아 쓰는 타자기를 개발했다. 이처럼 논의 지형이 복잡했으므로 한글 타자기를 둘러싼 논쟁의 전선도 복잡다기했다.

글쇠가 몇 벌?: 한글 타자기에서 자판 문제는 왜 중요한가

이처럼 모아쓰기, 가로쓰기, 한글 전용 같은 과제들은 서로 복잡하게 얽혀 있었고, 이를 둘러싼 논쟁은 사회·문화적 층위뿐 아니라 정치적 층위까지 넘나들었다. 다만 "그래서 현실에서 어떤 기계를 만들 것인가?"라는 문제로 관점을 바꿔보면, 이는 결국 타자기의 메커니즘 문제로 귀결되었다. 모아 쓸 것인가, 풀어 쓸 것인가? 모아 쓴다면 가로로 모아 쓸 것인가, 세로로 모아 쓸 것인가? 글자꼴은 얼마나 가지런하게 만들 것인가? 글쇠를 많이 두어 속도는 다소 희생하더라도 글자꼴을 반듯하게 만들 것인가? 아니면 글쇠 수를 줄일 수 있을 만큼 줄여 글자꼴은 들쭉날쭉하더라도 속도를 높일 것인가? 어떤 글쇠를 누르면 플래튼이 움직이고, 어떤 글쇠를 누르면 안 움직이게 할 것인가?

한글 타자기를 만들겠다고 도전한 발명가들은 이런 문제들 각각에 대해 하나의 답을 선택해야 했다. 그리고 그 선택은 임의적인 것이 아니라, "한글 타자기는 어떤 물건이어야 하는가?" 나아가 "한글 기계화의 목표는 무엇인가?"와 같은 문제에 대한 각자의 신념에 따른 것이었다. 즉 치열하게 경쟁하던 다양한 한글 타자기들의 존재는 한글 기계화를 둘러싼 논쟁의 지형이 그만큼 복잡했음을 보여준다.

이렇게 다양한 논쟁의 답은 결국 "몇 벌의 글쇠를 갖추고 있느냐"는 하나의 질문으로 수렴되었다. 글쇠가 몇 벌이냐에 따라 타자기의 구조와 작동방식이 달라지고, 자판 배열도 달라지고, 타자의 속도와 타자 조작의 용이함도 여러 가지로 달라지기 때문이다. 뿐만 아니라 글쇠가 몇 벌이냐에 따라 글자의 형태나 기계적 안정성 등도 조금씩 달라진다. 글쇠의 벌수가 늘어나면 인쇄한 것과 비슷하게 가지런한 글씨를 찍을 수 있지만, 하나의 낱자모가 형태를 달리하여 두 개 이상의 글쇠에 배당되므로 자판을 외우기도 어렵고 타자도 느려지게 마련이다. 반대로 글쇠의 벌수를 줄이면 타자는 빨라지지만 글자의 모양 변화를 반영할 길이 없으므로 가지런한 글씨는 포기해야 한다. 그래서 미관을 중시하는 이들은 글쇠를 넉넉하게 여러 벌 잡았던 반면, 타자 속도를 중요하게 여기는 이들은 찍혀 나온 글자 모양이 반듯하지 않더라도 글쇠를 한 벌이라도 줄이는 길을 택했다.

메커니즘만 놓고 보면, 가장 만들기 쉬운 한글 타자기는 두벌식 풀어쓰기 타자기다. 여기서 '두벌식'이라 함은, 글쇠가 자음 한 벌, 모음 한 벌 총 두 벌로 이루어져 있다는 뜻이다. 두벌식 풀어쓰기 타자기는 로마자 타자기와 구조가 완전히 똑같고, 타이프페이스와 글쇠만 한글 자모로 바꿔 끼우면 간단히 만들 수 있다. 모든 글쇠가 플래튼과 연결되어 있는 것도 고칠 필요가 없다. 다만 앞서 짚었듯 "한글 기계화를 위해 풀어쓰기로 개혁하자"는 생각 자체가 비판자들에게는 "신에 발을 맞추자"는 식의 궤변으로 여겨졌기 때문에, 이 기계에 대한 수요는 폭넓게 형성되지 못했다.

두벌식 풀어쓰기 방식의 자판이 실용화된 사례는 초창기 전보를 들 수 있다. 전보는 신속성과 간결함이 생명이었으므로, 당시의 기술 수준을 감안하면 받침을 표현하기 위해 별도의 모스부호를 고안한다거나 받은 신호를 모아 찍는 전기장치를 고안한다거나 하는 일은 구태여 필요가 없다고들 여겼다. 보내는 쪽에서 별다른 조작 없이 자모를 순서대로 찍어 보내면, 받는 쪽에서도 모스부호를 그대로 풀어 찍어 수신인에게 전달했다. 모아 쓴 글에 비해 눈에 잘 들어오지 않는 단점은 있었지만, 전보는 어차피 한 문장 내외의 짧은 글귀였으므로 수신인도 큰 어려움 없이 읽어낼 수 있었다. 체신부에서는 1947년 국문 전보 인쇄수신기를 제작하여 보급에 들어갔는데, 4월 1일부터 서울과 인천 사이 국문 전보의 송수신을 개시하면서 "가로 풀어쓰기로 배달될 것"이라고 밝히기도 했다.[22] 하지만 전보를 빼면 일반적인 타자기 등에 두벌식 풀어쓰기가 보급된 사례는 찾아보기 어렵다.

두벌식 풀어쓰기와 반대 방향을 지향한 것은 여러 벌의 글쇠를 갖춘 모아쓰기 타자기들이다. 이론적으로는 일곱 벌까지 글쇠를 갖추면 인쇄 활자와 분간하기 어려울 만큼 단정한 글씨를 찍을 수 있다고 하지만, 글쇠의 수를 무한정 늘릴 수는 없는 일이므로, 여러 발명가들이 네 벌이나 다섯 벌 정도로 절충

---

22 「국문 가로 풀어쓰기 전보」, 『경향신문』 1947. 3. 29, 2면.

하여 타자기를 만들었다.

다섯벌식 타자기는 초성 자음 두 벌, 모음 두 벌, 종성(받침) 한 벌의 글쇠를 갖추고 있었다. 초성 자음 두 벌은 세로 모음(ㅏ, ㅑ, ㅓ, ㅕ 등)과 어울려 쓰도록 왼쪽으로 치우친 자음 한 벌, 가로 모음(ㅗ, ㅛ, ㅜ, ㅠ 등)과 어울리도록 가운데 위로 치우친 자음 한 벌이었다. 모음 두 벌은 받침이 없을 때 네모칸 아래까지 꽉 채우는 모음이 한 벌, 받침과 어울리도록 짧게 올려 쓴 모음 한 벌이었다. 한 음절이 끝나면 플래튼이 한 칸만큼 왼쪽으로 움직여야 다음 글자를 찍을 수 있었으므로, 받침 없는 모음 글쇠와 받침 글쇠가 플래튼과 연결되어 있었다. 나머지 글쇠들(초성 두 벌, 받침 없는 모음 한 벌)은 플래튼과 연결을 끊어 안움직글쇠로 만들었다.

네벌식 타자기는 제작자에 따라 몇 가지 다른 형태가 있지만, 대체로 초성한 벌, 모음 두 벌, 받침 한 벌로 이루어졌다. 초성의 위치와 형태를 어중간하게만들어 가로 모음과도 세로 모음과도 어울려 쓸 수 있도록 하여 한 벌의 글쇠를 줄였다. 역시 초성과 받침 있는 모음은 안움직글쇠로 만들고, 받침 없는 모음과 받침은 플래튼과 연결되어 움직이도록 만들었다.[23]

여기까지 읽고 나면, "두벌식 모아쓰기 타자기를 만들면 간단할 텐데, 어째서 네벌식이니 다섯벌식이니 복잡하게 글쇠와 활자 수를 늘리는 것일까?"라는 의문을 품을지도 모르겠다. 하지만 '두벌식 모아쓰기 타자기'라는 말 속에 함정이 있다. 현실에서 개발되었던 '두벌식 모아쓰기 기계식 타자기'는 사실 두벌식이 아니었다. 자판만 두벌식으로 그려져 있었을 뿐이다. 21세기의 컴퓨터 사용자들은 두벌식 자판으로 한글을 입력하는 데 별다른 불편을 느끼지 못한

---

23 다섯벌식이나 네벌식 모두 세로쓰기 타자기도 있는데, 이들은 구조와 메커니즘이 다소 다르므로 나중에 따로 이야기하겠다.

다. 자음과 모음을 순서대로 입력하기만 하면 화면에 완성된 음절글자가 찍히기 때문이다. 그러나 이는 어디까지나 전자 시대이므로 가능한 일이다. 자음과 모음에 이어 세번째로 입력되는 자음은 첫 음절의 종성(받침)일 수도 있고 아니면 다음 음절의 초성일 수도 있다. 컴퓨터나 스마트폰 같은 전자기기에서는 이것을 처리해주는 프로그램이 상시 돌아간다. 프로그램은 네 번째 입력 신호가 들어올 때까지 기다렸다가, 그것이 자음이면 세번째 신호는 앞 음절의 받침이 되는 것으로 판정하고, 반대로 네번째 신호가 모음이면 세번째 자음은 뒤 음절의 초성이 되는 것으로 판정하여 화면에 표시해준다. 또한 자음과 모음을 조합하는 과정에서 자모의 크기와 모양이 바뀌는 것도 알아서 조절해준다. 즉 컴퓨터에서는 긴 'ㅏ'와 짧은(받침과 함께 쓰는) 'ㅏ'를 구별하여 타자할 필요가 없다.

그러나 기계식 타자기에서는 이런 프로그램의 도움을 받을 수 없으므로, 기계가 해주는 판단을 모두 타자수가 직접 할 수밖에 없다. 그리고 초성과 종성, 키큰 모음과 키작은 모음 등도 모두 활자를 별도로 만들어 찍어야 한다. 요컨대 '두벌식 모아쓰기 기계식 타자기'라는 물건은, 자판은 두벌식으로 그려져 있지만 실제로는 글쇠도 활자도 두 벌이 아니었다. 글쇠에 "ㅏ"라고 그려져 있어도 실제로는 시프트 없이는 긴 "ㅏ"가 찍히고 시프트를 누르면 짧은 "ㅏ"가 찍히는 구조였다. 이것을 쓰는 타자수도 음절마다 받침이 있는지 없는지 의식하면서 조작해야 했으므로, 사실상 네벌식 또는 다섯벌식 타자기를 사용할 때와 타자 동작에 큰 차이가 없었다. 역사적으로 그렇게 많은 한글 타자기가 개발되었던 것은, 바로 기계식 타자기에서는 두벌식 모아쓰기를 구현할 수 없다는 근본적 제약 때문이었다고도 할 수 있다.

한편 세벌식 타자기는 초성, 중성, 종성 각각 한 벌씩의 글쇠를 갖추고 있었다. 초성과 중성은 플래튼과 연결되어 있었고 종성(받침)은 안움직글쇠였다. 자음과 모음 한 벌씩만을 갖춘 간단한 두벌식 자판에 익숙해진 시선으로는, 세벌식이나 네벌식이나 다섯벌식이나 타자의 편의성 때문에 임의로 글쇠를 여러 벌 만들었다는 점에서 오십보 백보라고 생각할 수도 있다. 하지만 세벌식의 옹호자들은 거기에 동의하지 않을 것이다.

그들의 논리에 따르면, 세벌식 타자기는 네벌식 또는 다섯벌식 타자기와는 다른 지향에 따라 개발되었다. 다섯벌식과 네벌식은 글자꼴을 지나치게 신경 쓰는 바람에 글쇠를 늘린 어정쩡한 타협의 결과이지만, 두벌식과 세벌식은 한글 창제 원리에 맞게 꼭 필요한 글쇠만을 담아 만든 글자판이라는 것이다. 두벌식은 그렇다 쳐도, 세벌식은 어째서 한글 창제 원리에 맞는다는 것인가? 옹호자들은 『훈민정음 해례』를 근거로 들어, 한글이 원래 세 벌로 만들어졌다고 주장한다. 기호의 생김새만 보면 자음과 모음 한 벌씩 두 종류를 쓰지만, 소리로 따지면 한글은 초성, 중성, 종성의 세 벌이며 다만 종성은 초성의 기호를 같이 써서 표시한다("종성부용초성 終聲復用初聲")는 것이다. 그렇다면 세벌식 자판은 궁여지책이 아니라 오히려 한글 창제의 정신을 살려 한글을 제대로 표현할 수 있는 자판이라는 것이 세벌식 옹호자들의 주장이었다. 이런 해석에 동의하느냐 여부에 따라 세벌식 자판에 대한 평가도 여러 갈래로 나뉘게 되었다.

이처럼 "한글을 효과적으로 찍는 기계를 어떻게 만들 것인가?"라는 질문에 대해 여러 발명가들은 저마다 다른 답을 내놓았다. 이들의 차이는 근본적으로는 한글 기계화에 대한 철학의 차이에서 비롯된 것이었고, 결과적으로는 타자기의 타자 메커니즘과 자판 배열의 차이로 표현되었다. 이렇게 여러 종류의 한글 타자기가 경쟁하는 것은 기술 생태계의 다양성이라는 면에서는 긍정적인 일로 볼 수 있었지만, 현실에서는 여러 골치 아픈 문제를 낳았다.

서로 다른 종류의 한글 타자기는 호환성이 전혀 없었다. 자판 배열도 전혀 다르고 타자 메커니즘도 전혀 달랐기 때문이다. 자판 배열도 한두 글자의 위치가 다른 정도가 아니라 자음과 모음이 아예 다른 줄에 배당되어 있거나 심지어 왼손과 오른손에 배당된 글쇠가 바뀌는 수준으로 크게 달랐다. 따라서 한 종류의 타자기로 타자를 배운 타자수는 그 타자기의 전문가일 뿐, 다른 종류의 타자기 앞에 앉으면 초보자와 다를 것이 없었다. 이는 타자수를 고용하는 기업이나 기관의 입장에서도 골칫거리였다. 한 가지 타자기를 배운 타자수를 고용하면 그것밖에 조작할 수 없으므로, 글자꼴 또는 속도 등의 이유로 다른 종류의 타자기를 구입하면 타자수를 새로 가르치거나 뽑아야 했던 것이다. 타자기마다 구조와 타자 메커니즘이 달랐으므로 유지보수 방법도 각기 달랐다. 타자기 수리공도 자신의 손에 익은 타자기와 그렇지 않은 타자기를 대할 때 작업 효율에 차이가 컸다.

뒷날 타자기 시장이 커지고 수만 명의 타자수가 활동하는 시대가 되자, 이런 문제점은 더 이상 두고 볼 수 없는 것이 되었다. 정부와 한글 관련 단체 등은 타자기 표준화를 위해 여러 가지 노력을 했지만 만족할 만한 결과를 얻지 못했다. 한글 타자기들 사이에 호환성이 전혀 없었으므로 자판 배열이든 타자 메커니즘이든 부분적으로 절충하는 것도 불가능했기 때문이다. 더욱이 각 발명가들은 자신이 고안한 타자 메커니즘에 대한 자부심뿐 아니라 그 뒤에 깔린 자신의 한글 기계화에 대한 신념도 굽힐 생각이 없었다. 풀어쓰기 옹호자는 글쇠를 늘려가며 굳이 모아 쓰겠다는 이들을 이해할 수 없었고, 다섯벌식이나 네벌식 옹호자들은 들쭉날쭉 미운 글씨를 찍어놓고 속도만 빠르면 된다는 쪽을 이해할 수 없었다. 결과적으로 표준화를 위한 논의들은 자판 배열에서 출발하지만 늘상 한글 기계화의 원칙과 같은 형이상학적 문제와 맞물리며 미궁에 빠지곤 했다. 이것이 한글 타자기의 역사에서 '자판 논쟁' 또는 '벌식 논쟁'이 중요한 이유다.

최초의 한글 타자기들

이러한 여러 갈래의 과제들에 대해 광복 전까지 몇 명의 발명가들이 나름의 답을 내놓았다. 비록 그 가운데 사업화까지 성공한 경우는 없었지만, 그들의 발명은 후배 발명가들의 출발점을 마련해주었으므로 살펴볼 만한 가치가 있다. 이 절에서는 특히 지금까지 알려진 최초의 모아쓰기 한글 타자기인 이원익 타자기(1914년 무렵)와, 국내 언론에 대대적으로 소개되었던 송기주 타자기(1934년 무렵)를 살펴보고, 이를 통해 당대의 발명가들이 한글 기계화의 난제를 어떻게 해결하고자 했으며 그 성과와 한계는 무엇이었는지 알아볼 것이다. 이들 외에도 1913년 미국 특허를 출원(1916년 특허 취득)한 언더우드(Underwood) 타자기와 재미교포 목사 김준성이 만들었다는 타자기 등에 대한 기록이 남아 있다. 풀어쓰기 타자기의 사용 범위나 영향력은 모아쓰기 타자기에 비해서는 미미했으므로 여기서는 모아쓰기 타자기에 국한하여 이야기하려 한다.

언더우드 타자기

언더우드 타자기는 연희전문학교의 창설자인 호레이스 언더우드(Horace Grant Underwood)의 형인 존 토마스 언더우드(John Thomas Underwood)가 세운 언더우드 타자기 회사(Underwood Typewriter Company)에서 만들었다. 1913년 미국 특허를 출원하여 1916년 취득했으므로, 현재까지 확인된 바로는 1914년 만들었다고 전하는 이원익 타자기와 더불어 가장 오래된 한글 타자기라 할 수 있다.[24]

이 타자기는 알라드(J. Frank Allard)의 이름으로 특허가 출원되었다. 알라드는 언더우드 타자기 회사 소속의 엔지니어로, 한글 타자기뿐 아니라 한자 타자기

---

24 J. Frank Allard, "Type-writing Machine", U. S. Patent 1,169,739, filed April 12, 1913, and issued Jan 25, 1916.

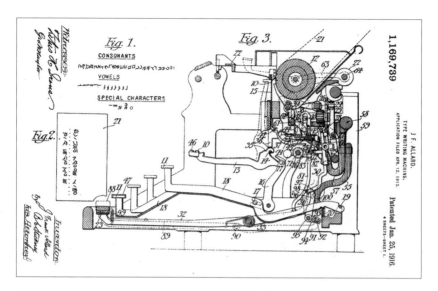

(위) 미국 언더우드 타자기 회사에서 출원한 한글 타자기 특허의 도면
타이프페이스는 "Fig. 1"과 같이 왼쪽으로 90도 돌아가 있고, 이것을 가로쓰기 구조의 타자기에서
인자한다. 인자된 종이를 나중에 오른쪽으로 90도 돌리면 "Fig. 2"와 같이 오른쪽으로부터 세로 쓴
문서로 읽을 수 있다. J. Frank Allard, "Type-writing Machine", U. S . Patent 1,169,739, filed April 12,
1913, and issued Jan 25, 1916.

(아래) 언더우드 한글 타자기의 자판과 타이프페이스의 세부 모습
J. Frank Allard, ibid.

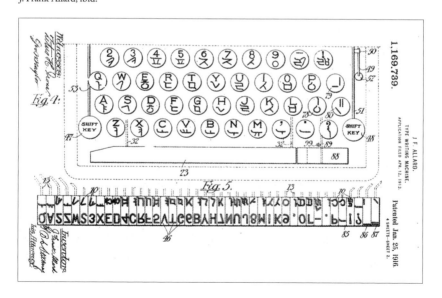

와 일문 타자기도 개발하여 미국 특허를 출원했다. 이는 언더우드 타자기 회사의 사업적 동기뿐 아니라, 아시아 선교에 깊이 관여하고 있던 언더우드 가문의 역사와도 관련된 것으로 보인다.

언더우드 타자기의 특징은 '세로쓰기 한글 타자기'라는 것이다. 그림에 보이듯, 타이프페이스를 왼쪽으로 90도 돌려 붙이고 가로쓰기처럼 찍으면 결과적으로는 세로로 쓴 문서를 만들 수 있었다. 인자(印字)를 마친 종이를 뽑아서 오른쪽으로 90도 돌리면, 가로로 긴 종이에 오른쪽 위부터 세로로 쓴 한글 문서로 읽히는 것이다. 가로쓰기 타자기가 더 만들기 어려웠기 때문에 이런 구조의 타자기를 만든 것은 물론 아니었다. 로마자와 같이 가로로 쓰는 타자기가 당연히 만들기도 쉬웠고 타자수가 조작하기도 쉬웠다. 그러나 당시 한글을 가로로 쓰는 사람이 워낙 적었기 때문에 가로쓰기 타자기를 만들어도 쓰일 곳이 없었던 것이다. 아래에 소개할 이원익 타자기와 송기주 타자기도 모두 같은 방식으로 세로쓰기를 구현했다.

이원익 타자기

이원익(李元翼, 미국 이름 Wonik Leigh)은 버지니아주 로어노크대학(Roanoke College)에서 상업을 전공한 재미교포라는 이야기 정도를 빼면 그리 알려진 바가 없다.[25] 하지만 그가 미국에서 1914년 만들었다고 전하는 한글 타자기는 현재까

---

25 이원익의 종형 이원모(1875~1958)도 한글 기계화에 기여했다. 이원모는 한국 최초의 이학박사인 천문학자 이원철(1896~1963)의 형이기도 하며, 1928년 동아일보의 활자체 공모에 명조체 활자를 공모하여 당선되었다. 이원모의 서체는 이와타 자모(岩田字母) 회사의 바바(馬場)가 조각하여 1933년부터 『동아일보』 본문에 사용되었다. 동아일보의 한글 활자는 한국전쟁기 인민군이 탈취하여 뒷날 『로동신문』의 조판에 쓰이기도 했는데, 이 때문에 이원모가 월북했다는 낭설이 퍼지기도 했다. 이에 대해서는 문화사 연구자 석지훈 선생의 도움을 받았음을 감사의 뜻과 함께 밝혀둔다.

지 알려진 바로는 최초의 모아쓰기 한글 타자기다.[26] 그는 당시 미국에서 쓰이던 칠(7)행식 스미스 프리미어 10호(Smith Premier 10) 타자기의 활자를 한글로 개조하여 한글 타자기를 만들었다고 한다. 칠행식 타자기란 19세기 말에서 20세기 초 사이 생산되었던 타자기로, 오늘날의 로마자 타자기와 비슷하지만 대문자와 소문자가 별도의 글쇠에 배당되어 있어서 로마자 여섯 줄과 기호 한 줄을 합하여 모두 일곱 줄의 글쇠를 가지고 있다. 태국에서도 1890년대에 왕실의 의뢰로 스미스 프리미어 칠행식 타자기를 개조하여 타이어 타자기를 만든 일이 있다.[27]

이원익 타자기는 오늘날 실물이 남아 있지 않고, 임종철이 공병우 타자기 옹호자의 입장에서 타자기의 역사를 정리한 글에 자판 배열과 작동원리에 대한 설명을 해두었을 뿐이다.[28] 공병우도 신문지상에서 벌어진 논쟁에서 자신을 '한글 타자기의 발명자'라고 부르는 것은 부당하다며 이원익 타자기를 언급한 적이 있다.[29] 이 타자기는 당시의 쓰기 관행을 존중하여 세로쓰기 문서를 찍을 수 있도록 만들었다. 활자가 왼쪽으로 드러누워 있어서 로마자를 가로쓰기하듯 글씨를 찍고 나중에 종이를 오른쪽으로 돌려 보면 세로로 쓰인 한글을 읽을 수 있도록 만든 것이다. 모아쓰기를 위해 다음 입력이 반드시 필요한 글쇠(초성, 받침과 함께 쓰는 중성)는 안움직글쇠로 만들고, 나머지 글쇠는 움직글쇠로 만들었

---

26 이진일이라는 사람이 이원익과 함께 타자기를 만들었다는 이야기도 있다. 송기주, 「한글 타입우라이터의 유래와 발전」 (1), 『한글』, 13, 1934. 6, 6쪽.

27 "The Origins of Thai Typewriter: Great Pride the World Must Note", http://www.t-h-a-i-l-a-n-d.org/smithpremier/smithpremierorigin.html, accessed on Oct 31, 2011.

28 임종철 외, 『타자 및 워드프로세싱 실기 교육 방법론』, 종문사, 1988.

29 공병우, 「한글 타자기의 발명자는 누구? 주영한 씨에 답하여」 (전2회), 『조선일보』, 1958. 8. 19, 4면, 1958. 8. 20, 4면.

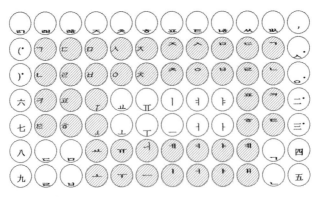

이원익 타자기의 자판 배열
『타자 및 워드프로세싱 실기 교육 방법론』(임종철 외, 종문사, 1988), 48~49쪽을 토대로 필자가 그
렸다. 임종철 등은 4행식 타자기로 생각하고 자판 배열을 그려놓았는데, 7행식에 맞추어 다시 배열
한 것이다. 숫자와 기호의 배열은 임종철 등의 그림과 다르나 현존하는 7행식 스미스 프리미어 타
자기를 참고하여 그를 따랐다. 안움직글쇠는 어둡게 표시했다.

다. 그리고 글자꼴을 위해 다섯 벌의 글쇠를 만들었다. "ㅏ", "ㅓ" 등 세로꼴 모
음과 쓰는 초성이 한 벌, "ㅗ", "ㅜ" 등 가로꼴 모음과 쓰는 초성이 한 벌, 받침 없
이 쓰는 긴 중성이 한 벌, 받침과 함께 쓰는 짧은 중성이 한 벌, 종성이 한 벌이
었다. 기록에 남아 있는 자판의 배열은 위 그림과 같다.

　이원익 타자기는 알려진 최초의 한글 타자기라는 점에서 큰 의의가 있다.
그리고 상업 광고 자료가 오늘날까지 전해지는 것으로 보아 개인적으로 사용
하기 위해 개조하는 차원을 넘어 다른 사용자들에게 판매도 했던 것으로 보인
다(오른쪽 도판 참조). 광고에서 볼 수 있는 바와 같이 "글씨체가 예뻤다"는 증언도
있다.[30] 공병우도 광복 직후 한글 타자기를 만들기에 앞서 이원익 타자기를 손

30　타자기 발명가 장봉선은 "1958년 12월에 뉴욕한국영사관 남궁[염] 영사가 보관한 것을 보았
　　는데 글씨체가 예뻤다"고 한다. 장봉선, 「한글 사무자동화의 발전사―한글 사무자동화의 연
　　혁」 (I), 『인쇄계』 318, 2001. 4, 158쪽.

이원익 타자기 광고
「언문 글씨 쓰는 기계」, 이승화, 『모범한글타자』, 교학도서주식회사, 1973, 15쪽.

에 넣어 분석했다고 자서전에서 회고했는데,[31] 이에 비추어 보아 1940년대 말까지도 이원익 타자기를 서울에서 구할 수 있었던 것 같다.

이원익 타자기가 얼마나 널리 쓰였는지 확인할 길은 없으나, 많은 기록을 찾을 수 없는 것으로 보아 상업적으로 성공하지는 못했던 것으로 보인다. 공병우도 위의 일화에서 이원익 타자기를 일부러 찾아다닌 것이 아니라 사무기 상회에서 우연히 발견했다고 회고했듯이, 이원익 타자기의 존재가 당시 널리 알려져 있지는 않았던 듯하다. 또한 칠행식 타자기를 개조한 것이다 보니 이후에 개량된 사행식 타자기처럼 촉지타자를 할 수 없다는 약점이 있었다. 미국에서도 1920년대 이후 칠행식 타자기는 사행식 타자기에 자리를 내주었으므로 이원익 타자기를 개조하여 생산하기도 쉽지 않았을 것이다. 아래 소개할 송기주는 이원익 타자기에 대해 다음과 같이 평했다.

우리 한글 타입우라이터가 세상에 처음 나오기는 지금[1934]으로부터 이십 년 전에 이원익 이진일 두분의 힘으로 된 것인데, 기계는 옛날 래밍톤 회사의 오래된 모형으로[32] 글자를 박이는 키의 수효가 여든 여덟이었다. 그러나 글자의 모양이 아름답지 못하고, 자형이 불규칙하고 키의 수효가 많아서 시간의 경제도 되지 못하여 실제 사용에는 적합하지 못하였기 때문에 우리 사회에 넓이 사용되지 못하였으나, 그들의 애쓴 공로는 크다고 할 것이다.

그 다음 언더웃 박사가 연구하여 기계를 만들었으나,[33] 기계뿐이었고(시판되지

---

31 공병우, 『나는 내 식대로 살아왔다』, 대원사, 1989, 81쪽.

32 스미스 프리미어는 1900년대 초반 레밍턴(Remington)에 합병되었으나, 1930년대까지 스미스 프리미어라는 상표를 유지하고 제품을 생산했다. Richard Polt, "The Classic Typewriter Page: Remington Portables", https://site.xavier.edu/polt/typewriters/rem-portables.htm.

33 이는 언더우드 타자기 회사에서 알라드가 개발한 한글 타자기를 가리키는 것으로 보인다.

않았다는 뜻─인용자) 키의 웃부분은 영문의 대자만 쓰게 되고, 아래 부분은 우리글을 쓰게 되었는데, 글자의 모양은 매우 불규칙하여 보기에 서툴러서 도리어 처음에 이씨 두 분이 만든 것보다도 완전하지 못하여 우리말을 자유로 쓸 수 없었던 것으로 보아 큰 효과를 나타내지 못하였다.[34]

송기주 타자기

이원익이 타자기를 개발한 지 15년이 지났을 무렵 1929년 초, 『동아일보』는 미국 시카고대학교에서 유학 중인 송기주(宋基柱, 미국 이름 Keith C. Song)가 "다년간 문뎨되든 조선문 횡서법과 타이부라이트 인쇄긔계를 발명하야" 미국에서 특허를 출원했으며 "이를 보급키 위하야 미국에 잇는 동포들로 조선타자긔판매회사와 조선문개량협회를 조직하고 그 선전에 노력 중"이라는 소식을 전했다. 타자기의 가격은 "사무실용은 백십오 원, 여행용은 구십칠 원 오십 전가량"이었다.[35]

송기주는 1900년 평안남도 강서에서 태어나 평양 광성고보를 거쳐 1921년 연희전문학교 농과를 졸업하고 1924년까지 교편을 잡았다. 1924년 미국으로 떠나 1년간 하와이에서 체류한 뒤 1925년부터 텍사스 주립대학교(휴스턴)에서 생물학을 전공하여 학사학위를 취득했다.[36] 그는 텍사스 주립대학교 졸업 후 시카고대학교 지리학과의 굿(John Paul Goode) 교수 문하로 옮겨 지도제작을 배우

---

34 송기주, 「한글 타입우라이터의 유래와 발전」 (1), 『한글』 13, 1934. 6, 7쪽.

35 「조선문 횡서 타자기 발명─재미 송기주 씨의 신발명 (미국 특허국에 제출)」, 『동아일보』 1929. 1. 17, 2면. 다만 특허 공고 정보를 찾을 수 없는 것으로 보아 이 출원이 승인되지는 않은 것으로 보인다.

36 송기주의 출생과 도미 전 경력은 그가 1926년 흥사단에 입단을 희망하며 낸 이력서를 참조했다. 「흥사단 입단 이력서」, 한국독립운동사 정보시스템 자료번호 1-H01508-003.

고, 시카고 근교에 본부를 둔 지도제작사인 랜드 맥날리(Rand McNally and Company)에서 지도제작 및 도안 일을 하게 되었다.[37] 그러던 중 "평소에도 타자기에 취미를 가지고 잇던 터에 미국에 건너가 잇는 동안 이 방면의 문명이 전 미주를 휩쓸고 잇는데 느끼어 어찌하면 우리글도 이러한 문명의 기계를 이용하야볼 수 잇을가" 생각한 것이 송기주가 언론에 공개한 타자기 발명의 계기였다.[38]

1929년 제작했다는 타자기가 어떤 구조였는지는 정확히 알 수 없다. 당시 『동아일보』 기사에 외형상 해먼드 멀티플렉서 스트레이트 키보드(Hammond Multiplexor Straight Keyboard)로 추정되는 타자기 사진이 실려 있기는 하지만, 글쇠의 배열이나 작동원리는 소개되지 않았기 때문이다.[39] 다만 1934년의 기사에 "그 동안에 횡서로 타자기를 만들다가 역시 길이로 쓰는 것(세로쓰기―인용자)을 옳

---

37 굿(1862~1932)은 미국 지리학 형성기를 주도한 인물이다. http://en.wikipedia.org/wiki/John_Paul_Goode 참조(2011. 10. 5 접속). 송기주가 시카고에 갔을 무렵은 굿의 말년에 해당하는데, 그곳에서 송기주가 "고학하였다"는 기록은 더러 있으나 정확히 어떤 신분이었는지는 알 수 없다. 「최신의 조선 지도―송기주 씨가 고심 완성」, 『조선일보』 1936. 11. 6, 석간 2면. 다만 뒷날 귀국 후 송기주가 "조선 지형 대지도" 사업을 하면서 낸 광고에 굿의 서한(1929년 1월 21일자)이 다음과 같이 일부 소개되었다. "송기주 군은 시카고시 맥날리 지도제작회사에서 발행하는 나의 세계지도서를 삼 년간 제도하엿스며 또 일 년간 시카고대학 지리학부에서 키-스톤 회사의 발행하는 나의 세계지도 교육용 영화[?]판을 제작하엿다. 그는 정밀한 지도를 제도함에 최적자이며 특히 정확하고 세밀한 부분에 매우 나의 뜻을 마추어주엇다. (…)" 『조선일보』 1937. 1. 10, 석간 3면.

38 「(우리글 타자기를 완성한) 발명가 송기주 씨 입경」, 『동아일보』 1934. 3. 1, 조간 2면; 「문자 문화의 신기축 우리글 언문 타자기―완전하고 경편 신속한 것이라고, 재미동포 송기주 씨 발명」, 『조선일보』 1934. 1. 24, 2면.

39 「조선문 횡서 타자기 발명―재미 송기주 씨의 신발명 (미국 특허국에 제출)」, 『동아일보』 1929. 1. 17, 2면. 해먼드의 외형은 Thomas A. Russo, *Mechanical Typewriters: Their History, Value, and Legacy*, Atglen, PA: Schiffer Books, 2002, p. 136 참조.

게 보고 다시 고치어" 만들었다는[40] 말이 있는 것으로 보아 1929년에 만들었던 것은 가로쓰기 타자기가 아니었을까 추측할 수 있을 뿐이다.[41] 이에 비해 송기주가 1934년 선보인 타자기는 언더우드 포터블(Underwood Portable)을 개조한 것으로, 이원익 타자기와 마찬가지로 세로쓰기에 맞추어 돌아 누운 글자를 가로로 찍는 타자기였다.[42] 글쇠는 자음 세 벌과 모음 한 벌을 합쳐 네 벌이었다. 세 벌의 자음 글쇠는 세로 모음과 어울리는 자음, 가로 모음과 어울리는 자음(받침을 겸함), 복모음과 함께 쓰는 작은 자음이었다.

특이한 점은 모든 글쇠가 플래튼과 연결이 끊긴 안움직글쇠였다는 점이다. 플래튼은 스페이스바를 눌러 움직였는데, 사이띄개를 한 번 누를 때 플래튼은 반 칸 너비로 이동했다. 초성과 중성은 플래튼이 움직이지 않은 채 그 자리에 찍히고, 받침이 있는 음절이라면 스페이스바를 눌러 플래튼을 반 칸 움직이고 그 자리에 받침을 찍은 뒤 다시 사이띄개를 눌러 다음 글자가 찍힐 자리를 만들어주는 방식으로 타자했다. 가로쓰기 타자기였다면 이런 메커니즘이 불가능했겠지만, 앞서 말했듯 돌아간 글자를 가로로 찍고 뽑아서는 세로로 읽는 구조였으므로, 플래튼이 왼쪽으로 움직이면 결과적으로는 글자가 "위로" 움직인 것이 되어 받침을 찍을 수 있었다. 다만 받침이 있든 없든, 한 음절을 찍은 뒤에는 스페이스바를 한 번 혹은 두 번 눌러서 플래튼을 이동시켜줘야 다음 글자를 찍을 수 있어서 타자 동작은 다소 번거로웠다.[43]

---

40 「(우리글 타자기를 완성한) 발명가 송기주 씨 입경」, 『동아일보』 1934. 3. 1, 조간 2면.

41 이것이 풀어 쓰는 가로쓰기 타자기였다는 주장도 더러 있으나 확실한 전거를 찾기는 어렵다.

42 언더우드 포터블의 외형은 Russo, *Mechanical Typewriters*, pp. 217~221 참조.

43 공병우는 "자음은 모두 안움직글쇠, 모음은 모두 움직글쇠"라고 회고했으나, 필자가 2019년 한글박물관에 소장된 송기주 타자기를 직접 조사했더니 본문에 적은 메커니즘과 같았다. 공

송기주가 1934년 개발한 타자기는 한글 타자기의 "완성"으로 일컬어지며 상당한 주목을 받았다. 『동아일보』와 『조선일보』 모두 1월에 송기주가 새 타자기를 공개했다는 소식을 비중 있게 다루었고, 3월에 송기주가 귀국하자 그의 동정을 상세히 보도했다. 송기주의 귀국에 맞추어 3월 20일에는 "모교인 연히전문과 또 발명학회를 비롯하야 교육계와 언론계 기타 사회유지 26명의 발기로" 명월관에서 "조선문 타자기 완성축하회"가 열렸다.[44] 또한 이광수는 『조선일보』 1면에 다음과 같은 논설을 실어 한글 타자기의 중요성을 역설하기도 했다. 이러한 관심과 기대는 문인과 식자들이 타자기를 근대화의 상징으로 보고 있었음을 보여준다.

일사일언(一事一言): 송기주 씨의 한글 타자기

송기주라고 하는 이가 미국에서 여러 해 고심연구한 결과로 조선ㅅ글 타자기를 발명하엿다.

지금까지에 씨우는 조선ㅅ글 타자기라는 것은 일본문 타자기와 가티 여러 백 자의 활자를 늘어노코 한 자씩 한 자씩 골라가며 찍는 것이엿스니 그것은 일종의 채자 식자엿고 서양ㅅ글 타자기와 가튼 의미로 본 타자기는 아니엿스나 송씨가 발명한 것은 단지 마흔두 개의 키이를 가지고 어떠한 조선ㅅ글이든지, 어떠한 철자법이든지 다 찍게 되엿다. 쉽게 말하면 영문이나 독일문 타자기와 다름이 업는 것이다. 진실로 조선글을 위하여서는 획기적인 큰 발명이다. 만일 조선 싸람들이 한문ㅅ자를 버리고 조선ㅅ글만을 쏜다 하면 이 타자기와 또 이 시스템을 기초로

병우, 『나는 내 식대로 살아왔다』, 81~82쪽.

44 「조선문 타자기 완성축하회 개최—20일 오후 6시반 명월관서, 각 방면 유지 발기로」, 『동아일보』, 1934. 3. 20, 조간 2면.

한 인쇄술로 하야 조선 문화의 발달에 큰 혁명을 이르킬 것이다.

이 타자기는 얼마 아니한 련습으로 누구나 붓으로 쓰는 이상 빠르게 찍을 수 잇슬뿐더러 정확하게 쓸 수가 잇고 또 한꺼번에 네다섯 벌을 복사할 수도 잇스며 등사용 원지를 찍는 데도 리용할 수 잇슬 것이다. 서양인은 관청이나 각종 사무소는 물론이여니와 지식계급이라고 이름짓는 사람으로서는 거의 사람마다 한 타자기를 가지는 형편이니 이로부터 우리도 우리 조선들의 타자기를 넓히 쓰는 날이 오기를 아니 바랄 수 업다.

문필에 종사하는 이로서 아직 원고를 손으로 쓰는 것은 아마 동양 사람들뿐일 것이어니와 이제 조선ㅅ글은 송씨의 타자기로 하야 이 원시상태를 벗어나게 되엿다.[45]

송기주는 1934년 귀국 후 타자기 사업에 본격적으로 뛰어들었다. 그가 귀국 직후 인터뷰에서 밝힌 대로 당장 최대의 수요처는 "미주에 잇는 조선 동포나 단체"였지만, 일본 고베(神戶)에 있는 미국 언더우드 사의 아시아 총판인 다드웰(Dodwell and Company)이 한반도로 수입과 배급을 맡았다.[46] 그해 5월에 "송일상회(宋一商會)"의 "조선글 타자기" 광고가 신문지상에 실렸던 것으로 미루어 보아 이 무렵에는 송기주가 본격적으로 타자기 사업을 개시한 것으로 보인다.[47] 같은 해 10월에는 언더우드 사에서 제작한 타자기가 "대소형 전부가 완성되어 미국으로서부터 도착되엇으므로" 종로 화신백화점에서 전시되기도 했다.[48] 또한

---

45 長白山人(이광수의 호), 「一事一言: 송기주 씨의 한글 타자기」, 『조선일보』 1934. 3. 2, 조간 1면.

46 「(우리글 타자기를 완성한) 발명가 송기주 씨 입경」, 『동아일보』 1934. 3. 1, 석간 2면.

47 『동아일보』 1934. 5. 12, 조간 5면.

48 「우리글 타자기 기계 전부 진열」, 『동아일보』 1934. 10. 20, 조간 2면.

송기주 타자기의 자판
완성된 음절글자처럼 보이는 글쇠들이 있는 것은 시프트를 눌렀을 때와 안 눌렀을 때 찍히는 자모를 붙여 썼기 때문이다. 예를 들어 가운데 줄의 '하' 글쇠를 그냥 누르면 'ㅎ', 시프트와 누르면 'ㅏ'가 찍힌다. 그 아래의 '뇨'는 그냥 누르면 'ㅛ', 시프트와 누르면 'ㄴ'이 찍힌다. 국립한글박물관 소장.

1936년 1월 1일 『동아일보』는 '발명 조선의 귀중한 수확—혁혁한 선인유업(先人遺業)에 천재적 창안'이라는 두 면짜리 새해 특집 기사를 실었는데, 여기서 송기주 타자기는 해외 동포도 발명에 열중하고 있음을 보여주는 모범 사례로 소개되었다.[49]

그러나 송기주의 타자기 사업은 뜻대로 흘러가지는 않았던 것 같다. 타자기 수요가 충분치 않았던 상황에서 "휴대용이 백 불가량이고 사무용 큰 것은 약 오백 불가량"[50]인 값비싼 타자기를 팔아 사업을 유지하기란 쉬운 일이 아니

---

49 「재외동포도 발명에 고심—송씨의 한글 타자기」, 『동아일보』 1936. 1. 1, 42면.

50 「정교한 우리글 타자기—오 년간 고심 연구하여 성공한 송기주 씨 귀국, 본사 내방」, 『조선일보』 1934. 3. 2, 조간 2면.

(왼쪽) 송기주 「완성된 우리글 타자기—해외 각고 칠 년 만에 송기주 씨가 성공」, 『동아일보』 1934. 1. 24, 석간 2면.
(오른쪽) 송기주의 "조선글 타자기" 광고 『동아일보』 1934. 5. 12, 조간 5면.

었을 것이다. 1935년 평안남도 강서에 사는 김병준(金秉俊)이라는 독지가가 "시가 이백삼십구 원이나 되는" 타자기 한 대를 조선어학회에 기증했다는 것이 뉴스가 될 정도였으니 타자기 시장이 얼마나 좁았는지 짐작할 만하다.[51] 송기주는 삼십 대의 타자기를 언더우드 사에 주문해 들여온 것으로 전하는데, 광복이 될 때까지 이것을 다 소화하지 못한 것으로 보인다.[52]

　그는 이윽고 시카고에서 일하던 경력을 살려 지도제작으로 사업을 넓혔다. 1936년에는 송기주가 "최신의 조선 지도"를 완성했다는 소식이 보도되었고, 1937년에는 이 지도의 광고가 실렸다.[53] 이 광고는 『한양상보』에 1937년 1월 1일

---

51 「우리글 타자기 조선어학회에 기부」, 『동아일보』 1935. 10. 25, 석간 2면.

52 「한글 타자기 완성—십육 년래 고심의 결정」, 『동아일보』 1949. 4. 24, 2면.

53 「최신의 조선 지도—송기주 씨가 고심 완성」, 『조선일보』 1936. 11. 6, 석간 2면. 광고는 「劃時

실렸던 전면광고를 전재한 것으로 보이는데, 송기주의 한글 타자기와 영문 타자기(언더우드 수입) 광고가 앞서 말한 이광수의 논설과 함께 실려 있는 것으로 보아 그가 당시 지도 사업과 타자기 사업을 병행하고 있었음을 알 수 있다. 이후 1938년 『조선일보』의 일요일 문화면에 지도의 역사와 제작원리를 소개하는 글을 기고한 것을[54] 빼면, 그 뒤로는 신문에서 송기주와 송기주 타자기에 대한 기사는 한동안 찾아보기 어렵다. 그의 타자기 사업이 어려워졌는지, 아니면 일본이 전쟁에 돌입하면서 사람들이 타자기에 관심을 가질 여력이 없어진 것인지는 확실치 않다.

광복 후 언론은 송기주 타자기를 새삼 "소개"했다. 1949년의 『동아일보』 기사는 송기주가 일찍이 한글 타자기를 만들어 "이미 삼십대 우리나라에 수입이 되었으나 당시 적(敵) 치하에 있던 관계로 그의 발전을 못보았는데" 광복 후 종래의 타자기를 개량하여 "글자의 간격이 약간 벌어져 보기에 흉하던 것을 (…) 글자의 간격이 맞는 완전한 타자기를 완성"하였다고 알리고 있다.[55] 기사 내용으로 미루어 보아 음절마다 사이띄개를 눌러 생기는 자간 간격의 문제를 해결하는 방법을 찾아낸 것으로 보이지만, 그 이상 자세한 내용을 확인할 길은 없다. 광복 후의 혼란은 분단을 거쳐 전면전으로 이어졌고, 송기주는 한국전쟁 중 납북되어 소식이 끊겼기 때문이다. 송기주 타자기도 실물이 거의 전하지 않았으나, 아들 송병훈과 손자 송세영 등이 대를 이어 간직하고 있던 것을 2014년 국립한글박물관에 기증하여 비로소 빛을 보게 되었다.[56]

代的朝鮮地形大地圖遂完成」이라는 제목으로 『동아일보』 1937. 1. 10, 석간 3면에 실렸다.

54 송기주, 「지도 그리는 이야기—世界地圖는 정말로 마질까」, 『조선일보』 1938. 2. 27, 4면.

55 「한글 타자기 완성—십육 년래 고심의 결정」, 『동아일보』 1949. 4. 24, 2면.

56 정원식, 「현존하는 가장 오래된 한글 타자기 국립한글박물관 품으로」, 『경향신문』 2014. 10. 8.

새로운 나라, 새로운 시작: 1949년 한글 타자기 현상 공모

이원익과 송기주 등의 타자기는 한글 기계화의 효시라는 점에서 역사적 의의가 크다. 하지만 그들의 노력만으로는 넘기 어려운 한계가 있었던 것 또한 사실이다. 우선 기술적인 면만 따져봐도 글자꼴, 자판 배열, 타자 메커니즘, 타자 속도 등에서 개선할 점이 많았다. 일례로 이들 타자기를 직접 사용해본 공병우의 회고에 따르면, 이들의 속도는 "손으로 쓰는 것보다는 빠르지만, 영문 타자기의 속도에 비하면 절반 정도"[57]였다고 한다. 언어학, 기계공학, 인체공학, 통계학 등 전문지식의 뒷받침 없이 개인의 열정만으로 만들어낸 타자기들은 어쩔 수 없이 몇 가지씩 한계를 안고 있었다.

또한 앞서 언급했듯이 한글 타자기를 만들기 위해 해결해야 하는 과제는 기술적인 것만이 아니었다. 모아쓰기, 가로쓰기, 한글 전용 가운데 기술자나 발명가의 힘만으로 해결할 수 있는 것은 모아쓰기 메커니즘을 고안하는 것 정도다. 가로쓰기나 한글 전용은 한글을 어떻게 쓸 것이냐는 사회적·문화적 합의에 따라 결정되는 문제이므로 기술자나 발명가 개인의 역량만으로는 해결할 수 없었다. 로마자 타자기는 로마자 사용자들이 글을 쓰던 방식을 그대로 기계에 옮겨 만들었다. 따라서 로마자의 기계화가 로마자로 글을 쓰는 방식을 바꾸도록 강요하지는 않았다. 그러나 로마자 타자기를 개조하여 만든 한글 타자기는 한글 사용자들이 글을 쓰던 종래의 방식과 잘 맞지 않았다. 이미 존재하는 글쓰기의 형태를 기계에 옮긴 영문 타자기와 달리, 한글 타자기를 도입하기 위해서는 글쓰기의 양상 자체가 바뀌어야 했던 것이다.

광복과 함께 한글을 쓰는 것 자체가 위험한 정치적 행위였던 시기가 끝났다. 남북한 분할 점령에서 단독정부 수립에 이르는 정치적 혼란의 와중에도 한

---

57 공병우, 『나는 내 식대로 살아왔다』, 82쪽.

글 기계화에 대한 관심이 다시 고개를 들었다. '조선발명장려회'는 1949년 3월 한글 타자기를 현상 공모했는데, 7월 9일 발표한 심사 결과에 따르면 대상은 없었지만 세 명이 2등상, 두 명이 3등상을 받아 여러 발명가들이 한글 타자기를 개발하기 위해 분투하고 있음을 보여주었다.[58]

그런데 세 명의 2등 입상자 중 한 명은 당시 서울에서 가장 큰 안과병원을 운영하고 있는 현직 의사였다. 그는 바로 한국 최초의 개인 안과병원 '공안과'의 설립자이자 원장이었던 공병우(公炳禹, 1906~1995)였다. 나머지 두 명의 2등 입선자는 송계범(宋啓範)과 오병호(吳秉鎬)였으며, 3등 입선자는 장례세(張禮世)와 김동훈(金東勳)이었다.[59] 공병우는 1950~60년대 한글 타자기의 역사에서 가장 중요한 인물 중 하나다. 그가 개발한 '속도' 타자기가 인기를 끌면서 남한 전체의 타자기 시장이 열렸기 때문이다.

---

58 「한글 타자기 모집」, 『동아일보』 1949. 3. 13, 2면; 「타자기 당선자」, 『조선일보』 1949. 7. 11, 2면.

59 송계범과 김동훈은 이후 계속 한글 타자기 개발에 매진하여 신제품 개발과 사업화에 도전하였다. 오병호는 송계범과 공동연구자였다. 이에 비해 장례세는 한글 타자기의 역사에 더 이상 자취를 남기지 않았다. 한편 경성제국대학 의학부 약리학교실 출신의 장례세라는 의사가 있는데, 동일인인지는 확실치 않다.

3장

타자기에 미친 안과의사 공병우

공병우(公炳禹, 1906~1995)는 한글 타자기의 역사를 이야기할 때 빼놓을 수 없는 인물이다. 그가 처음으로 한글 타자기를 만든 사람은 아니지만, 한글 타자기로 "돈을 번", 즉 한글 타자기 제조와 판매를 사업성 있는 규모로 키운 사람으로서는 최초라고 할 수 있다. 또한 1969년 정부 주도의 자판 표준화 과정에서 소외된 이후에도 표준 자판을 따르지 않고 자신의 세벌식 타자기가 우수하다는 믿음을 꾸준히 전파했다. 세벌식 타자기를 지키기 위한 그의 투쟁은 결과적으로 재야의 한글 운동, 나아가 반독재 민주화 투쟁과 노선을 같이하게 되어, 공병우는 긴 인생 여정에서 여러 경로로 많은 추종자를 얻었다. 그의 사후에도 한글 타자기나 한글 기계화에 관심을 갖게 되는 이들은 공병우를 존경하는 이들의 글을 통해 공병우에 우호적인 시선으로 정리한 한글 타자기의 역사를 접하게 되고, 공병우라는 이름을 한글 타자기의 대명사로 기억하게 된다.

하지만 이와 같은 명성과 인기는 공병우라는 인물을 온전히 파악하는 데 오히려 걸림돌이 되기도 한다. 공병우라는 인물, 나아가 그가 중요한 역할을 담당했던 한글 타자기의 역사를 깊이 이해하기 위해서는, 수많은 개별적인 일화와 추종자들의 찬사에서 한 걸음 떨어져서 객관적이고 입체적으로 그에 대해 바라볼 필요가 있다.

공병우는 88년의 생애 가운데 약 40년은 안과의사로, 약 30년은 타자기 발명가로, 그리고 마지막 20년 가까이는 한글 프로그래머이자 한글 운동의 후원자로 살았다. 의학강습소 출신으로 검정시험을 통해 의사가 되고, 실험과 연구를 거듭하여 한국인으로는 최초로 안과 전공 의학박사학위까지 받은 그의 독특한 이력은 당대에도 화제가 되었다. 공병우는 그렇게 얻은 명성을 바탕으로 우리나라 최초의 안과 전문 개인의원 '공안과'를 열었고 그것이 오늘날까지 유지되는 기틀을 닦았다. 또한 국한문 혼용이 당연하던 시대에 순한글 타자기를 보급하며 효율과 속도의 가치를 설파하고, 자신의 타자기가 정부 표준으로 인정받지 못한 뒤에도 굽힘없이 그 우수성을 주장했다.

이와 같은 그의 독특한 삶의 경로는 동시대인들에게도 깊은 인상을 남겼다. 예컨대 『한국일보』는 1965년 3월부터 4월에 걸쳐 '한국의 유아독존'이라는 연재 기사를 통해 열 명의 고집불통을 소개했는데, 공병우는 4월 11일에 최현배, 이병도 등의 뒤를 이어 이 연재의 여섯 번째 주인공으로 소개되었다. 그의 독특한 개성은 많은 적을 만들기도 했지만, 많은 열렬한 추종자를 낳기도 했다. 지금까지도 공병우의 업적을 기리고 그가 고안한 세벌식 자판을 이어가는 사람들이 적지 않으며, 공병우의 전기도 끊이지 않고 출판되고 있다.

그러나 그의 인지도에 비해 공병우의 의사로서의 면모를 평가한 글은 쉽게 찾아보기 어렵다. 공병우를 소개할 때 보통 그를 꾸미는 말은 "한글 타자기를 만든 발명가", "사진작가", "한글 운동가" 등이다. 심지어 "괴짜 천재", "한국 최고의 고집쟁이" 등 성격에 대한 묘사가 공병우에 대한 소개를 대신하는 경우도 많다. 하지만 그가 어떤 의사였는지 평가하는 글은 그에 비해 찾아보기 어렵다. 간혹 의사로서의 공병우를 소개할 때도, 그가 의사였다는 사실은 "약관에 시험을 통과한 의사"라든가 "독학으로 박사학위를 딴 의사"와 같이 그의 자질을 입증하는 지표로서 동원되는 데 머무를 뿐이다. 그렇다면 "의사 공병우"는 "입지전적 괴짜 천재 공병우"라는 전설을 빛내기 위한 전사(前史), 또는 화폭의 배경에 지나지 않는가?

사람들이 공병우를 기억할 때 주로 한글 타자기를 떠올리기는 하지만, 공병우의 경력 중 가장 긴 시간을 차지하는 것은 역시 안과의사다. 공병우는 일생동안 자신의 삶에 대해 스스로 쓰거나 인터뷰할 때 자신이 의사라는 점, 그리고 단순히 성공한 개업의가 아니라 의학자로서 업적을 거두었다는 점을 빼놓지 않고 이야기했다. 안과의사로서의 삶은 공병우의 초기 경력 대부분을 차지할 뿐 아니라 이후로도 이어진 그의 성격과 인생관을 형성했다.

공병우는 의사면허를 따고 나서 스스로 의학 연구자가 되겠다는 목표를 세우고, 경성의학전문학교(경의전)와 경성제국대학 의학부 등 당시 한반도 최고의 의학교육기관에서 연구에 참여했다. 그리고 독학, 검정시험 출신, 그에 따른 어린 나이 등 여러 불리한 조건을 극복하고 결국 일본 제국대학 제도가 인정한 박사학위를 취득하여 연구자로서 역량을 입증했다. 아울러 광복 직후 경의전이 서울의과대학으로 재편되는 과정에서 잠시나마 공병우가 안과 교수로 초빙되었던 사실도 당대에 그의 업적과 역량이 인정받고 있었음을 보여준다.

또한 공병우는 연구자로서의 경력을 접은 뒤 한국인 의사로는 최초로 개인 안과병원을 개업했고 이를 매우 잘 운영했다. 공안과는 안과뿐 아니라 당대 가장 유명한 개인 병원 중 하나였다. 특히 일제강점기 유명했던 다른 개인 병원들 가운데 많은 수가 오늘날 명맥을 잇지 못한 것과 비교하면, 잠깐의 폐업 기간을 제외하고는 오늘날까지도 성업 중이라는 점에서 공안과와 그 설립자 공병우는 우리나라 병원사와 의료사에서 주목할 만하다. 뿐만 아니라 공병우는 나중에 타자기 사업에 전념한 뒤에도 타자를 맹인재활 사업의 수단으로 여기고 장려하는 등 그의 일생에 걸쳐 안과의사로서의 정체성을 버리지 않았다.

이 장에서는 이와 같은 사실들을 토대로, "괴짜 천재 발명가" 등의 대중적 이미지에 가려져 지금까지 진지하게 다루어지지 않았던 의학자로서 공병우의 모습을 재구성하고자 한다. 공병우가 의사로 성장해 나가는 과정은 당대의 전형적인 의사 교육 경로라고 보기는 어렵지만, 그럼에도 불구하고 일제강점기 의료계의 상황을 파악할 수 있는 유용한 단서를 여러 가지로 제공하고 있다. 의학도에서 의학자로, 다시 개업의로 변신해가는 공병우의 행적을 따라가다 보면, 우리나라 근대 의료사와 한글 기계화의 역사가 만나는 접점에 이르게 될 것이다. 아래에서 공병우의 초기 이력에 대해 세세하게 추적한 것은, 그에 대한 기록들이 비판적 검토 없이 여러 매체에 확대재생산 된 경우가 많아서 엄밀한 사료 비판을 통해 바로잡을 필요가 있기 때문이다.

약관의 나이에 의사가 되다

공병우는 1906년 1월 24일(음력 을사년 12월 30일) 평안북도 최북단의 벽동군(碧潼郡) 성남면 남성동에서 공정규와 김택규의 8남매 중 둘째이자 장남으로 태어났다.[01] 할아버지 공희수가 자수성가한 부농이었으며 아버지가 동익상회라는 상회를 운영했던 덕에 공병우는 유복한 어린 시절을 보낼 수 있었다. 그는 전통 교육을 받다가 열세 살에 소학교에 입학하여 성남면, 벽단(송서면), 벽동읍 등을 옮겨가며 5학년 과정까지 마쳤다. 1906년생으로 계산하여 한국식 나이로 열세 살이면 1918년이니, 1922년에 상급학교로 진학했다는 것을 감안하면 만 4년 만에 5학년 과정까지 마친 것으로 보인다. 정확히 언제인지는 밝혀지지 않았

---

01 공병우를 소개하는 대부분의 문헌은 출생일을 '1906년 음력 12월 30일'로 쓰고 있으나, 양력으로 1906년 1월 24일에 해당하는 1905년(을사년) 음력 12월 30일이므로 본문과 같이 수정하는 것이 옳다. 이를 확인해준 공영태 박사(공병우의 차남, 전 공안과 원장)께 감사드린다.

으나, 공병우는 소학교를 졸업하기 전에 이미 의사가 되겠다는 꿈을 갖게 되었다고 자서전에 썼다. 1922년에는 소학교 6학년에 진학하는 대신 상급학교 시험을 보기로 결심하고 신의주고등보통학교에 응시했으나 낙방하고, 무시험 진학이 가능한 3년제 의주농림학교로 진학했다(공병우, 『나는 내식대로 살아왔다』, 대원사, 1989, 21쪽. 이하 '자서전'으로 약칭).

공병우의 자서전 기록에 따르면 의주농림학교는 시설이나 교육 여건이 상당히 열악했던 것 같다. 공병우는 2학년 2학기에 작문 수업 과제로 학교의 미비한 점을 비판하는 글을 냈는데, 이것이 도리어 담당 교사와 교장의 주목을 받는 계기가 되었다. 그의 자질과 강단을 높이 평가한 고마츠(小松) 교장은 그에게 3년 과정을 다 마칠 것 없이 경성의 상급학교로 진학할 것을 권유했다. 교장은 1922년 개교한 경성치과의학교(경성치과의학전문학교의 전신)에 입학할 수 있도록 추천하겠다고 제안했으나, 공병우는 치과의사보다 의사를 선호했으므로 막 신설된 도립평양의학강습소(평양의학전문학교의 전신)에 몰래 응시하여 1924년 4월 1일 최종 합격했다(자서전, 29~35쪽).

도립평양의학강습소는 조선총독부의 관립 의학 교육 확충을 위해 1923년 문을 열었다. 1920년대 들어 고등교육 수요가 늘어나면서 종래의 경성의전과 세브란스의전 등으로는 의학 교육 수요를 감당할 수 없게 되었고, 특히 평양과 대구 등 지방의 요구가 거세졌다. 이에 대해 총독부 위생과는 1922년 신년사로 "의사의 수가 적고 의료기관이 심히 부족하다. 장차 평양이나 대구에 의학전문학교가 있어야 할 것이다"라고 의학교 신설 방침을 밝혔다.[02] 1923년 1월 자혜의원 원장 우치무라 야스타로(內村安太郞)는 의원 안에 야간 "사립의학강습회"를 개설하여 의사시험을 준비하는 도내 의사 지망생들을 가르치기 시작했고,

---

02   기창덕, 『한국근대의학교육사』, 아카데미아, 1995, 263쪽.

이 강습회는 같은 해 4월 9일 도 예산으로 운영되는 2년제 '도립평양의학강습소'로 승격되었다.[03] 중학교와 고등여학교를 졸업한 지망생은 시험 없이 받아들였고 기타 학력 소지자는 시험으로 선발했다.[04] 공병우는 이 학교가 문을 연 이듬해에 시험을 거쳐 60명의 신입생 중 한 명으로 입학한 것이다.

공병우는 자서전에서 "나는 평생을 통해 졸업장을 받아본 적이 없다"고 자랑스럽게 술회하고 있으며(자서전, 35쪽), 이 이야기는 마치 공병우를 치장하는 훈장처럼 자주 인용되곤 한다. 앞서 쓴 바와 같이 공병우는 소학교를 5학년까지 마쳤고 의주농림학교도 2학년까지만 마치고 평양의학강습소에 진학했다. 그리고 1926년 10월 조선총독부 의사검정시험에 합격하여 의사면허를 땄다는 것도 익히 알려진 바와 같다.[05] 공병우는 "공부한 지 1년 후에" 제1부 시험에 합격하고, "이듬해에 (…) 무난히 제2부에도 합격"했으며, "또 그 반 년 후에 제3부 시험에까지 무난히 통과"하여 "2년 반 동안에 의사검정시험의 모든 과목을 세 번 응시하여 한 번도 낙방하지 않고 거뜬히 통과"하였다고 회고하고 있다(자서전, 37~38쪽). 이 회고를 토대로 추정하면 제1부는 1925년 4월, 제2부는 1926년 4월, 제3부는 1926년 10월 응시하여 각각 합격했다는 이야기가 된다. 이 추정은 1924년 4월 평양의학강습소에 입학했고 1926년 10월 의사검정시험에 합격했다는 『매일신보』 기사와도 일치한다.

그런데 앞서 소개했다시피 설립 당시 도립평양의학강습소는 2년제였다. 의학전문학교로 승격하자는 요구가 높아지면서 1929년 4월 30일자로 입학자격과 수업연한 등을 의학전문학교 수준으로 조정하여 4년제가 되었고, 1933

---

03 위의 책, 55쪽.

04 「의학강습합격자」, 『매일신보』 1924. 4. 4.

05 「의사시험합격자」, 『매일신보』 1926. 10. 30.

년 3월 8일에는 정식으로 평양의학전문학교로 개편되었다.[06] 1923년 4월 9일자 『조선총독부 관보』 제3195호에 실린 '도립의학강습소 규정'(조선총독부 평안남도령 제7호) 제3조에도 "강습 기간은 2년으로" 한다고 명시되어 있다. 다시 말해 공병우가 다녔던 무렵 평양의학강습소는 2년제였다는 것이고, 따라서 "2년 반 만에" 의사검정시험을 통과했을 시점에 공병우는 이미 수업 연한을 다 채워 졸업했을 것이다. 그런데 "평생 졸업장을 받아본 적이 없다"는 공병우의 회고는 의학강습소 역시 정식으로 졸업하지 않았다는 듯한 인상을 주고 있어 이 사실과는 딱 맞아떨어지지 않는다. 평양의학전문학교는 1933년 전문학교로 정식 승격하면서 공식적으로 "제1회" 졸업식을 열었다는 기록이 있으나,[07] 승격 전에도 강습소 졸업식이 있어서 1923년 입학한 평양의학강습소의 첫 학생들은 1925년 3월 말 졸업식을 가졌다.[08] 유추하면 공병우도 1926년 3월 말 정상적으로 "졸업장을 받았을" 것이다.

그렇다면 공병우는 졸업 후에 의학강습소에서 무엇을 하고 있었던 것일까? 공병우는 이에 대해 명확하게 밝히고 있지는 않으나, 제3부 시험을 준비할 당시 "강습소의 공부도 도립 병원에 나가 임상실습을 하는 일과로 꽉 차 있었다"고 회고하고 있다(자서전, 38쪽). 실제로 1926년 3월 15일자 『조선총독부 관보』 제4068호에는 '도립의학강습소 규정 개정'(평안남도령 제11호) 내용이 실려 있는데, "본소를 졸업한 이를 위하여 실습과를 설치하고, 실습과의 수업 기간은 6개월 이내로 하며, 실습과생의 정원은 15명으로 한다"는 내용이 제12조로 신설되었다. 즉 공병우는 평양의학강습소를 졸업하고 마침 신설된 실습과에 진입하

---

06   기창덕, 앞의 책, 1995, 263~269쪽.

07   「평양의학전문 제1회 졸업식—28일 성대 거행」, 『매일신보』 1933. 3. 31.

08   「의학강습소 졸업식」, 『매일신보』 1925. 4. 1.

여 실습을 하며 제3부 시험을 준비하여 합격했을 것으로 추론할 수 있다. 평양 의학강습소의 1년 과정을 마치고 의사검정시험에 응시하고 강습소를 떠나기 전에 최종 합격한 것은 사실이지만, 흔히 알려진 것처럼 "재학 중"에 시험에 합격하여 학교를 중퇴했다는 식의 이야기는 사실과 다르다고 봐야 할 것이다.

다만, 졸업장을 받았느냐는 다소 지엽적인 사실에 대한 확인과는 별개로, 공병우가 의학강습소에서 의학에 정진하여 실력을 향상시켰다는 점은 의심할 여지가 없을 것이다. 당시 공병우의 강습소 동기들 50명 중 약 40명이 1925년 제1부에 응시했으나, 제1부 합격자는 공병우를 포함하여 세 사람에 불과했다. "평양도립병원에서 10년 동안 근무했던" 사람도 낙방했고 "10년 동안 스무 번이나 시험을 보았지만 1부에도 합격 못한 이도 있었"다는 것을 보면, 의사검정시험은 강습소 학생들에게 결코 쉬운 시험은 아니었다(자서전, 37쪽). 게다가 제2부와 제3부까지 세 번의 시험을 한 번도 떨어지지 않고 2년 반 만에 모두 연달아 합격하는 것은 더욱 쉽지 않은 일이었다. 즉 공병우는 평양의학강습소의 교육을 통해 상당한 의학지식을 갖추게 되었고, 그에 더해 본인의 각고면려를 통해 강습소의 다른 학생들보다 한층 높은 수준의 견식을 갖게 되었던 것이다. 그 결과 공병우는 약관의 나이(만 20세)에 의사면허를 갖추고 인생의 중요한 전기를 맞게 되었다.

한국의 노구치 히데요를 꿈꾸다

의사면허를 딴 공병우는 평안남도립 신의주의원에 취직했다. 취직 시점은 1927년 하반기에서 1928년 상반기 사이로 추정된다. 신의주 도립의원은 1926년 12월 1일 설립되었지만(조선총독부, 1937), 1927년 7월 출간된 1927년도판 『조선총독부 및 부속기관 직원록』에는 신의주 도립의원이 실려 있지 않고, 1927년 5월 26일의 『조선총독부 관보』 제120호의 「다이쇼 15~쇼와 원년(1926) 관·도립의원

환자표」에도 신의주의원에 관한 통계는 없다. 당시의 신문기사를 참조하면, 새로운 시설에서 소외되는 의주 시민들의 반발 등으로 직원 채용과 개원 등이 늦어졌던 것으로 보인다. 이에 비추어 공병우가 신의주 도립의원에서 일을 시작한 것도 빨라야 1927년 중반쯤이었을 것이다. 이듬해인 1928년도판 조선총독부 직원록에는 공병우가 7급 의원(醫員)으로 근무하고 있다고 적혀 있다. 당시 신의주 도립의원 직원의 이름, 관직, 관등은 아래 명단과 같다.[09]

무라타 미키오(村田美喜雄)	의관	5등 5급
오카가미(岡上新吉)	의관	5등 5급
오바(大場洪三)	의관	6등 7급
노무라(野村左武郎)	의원	3급
조진석(趙震錫)	의원	6급
공병우(公炳禹)	의원	7급
타가와(田川崇夫)	서기	9급
스즈마(鈴間留吉)	약제수	10급

이 병원에 함께 몸담았던 조진석(趙震錫, 1901~1990)의 회고에 따르면, 경성의학전문학교 출신인 그가 보기에 신설된 신의주 도립의원은 미비한 점이 많았다.[10] 하지만 갓 스무 살을 넘긴 공병우에게 의사검정시험을 통과하자마자 관립의원에서 일하게 되었다는 것은 상당히 좋은 기회였을 것이다. 공병우도 자

---

09 조선총독부, 『조선총독부 및 부속기관 직원록』, 京城: 朝鮮總督府, 1928, 국립중앙도서관 소장, 국사편찬위원회 한국사 데이터베이스 https://db.history.go.kr/introduction/intro_jw.html, 2023.9.1 검색. 일본 인명 중 확인하기 어려운 것은 발음의 한글 표기를 생략했다.

10 백인제박사전기간행위원회, 『선각자 백인제』, 창작과비평사, 1999, 129쪽.

서전에서 "아마도 평안북도 평의원이면서 면장이었던 5촌 아저씨의 영향력이 작용"했을 이 취업 소식을 일가친척 모두 크게 환영했다고 술회하고 있다. 그는 의관 세 명, 의원 세 명 등 여섯 명의 의료진 가운데 말단으로 내과에서 병리실험실 담당 조수가 되었고 검사와 세균배양 등의 업무를 맡았다(자서전, 42쪽). 공병우는 자신이 "다무라 원장의 조수 겸 병리실험실 담당"이었다고 회고하고 있는데, 위 명단을 토대로 추정하면 무라타 미키오(村田美喜雄)의 조수였을 것이다.

그런데 공병우는 "평소에 말수가 적은 어머니까지도 기쁨을 감추지 못"하게 했던 이 자리에 오래 머물지 않았다. 그는 차츰 신의주 도립병원에서의 생활에 만족하지 않고 본격적인 의학 연구에 뜻을 두게 되었다. 어린 시절 읽었던 노구치 히데요(野口英世)의 전기에 큰 감명을 받았다는 것이 자서전에서 그가 여러 차례 밝힌 이유였다. 의학 연구를 하려면 독일어를 공부하는 것이 첫걸음이라고 생각했던 그는 신의주에서 국경을 건너 중국 안동현에 살고 있는 독일인을 찾아가 독일어 개인 교습을 받기도 했다(자서전, 43쪽). 비록 독일어 공부는 힘에 부쳐 오래 하지 못했지만, 이 일화를 통해 공병우가 의학강습소에서 배웠던 수준의 수험을 위한 의학지식이나 실무 중심의 의술을 뛰어넘어 본격적인 의학 공부에 뜻을 두고 있었음을 엿볼 수 있다.

의학 연구자가 되고 싶다는 꿈을 좇아 공병우는 결국 서울로 이주했다. 공병우가 "신의주 생활 1년 만에 서울로 향했다"는 것 이상으로 구체적인 정보를 남기지는 않아서, 그 시기는 대략 1929년 초 정도로 추측할 뿐이다. 신의주 도립병원에서 함께 근무하며 가깝게 지냈던 조진석이 당시 경성의학전문학교의 조수로 이직해 있었는데, 그가 공병우를 백인제에게 소개해주며 서울행을 권유했다(자서전, 44쪽). 조진석은 평안북도 정주군 오산면 출신으로, 1927년 경의전을 우등졸업하고[11] 모교 조수로 잠시 일하다가 신의주 도립병원에 자리를 잡았다. 하지만 신설 신의주 도립병원의 여건에 만족하지 못하고 있던 참에, 마침 1928년 경의전 부속병원이 신축되어 각 교실에 새로 사람을 채용할 여력이 생기자 선배인 백인제가 주임교수로 있던 외과학교실에 조수로 들어가게 되었다.[12] 그는 경의전을 떠나 1930년부터 평안북도 정주 오산고등학교병원의 교의로 일하기도 하지만,[13] 다시 경의전 연구생 신분으로 1937년 7월 일본 나고야 제국대학으로 유학을 떠났다. 나고야에서는 경의전 시절 백인제의 지도교수였던 키리하라 신이치(桐原真一, 1889~1949)의 지도를 받아 1940년 2월 10일 박사학위를 받았다.[14] 조진석은 귀국 후 조외과의원을 열었고, 광복 후 오산학원이 남한으로 옮긴 뒤에는 오산학원에 관여하여 1980년대에는 이사장을 역임하기도 했다.[15] 이 간략한 이력에서도 평안북도 인맥, 특히 백인제와 오산학교가 조진석에게 얼마나 중요한지가 여실히 드러난다. 백인제는 평안북도 정주군 남서면 출신으로 조진석과 동향이었고, 오산학교와 경의전 동문이기도 했다. 한편 공병우는 조진석과 같은 평안북도 출신에다 신의주 도립병원에서 함께 일했던 인연이 있었다. 조진석은 경의전에서 함께 일하게 된 뒤인 1930년 공병우의 중매를 설 정도로 그와 가까운 사이였다(자서전, 46~49쪽). 의료계의 변방이었던 평양의학강습소 출신의 공병우는 조진석이 다리를 놓아 당시 한반도 의료계의 핵심인물이었던 백인제와 연결될 수 있었다.

---

11 「의전 우등생」, 『동아일보』 1927. 3. 25.

12 백인제박사전기간행위원회, 앞의 책, 1999, 128~129쪽.

13 「오산고보 부속의원 확충—수술기계도 구입」, 『동아일보』 1930. 9. 16.

14 「수혈에 관한 연구로 조진석 씨 의박에—나고야제대에서 논문 통과」, 『동아일보』 1940. 2. 15.

15 「노익장 동창생 (19) 민족정신의 본산 오산학교」, 『동아일보』 1982. 6. 16.

백인제를 만난 공병우는 노구치와 같은 세균학자가 되고 싶다는 포부를 밝혔고, 백인제는 그를 경의전 미생물학교실의 유일준에게 소개해주었다. 유일준은 백인제와 더불어 경의전에서 단 둘뿐인 한국인 교수였으므로 역시 긴밀한 관계로 이어져 있었다. 유일준은 공병우를 무급 견학생으로 받아주기로 "즉석에서 승낙"했고, 공병우는 신의주 생활을 청산하고 동대문에서 하숙하며 경의전에 출근하기 시작했다(자서전, 44~45쪽).

세균학에서 안과학으로

무급 견학생 생활은 쉽지 않았을 것이다. 신의주 도립병원에서 의원 6급이었던 조진석이 70원 정도의 월급을 받았고,[16] 1920~30년대 판임(判任)문관 6급과 7급의 본봉 월액이 각각 75원과 65원이라는 기록이 있다.[17] 이에 비추어 보면 의원 7급 공병우도 60원 안팎의 월급을 받았을 터인데, 그것을 포기하고 무급 견학생의 길을 선택했으니 한동안은 살림이 쪼들렸을 것이다. 공병우는 생활비를 아끼기 위해 마부들이 마소를 데리고 묵는 동대문 부근의 여인숙에서 하숙하며 걸어서 출퇴근했다(자서전, 45쪽).

공병우의 회고에 따르면, 유일준은 공병우가 감기로 사흘을 내리 결근하자 안부를 물으러 그의 하숙방에 직접 찾아왔고, 조선호텔 양식당에 데려가 서양요리를 사주는 등 그에게 나름대로 신경을 써주었다. 그러나 특별한 수입도 지위도 없이 견학생 신분으로 기초의학 연구에 정진한다는 것은, 당장의 어려움뿐만 아니라 전망을 생각해봐도 쉽지 않은 일이었다. 기초의학의 길을 끝까지 간다면 결국 의학박사학위를 따서 교수가 되는 것 말고는 다른 경력을 꿈꾸기

16　백인제박사전기간행위원회, 앞의 책, 1999, 129쪽.

17　박이택, 「조선총독부의 인사관리 제도」, 『정신문화연구』 29-2, 2006, 309쪽.

가 어려운데, 식민 치하에서 조선인 의학도에게 그런 기회는 극히 제한되어 있었다. 더욱이 변방의 농림학교 중퇴에 신설 의학강습소 출신인 공병우에게 그 기회의 문은 한층 더 좁았다. 일제강점기를 통틀어 의학박사학위를 취득한 338명 가운데 평양의전(전신인 의학강습소 포함) 출신은 24명으로 10분의 1도 되지 않았다.[18] 유일준도 이 한계에 대해 공병우에게 이야기한 적이 있다. 다시 공병우의 자서전을 보면, 유일준이 어느 날 "공병우 군이 의학전문학교만 나왔어도 놓치고 싶지 않은데"라는 이야기를 했다고 한다(자서전, 45쪽). 이는 공병우의 재능을 높이 샀다는 뜻으로 해석할 수도 있겠지만, 달리 해석하면 공병우에게 더 이상의 후견은 어렵다는 뜻을 간접적으로 내비친 것이라고도 볼 수 있다. 유일준의 속마음이 어떤 것이었든, 이상과 같은 이유들로 공병우도 마냥 기초의학자의 길만을 고집하기는 어렵게 되었다.

결국 공병우는 몇 달 지나지 않아 유일준 휘하를 떠나 과를 바꾸었다.[19] 1929년판 『경성의학전문학교 일람』의 직원 명단을 보면, 1929년 말 현재 공병우가 이나모토 가메고로(稲本亀五郎) 교수 휘하의 병리학 및 법의학교실에 조수 신분으로 몸을 담고 있었음을 확인할 수 있다.[20] 그러나 공병우는 자서전에서 병리학교실에 대해서는 전혀 이야기하지 않고, 유일준 휘하에서 사타케 슈이치(佐竹秀一) 교수의 안과학교실로 "안과 조수로 3년 동안 근무하기로 하고" 자리를 옮겼다고 썼다(자서전, 49~50쪽). 실제로 1930년부터 1934년까지 『경성의학전문학교 일람』을 통해 공병우가 안과학교실 조수라는 것 또한 확인할 수 있다.[21]

---

18 이흥기, 「한국 근대 의사직의 형성 과정(1885~1945)」, 서울대학교 대학원 박사학위논문, 2010, 200쪽.

19 자서전, 49쪽. 공병우는 이렇게 자리를 옮기는 과정에서도 백인제의 도움을 받았다고 한다.

20 경성의학전문학교, 『경성의학전문학교 일람』, 1929, 96쪽.

21 경성의학전문학교, 『경성의학전문학교 일람』, 1930, 121쪽; 1931, 122쪽; 1932, 126쪽; 1933, 126

그렇다면 1929년 하반기에서 1930년 상반기 사이에 이르는 얼마 동안 공병우가 병리학교실 소속이었던 사실은 어떻게 설명할 수 있을까? 안과 입국 시기에 대해 공병우는 상충하는 두 가지 정보를 남기고 있다. 안과 급료를 받게 되면서 결혼을 준비할 수 있게 되었다는 진술(자서전, 49~50쪽)이 있는가 하면, 안과로 옮긴 해의 여름에 유일준이 사고로 세상을 떠났다고도 적고 있다(자서전, 46쪽). 공병우는 이용희와 1930년 11월 10일에 결혼했으며 유일준이 한강에서 수영 중 심장마비로 사망한 것은 1932년 8월 12일의 일이다. 한편 1930년판 『경성의학전문학교 일람』에 공병우가 안과학교실 조수로 기재되어 있다는 것은 위에 밝힌 바와 같다. 또 1930년 9월 조선의학회 제18회 총회 겸 학술대회에서 공병우가 발표를 했을 때,[22] 발표문 요지에는 "경성의학전문학교 안과학교실(사타케 교수)"이라고 소속이 명기되어 있다. 이 두 가지 사실로 보면, 늦어도 1930년 9월 전에 공병우가 안과학교실에 자리를 잡았던 게 확실하다. 그리고 아래 인용하듯 1930년 9월의 발표문이 "1929년 10월 30일부터 이듬해 5월 30일까지" 수행한 연구를 바탕으로 한 것임을 감안하면, 이 기간 동안 공병우는 경의전 부속병원 안과 외래환자를 관찰할 수 있는 위치에 있었다고 봐야 할 것이다. 그렇다면 공식적으로 병리학 및 법의학교실 소속이었던 기간에도 실제로는 안과 환자를 보고 있었다는 이야기가 된다. 따라서 공병우가 1929년 4월 미생물학교실에 견학생으로 들어갔다가, 한 학기 뒤인 10월부터는 명목상 병리학교실 조수이지만 실질적으로는 안과 소속이 되고, 1930년 6월 이후에 명실상부 안과로 옮겼으리라고 추정할 수 있다. 요컨대, 공병우의 연구논문에 드러난 실험 기간 등의 여러 단서를 조합해보면, 1929년 하반기부터 경의전 병리학

쪽; 1934, 150쪽.

22 「사계 권위를 망라한 조선의학회 총회—이십일 성대 의학부서」, 『매일신보』 1930. 9. 20.

교실을 거쳐 안과학교실로 옮겨 만 3년, 즉 1932년 상반기까지 조수로 일하고 1932년 가을 무렵부터는 경성제대 도쿠미츠 교실에서 실험을 했다고 볼 수 있다. 조수 생활 초기에는 월급이 30원이었으나 결혼 이듬해부터 월급이 30원에서 50원으로 올랐다고 공병우가 회고하는 것도, 임시로 병리학교실에 적을 두었다가 1930년에 정식으로 안과학교실로 소속을 옮겼을 가능성과 부합한다(자서전, 52쪽).

조선의학회 총회에서 공병우가 발표한 논문은 「조선인의 건강한 결막낭내에 대한 세균학적 연구(朝鮮人健康結膜囊內ニ於ケル細菌學的硏究)」로, "쇼와 4년 (1929) 10월 30일부터 이듬해 5월 30일까지 (…) 건강한 눈을 가진 조선인 62명 105안(眼)"의 결막낭 내 세균의 유무와 비율을 조사하여 성별, 연령, 직업 등에 따라 통계 처리한 것이다.[23] 이 연구는 1932년 『경성의학전문학교기요(京城醫學專門學校紀要)』에 실리는데, 연구 시기와 주제 모두 세균학에 뜻을 두었다가 안과학으로 옮기게 된 공병우의 처지를 그대로 반영하고 있다.[24] 다시 말해서 공병우는 세균학 연구를 위한 사례조사로 경의전 부속병원 외래환자의 눈 감염병을 연구하다가 아예 안과학교실로 소속을 옮기게 되었다고도 추정할 수 있다.

공병우의 성실함을 인정한 사타케

사타케 슈이치(佐竹秀一, 1886~1944)는 1886년 이시카와(石川)현에서 출생하여, 1909년 가나자와(金沢)의학전문학교를 졸업하고 의사면허(제26445호)를 받았다. 졸업 후 1912년까지 모교에서 안과 부수(副手)로 근무했다. 이듬해인 1913년 7

23 公炳禹,「朝鮮人健康結膜囊內ニ於ケル細菌学的研究」,『朝鮮医学会雑誌』20-11, 1930, 1779쪽.

24 公炳禹,「朝鮮人健康結膜囊內ニ於ケル細菌学的研究」,『京城医学専門学校紀要』2-9, 1932a, 369~386쪽.

월 조선으로 건너와 조선총독부의원에 의원(醫員)으로 자리를 잡았다. 1916년 4월에는 경성의학전문학교가 개교하면서 조교수로 임용되었고, 1920년에는 경성의학전문학교 교수 겸 조선총독부의원(구 대한의원) 의관(醫官)으로 승진했다. 그리고 1928년 경성제국대학 의학부 부속병원이 개설되면서 경의전 안과 교수였던 하야노 류조(早野龍三)가 제국대학으로 자리를 옮기자, 사타케가 교수로 승진하여 안과를 이끌었다. 이후 1944년 서울에서 세상을 떠날 때까지 경의전 교수로 봉직했고, 1939년부터 사망 직전까지 경의전 부속병원 원장을 역임하기도 했다.[25]

사타케와 만나면서 공병우는 새로운 기회를 잡았다. 공병우는 검정시험 출신이라는 자신의 약점을 잘 알고 있었기에, 사타케 교실에서 근무하면서 경의전 출신 동료들보다 더 열심히 근무하고 연구했다. 사타케는 공병우의 성실함을 높이 사 적극적으로 그를 후원했다. 연말에 경의전 출신의 다른 조수들이 모두 50원의 상여금을 받을 때 다른 조수들의 반발을 무릅쓰고 공병우에게만 100원의 상여금을 준 일도 있다(자서전, 52쪽). 사타케의 신임을 바탕으로 공병우는 연구에 정진하여 적지 않은 성과를 냈다. 1932년에는 앞서 밝혔듯 1930년 조선의학회 총회에서 발표한 연구성과를 발전시켜 『경성의학전문학교기요』에 논문을 상재했다. 그리고 한국 최초로 트라코마 균의 염색에 성공하는 등 유일준에게 배운 세균학의 기초도 여러 모로 활용했다(자서전, 53쪽).

무엇보다도 공병우에게 경성제국대학에서 본격적인 연구를 하고 박사학위에 도전해보라고 권유한 것이 바로 사타케였다. 공병우도 자서전에서 "잊을 수 없는 사람은 후진 양성을 위해 당당하게 공식적으로 공금을 할애해가며 격려해주고 길을 터준 사다께 안과 교수"라고 회고하여 사타케에 대한 감사

25   조선총독부, 『조선총독부 및 부속기관 직원록』, 1939; 1944.

의 마음을 잊지 않았다(자서전, 60쪽). 그 과정을 자서전과 기타 자료를 토대로 복기해보면 다음과 같다. 1932년 중반 무렵, 월 50원의 급여로 가족을 부양하기가 여의치 않았던 공병우는 3년 기한의 조수 생활을 마치고 시골에 가서 개업을 하겠다는 뜻을 사다케에게 전했다.[26] 그런데 사타케는 공병우에게 공부를 계속하여 박사학위를 딸 것을 강력히 권했고, 나아가 공병우를 경성제국대학 의학부 병리학교실 제1병리학강좌의 도쿠미츠 요시토미(德光美福) 교수에게 천거하여 병리학교실에서 연구생 자격으로 실험을 할 수 있도록 주선해주었다. 공병우가 회고하는 당시의 대화는 여러 모로 흥미롭다.

> "그것만은 전혀 자신이 없습니다. 저는 학벌도 없고, 독일어도 전혀 모릅니다. 그리고 경제적으로 연구를 할 형편도 못 됩니다." 박사학위를 따는 것이 내가 할 수 있는 일인가의 여부는 그 누구보다도 내 자신이 가장 정확하게 알 수 있다는 생각에서 한 말이었다. 그러나 사다케 교수는 "학벌과 독일어 따위가 무슨 문제가 될 수 있겠는가?" (…) "실력이 제일이지, 학벌이 무슨 문젯거리가 되겠느냐"고 했다. 경성제대의 유명한 도꾸미쓰 교수나, 일본 나고야대학의 오구치 교수도 학벌 없이 실력으로 대학 교수가 된 사람이라면서, 너도 하면 된다고 부추겨주었다(자서전, 54쪽).

이 회고는 물론 공병우의 머릿속에서 한 차례 정리된 것이므로 비판 없이 그대로 받아들일 수는 없다. 하지만 그 점을 감안하고 읽더라도 흥미로운 점이

---

26 이 "3년째 되던 어느 날"은 1932년 중반으로 추정된다. 경성제대에서 실험한 결과를 정리한 논문들이 1932년 8월 말에서 연말까지의 실험 결과에 바탕을 두고 있기 때문이다. 한편 이로부터 역산하면 사타케 교실로 들어간 것은 1929년 중반 또는 후반이라고 할 수 있다.

두 가지 있는데, 우선 사타케가 적극적으로 공병우를 경성제국대학에 천거할 정도로 그의 실력을 높이 사고 있었다는 점이다. 사타케는 심지어 공병우를 도쿠미츠의 연구생으로 들이면서 경의전 안과학교실에서 받던 조수 월급을 그대로 받을 수 있도록 배려해주기도 했다(자서전, 55쪽). 이와 같은 배려는 의례적인 인사치레를 넘어서는 것이므로, 사타케는 공병우를 아끼는 제자로서 받아들이고 후원했다고 보아도 무리는 아닐 것이다. 또 하나 흥미로운 점은 "학벌 없이 실력으로 대학교수가 된 사람"으로 사타케가 예를 든 것이, 바로 뒷날 공병우의 학위 취득에 가장 큰 도움을 준 두 사람인 도쿠미츠와 오구치라는 점이다. 도쿠미츠는 바로 뒤에서 살펴보겠지만 공병우의 학위논문의 토대가 되는 실험을 지도했으며, 오구치 추타(小口忠太)는 나고야제국대학의 교수로 뒷날 공병우의 학위논문을 심사하고 학위를 준 사람이다. 1932년의 사타케가 실제로 두 사람을 예로 들었는지와 상관없이—아니 만일 그렇지 않았다면 더욱—흥미로운 점은 1989년의 공병우가 도쿠미츠와 오구치를 자신과 공통점이 있다고 기억하고 있었다는 사실일 것이다. 학벌이 없는 자신이 박사학위를 따도록 이끌어준 스승들에게 감사하는 마음이 그들에 대한 동류의식으로 이어졌고, 그것이 다시 자신과 그들의 공통점을 찾게 만들었다고도 해석할 수 있지 않을까? 이렇게 공병우는 의학 연구의 길을 계속 걷게 되었다.

대학의 연구를 경험하다

사타케의 강력한 권유로 공병우는 도쿠미츠의 개인 문하생 자격으로 경성제국대학 의학부 제1병리학강좌에서 본격적인 실험에 착수했다. 공병우는 개업하려는 마음을 먹었던 참이라 사타케의 호의가 다소 부담스럽기도 했으나 "대학에서 연구를 한다는 게 어떤 방법으로 하는 것인가를 배운다는 호기심"도 있어서 경성제대에 발을 들여놓았다(자서전, 55쪽).

도쿠미츠 요시토미(德光美福, 1889~1952)는 오이타(大分)현 출신으로[27] 1910년 나가사키(長崎)의학전문학교를 졸업하고 개보(介補: 의사보에 상당) 자격을 얻었다. 이후 유럽 유학을 떠났다가, 1917년 귀국하여 도호쿠(東北)제국대학 의학부 강사로 2년간 봉직한 뒤 1919년 한반도로 건너와 세브란스의학전문학교 교수가 되었다. 1921년에는 경성의학전문학교로, 다시 1926년 경성제국대학이 설립된 뒤에는 경성제국대학 의학부로 옮겼고 일본의 패전으로 한반도를 떠날 때까지 경성제국대학에서 교육과 연구에 종사했다. 일본에 돌아가서는 1948년 요나고(米子)의과대학(돗토리대학 의학부의 전신) 교수가 되었고 1951년에는 학장이 되어 1952년 뇌출혈로 세상을 떠나기 직전까지 활동했다.[28] 한반도에 체류하는 동안 67편의 논문을 쓰고 230편의 학생 논문을 지도하는 등 왕성한 연구 활동을 통해 직간접적으로 한국의 병리학 형성에 큰 영향을 미쳤다.[29] 도쿠미츠와 사타케는 고향이나 출신 학교가 서로 다르므로 둘의 교분은 도쿠미츠가 경성제대로 옮기기 전 경의전 시절에 형성되었을 것이다. 둘 사이에 공병우에 대해 어떤 이야기가 오갔는지 확인할 길은 없으나, 그가 처음 상경했을 때 백인제와 조진석 등 평안도 인맥의 도움을 받아 경의전에 자리를 잡을 수 있었던 것처럼, 공병우가 일본인 교수 사이의 인맥에 힘입어 경성제대에서 실험을 하고 결국 박사학위까지 받게 되었다는 점은 주목할 만하다.

처음에 도쿠미츠가 공병우에게 지시했던 실험은 당시 살균제로 쓰던 트리파플라빈(Trypaflavine, 아크리플라빈Acriflavine의 상품명)을 주입하여 토끼 귀 혈관의 염

---

27 『일본의적록』에는 메이지24년(1891) 출생이라고 적혀 있기도 하다. 本田六介 編, 『日本医籍錄』第二版, 東京: 医事時論社, 1926.

28 『日本人名大辞典』, 東京: 講談社, 2009.

29 지제근, 「서울대학교 의과대학 병리학교실 50년사」, 『의사학』 5-1, 1996.

중 반응을 유발하는 것이었다. 트리파플라빈을 토끼의 귀 정맥에 주사하고 직사광선을 쪼여 귀가 붓게 만든 뒤 피를 검사하는 것이 주요 과제였다. 1930년대 중반 도쿠미츠가 『일본의사신보(日本医事新報)』 등에 발표한 논문은 신(腎)호르몬(nephrohormone)에 대한 것 등이어서 이 실험이 도쿠미츠의 연구 이력에서 어떤 자리를 차지하는지는 잘 드러나지 않지만, 공병우는 약 3개월 동안 성실히 실험을 했다. 그러던 중 공병우는 임의로 실험을 변형하여 토끼의 귀가 아닌 눈에 햇빛을 쪼여보고, 망막염이 일어나는 것을 발견했다. 공병우가 이 결과에 주목한 것은, 1929년 아이치(愛知)의과대학(나고야제국대학 의학부의 전신)에서 화학물질을 주사한 뒤 광학 자극을 주면 여러 안질환이 일어나지만 이것이 망막염과는 관계가 없다는 연구 결과를 발표한 일이 있기 때문이었다.[30]

연구생이 지도교수가 지시한 실험을 임의로 바꾸는 것은 당시의 실험실 문화에서 용납받기 어려운 일이었다. 하지만 기존의 연구결과와 반대되는 실험 결과를 얻은 공병우는 용기를 내어 지도교수들에게 이 사실을 알렸다. 사타케가 자신의 영역이 아니라고 생각해서인지 특별한 반응을 보이지 않자, 공병우는 "교수가 못마땅하게 받아들이면 시골에 가서 개업을 하면 그만이란 배짱"으로 도쿠미츠를 직접 찾아가 실험결과를 보고했다. 도쿠미츠는 의외로 "재미있는 일"이라고 격려하며 당장 그쪽으로 주제를 바꾸어 실험을 계속할 것을 권했다. 이렇게 연구생의 건의로 실험 주제가 바뀌는 것은 매우 드문 일이어서 이 소식은 의국에 금새 소문이 났다고 한다(자서전, 56~58쪽).

공병우는 화학물질과 광학 자극이 중심성 맥락망막염(chorioretinitis centralis)에 미치는 영향에 대한 실험에 본격적으로 착수했다. 그는 50여 마리의 토끼와 약

---

30 神戶敏郎,「眼光線障碍ニ及ボス增感ノ影響ニ就イテ實驗的硏究」,『日本眼科學會雜誌』33, 1929.

간의 개, 고양이, 기니피그(海猥) 등을 이용해 상당한 규모의 실험을 진행했고, 그 결과를 1932년 말부터 1935년까지 네 편의 논문으로 발표했다. 1932년 11월 『경성의학전문학교기요』에 게재한 첫 번째 논문 「소위 중심성 맥락망막염(마스다 씨)의 본태에 관한 실험적 연구[所謂中心性脈絡網膜炎(增田氏)ノ本態ニ關スル實驗的研究]」는 트리파플라빈과 에오신(Eosin) 등의 화학물질을 주입하고 광학 자극을 줄 경우 동물에게 중심성 맥락망막염이 발생한다는 것과, 이 염증이 사람의 중심성 맥락망막염과 같은 양상임을 보여주었다.[31] 이어지는 제2보는 유색 토끼와 개에 대한 실험결과를 이어서 소개했으며,[32] 제3보는 빛에 의해 유발된 중심성 맥락망막염이 간장 기능에 어떤 영향을 미치는지 보여주었다.[33] 그리고 1935년 출간된 제4보는 또 다른 안질환인 울체성 황달(obstructive jaundice)이 빛과 화학물질, 특히 포르피린(porphyrin)에 의해 유발됨을 실험을 통해 밝혔다.[34] 이 중 제 3보 「소위 중심성 맥락망막염(마스다 씨)의 본태에 관한 실험적 연구─광역학적 중심성 맥락망막염과 간장 기능과의 관계」는 『일본안과학회잡지(日本眼科学会雑誌)』 제38권 6호(1934. 6)에 발표되었고, 나머지는 『경성의학전문학교기요』에 수록되었다. 이 밖에도 1934년 5월에는 『중앙안과의보(中央眼科医報)』에 「중심성 맥락망막염의 원인에 관한 기타하라 씨의 논저를 읽고(中心性脈絡網膜炎の原因に

---

31 公炳禹, 「所謂中心性脈絡網膜炎(增田氏)ノ本態ニ関スル実験的研究」, 『京城医学専門学校紀要』 2-11, 1932b.

32 公炳禹, 「所謂中心性脈絡網膜炎(增田氏)ノ本態ニ関スル実験的研究 (第二報) 有色家兎及ビ犬ニ於ケル光力学的中心性脈絡網膜炎ノ研究」, 『京城医学専門学校紀要』 3-2, 1933.

33 公炳禹, 「所謂中心性脈絡網膜炎(增田氏)ノ本態ニ関スル実験的研究 (第三報) 光力学的中心性脈絡網膜炎卜肝臓機能トノ関係」, 『日本眼科学会雑誌』 38, 1934b.

34 公炳禹, 「中心性脈絡網膜炎(增田氏)ノ本態ニ関スル実験的研究─(表7) (第四回報告) 鬱滞性黄疸ニ於ケル光力学的内因ノ成立殊ニソレト「ポルフイリン」トノ関係ニ就テ」, 『京城医学専門学校紀要』 5(2), 1935.

關する北原氏の論著を讀んで)」라는 짧은 논고를 실어 비슷한 주제로 박사학위논문을 심사받고 있던 기타하라 에이케이(北原榮惠)의 연구를 평가하기도 했다.[35] 이것은 공병우가 한반도에서 고립된 연구자로서 실험하고 있었던 게 아니라 일본의 최신 연구를 계속 주시하면서 그에 대응하고 있었음을 보여준다는 점에서 의미 있는 사실이다.

중심성 맥락망막염에 대한 논문들의 저자 정보에는 모두 공병우가 경성제대 의학부(지도교수 도쿠미츠)와 경의전(지도교수 사타케)에 동시에 소속된 것으로 적혀 있다. 한편 제3보와 제4보가 출판되는 사이에 공병우는 『실험안과잡지(実験眼科雜誌)』 제158호(1934. 9)에 「전두개저 골절을 동반하는 안외상의 일례(前頭蓋底骨折ヲ伴ヘル眼外傷ノ一例)」라는 임상사례 논문을 한 편 더 게재했는데, 여기에는 소속을 경의전 한 곳만 표기했다.[36] 이 논문은 공병우가 1931년 10월 신의주 출장길에 진찰했던 외상으로 시력을 잃은 환자의 양태에 대한 기록인데, 경성제대에서 했던 실험과 관계없는 내용이기 때문에 경의전만 소속으로 쓴 것으로 보인다.

공병우가 도쿠미츠의 지도 아래 경성제대에서 실험한 기간은 그다지 길지는 않았다. 논문에서 밝힌 실험 날짜를 토대로 추산해보면 1932년 8월 하순에서 12월까지 약 3개월 정도로 추산된다. 사타케의 호의로 경의전에서 급여를 받고 있던 처지라 오래 실험을 하기도 어려웠을 테지만, 경성제대의 기성 학자들과 마찰도 있었던 것으로 보인다. 예컨대, 공병우의 자서전에 따르면 도쿠미츠가 그의 실험에 관심을 보이자 얼마 지나지 않아 조교수가 "연구실에 영문

35 公炳禹,「中心性脈絡網膜炎の原因に関する北原氏の論著を読んで」,『中央眼科医報』26-5, 1934a.

36 公炳禹,「前頭蓋底骨折ヲ伴ヘル眼外傷ノ一例 (図‘6)」,『実験眼科雜誌』第17年(158), 1934c, 512쪽.

타자기 한 대를 기증해달라"는 부탁을 했다고 한다.[37] 당시 영문 타자기는 그 값이 공병우 월급의 세 배인 150원에 이르는 고가품이었다. 공병우는 이에 대해 "내가 박사학위를 꼭 얻어야겠다는 야심이 있었다면, 아마 빚을 얻어서라도 영문 타자기 한 대를 기증하고 그곳에서 연구를 계속했을지도 모른다"고 술회하며 조교수의 요구를 상당한 부담으로 받아들였다는 사실을 숨기지 않았다(자서전, 58쪽).

결국 공병우는 사타케와 상의 끝에 경성제대에서의 실험을 그만두고 경의전으로 돌아와 논문 집필을 마쳤다(자서전, 58쪽). 경의전으로 돌아온 시기를 1933년 초라고 하면, 그는 이때부터 1934년 말 또는 1935년 초까지 다시 경의전 안과 조수로 활동하면서 실험결과를 논문으로 정리한 것으로 보인다. 공병우는 자서전에서 경의전에 돌아온 다음 박사학위를 딸 때까지의 과정에 대해 거의 언급하지 않았지만, 『경성의학전문학교 일람』 1933년판에는 1932년판과 마찬가지로 공병우가 안과 조수로 재직하고 있다는 기록이 남아 있다. 1936년의 신문기사도 "쇼와 4년(1929) 이래 경성의전병원에서 근무하다가 작년 5월에 해주도립의원 안과주임으로 취임하여 현직 중"이라고 공병우를 소개한 것을 보아 그가 계속 경의전 소속으로 남아 있었음을 알 수 있다.[38]

참고로 당시 경의전 안과의 다른 한국인으로는 공병우에 앞서 윤치로(尹致魯, 재직 기간 1928. 10. 4~1929. 12. 1)가 강사로 일한 바 있었고, 신성우(申聖雨, 재직 기간 1933. 12. 31~1940. 7. 20)도 공병우와 재직 기간이 겹친다.[39] 신성우는 1925년 경의전

---

37 경성제국대학 의학부의 임면 기록에 비추어보면 이 조교수는 아카누마 준시로(赤沼順四郎, 1930. 10. 18~1940. 10. 30 재임)였던 것으로 추정된다.

38 「조선에서 처음인 안과박사, 공병우 씨」, 『동아일보』 1936. 7. 9.

39 기창덕, 앞의 책, 1995, 155쪽.

을 졸업하고 병리학교실에 입국하여 1928년부터 1930년까지 강사로 근무했다. 1931년 병리학 및 법의학교실 조교수까지 승진했으나 1932년에는 안과학교실 조수로, 이듬해인 1933년에는 안과학교실 강사로 소속을 바꾸었다. 이후 1940 년까지 쭉 안과학교실에서 강사로 봉직한 뒤 독립하여 개업했다.[40] 광복 직후 에는 경의전 병리학교실의 재건을 지원했고, 서울대학교가 출범한 뒤에는 서 울대학교 의과대학 안과학교실 교수와 학과장(1949~1950)을 지내다가 한국전쟁 기 납북되었다.

"도규계의 명랑보"

1935년 5월, 경성제대에서 실험한 결과를 네 편의 논문으로 정리하는 작업 까지 끝낸 뒤, 공병우는 6년 동안 몸 담았던 경의전을 떠나 도립해주의원 안과 주임으로 부임했다. 경의전을 떠난 배경을 공병우 스스로는 밝히지 않고 있으 나, 신성우의 이력 가운데 공병우와 맞물리는 부분이 있어, 이후 공병우의 선 택을 설명하는 데 간접적으로나마 단서를 준다. 1931년에 이나모토 가메고로 는 주임교수 자리를 조교수였던 무토 타다츠구(武藤忠次)에게 넘겨주었고, 신성 우는 그해 의학박사학위를 땄으며, 무토가 승진하면서 그 자리를 이어받아 조 교수로 승진했다. 그러나 이듬해인 1932년에 신성우는 안과학교실로 소속을 옮겼다. 한편 공병우는 1930년에는 『경성의학전문학교 일람』의 안과학교실 직 원 명단에서 사타케와 최규옥(崔圭鈺, 강사)의 뒤를 이어 세 번째로 이름을 올렸 는데, 1931년에는 사타케의 바로 옆에 이름을 올리게 되었다. 그런데 신성우가

---

40 京城醫學專門學校, 『京城醫學專門學校一覽』, 1929, 96쪽; 『京城醫學專門學校一覽』, 1930, 116쪽; 『京城醫學專門學校一覽』, 1931, 118쪽; 『京城醫學專門學校一覽』, 1932, 126쪽; 『京城 醫學專門學校一覽』, 1933, 126쪽; 『京城醫學專門學校一覽』, 1935, 128쪽; 『京城醫學專門學 校一覽』, 1940, 172쪽; 지제근, 앞의 논문, 1996, 35쪽.

3장 타자기에 미친 안과의사 공병우 125

안과학교실로 옮기고 나자 1932년부터는 다시 세 번째가 되었다.[41] 단순히 우연의 일치인지 아니면 신성우의 입국이 공병우가 경의전을 떠나게 된 원인인지는 확인하기 어려우나, 사료에 드러난 현상만 놓고 보면 신성우가 이적한 뒤 공병우는 안과학교실에서 조수보다 높은 위치로 올라가지 못했고, 결국 독립하여 교실을 떠나게 된 것이다.

경의전을 떠나기 직전인 1935년 4월 5일에서 18일까지, 공병우는 안과학교실 강사로 임용되었다.[42] 임용 기간이 짧았던 것으로 보아 강사로서 실질적인 활동을 할 기회는 없었을 것이다. 이렇게 퇴직 직전에 형식적으로 진급시켜주는 것은 당사 경의전이나 경성제대 등에서 흔히 볼 수 있던 관례인데, 그동안의 노고에 대한 경의의 표시이기도 하고 퇴직 후 다른 직장에서 최종 직위에 맞춰 더 좋은 대우를 받을 수 있게 보장해주는 배려이기도 했다. 비록 실제 강사직을 수행한 것은 아니었지만, 이처럼 보통의 모교 출신 의국원과 비슷한 대우를 받았다는 것은 공병우가 퇴국할 시점에는 경의전 안과학교실의 어엿한 구성원으로 인정받고 있었다는 방증으로 해석해도 좋을 것이다.

공병우가 해주에 가게 된 것은 도립 신의주의원 시절 원장으로 모셨던 무라타 미키오(村田美喜雄)가 당시 도립 해주의원 원장으로 재직 중이었기 때문이다. 해주에서 공병우는 촉탁(囑託)직 안과주임으로 월 120원이라는 넉넉한 급료를 받을 수 있었고,[43] 꿩 사냥을 즐길 정도로 생활의 여유도 가졌다(자서전, 61쪽).

해주로 옮긴 이듬해, 공병우는 드디어 그동안의 연구성과를 박사학위로 연결시킬 기회를 잡았다. 1936년 일본안과학회 총회가 4월 2~3일 이틀에 걸쳐 도

---

41   京城醫學專門學校,『京城醫學專門學校一覽』, 1932, 126쪽.

42   기창덕, 앞의 책, 1995, 155쪽.

43   조선총독부, 앞의 책, 1935, 1936쪽.

쿄의 게이오대학에서 열렸는데, 공병우는 여기서 경의전과 경성제대에서 수행한 실험결과를 발표했다. 당시 일본에서는 중심성 맥락망막염의 원인이 빛인지 감염(결핵)인지를 두고 논쟁이 벌어지고 있었기 때문에, 공병우의 연구는 논쟁 당사자들의 관심을 끌었다. 특히 광선설을 주장하던 나고야제국대학 의학부의 오구치 추타(小口忠太, 1875~1945) 교수와 치바(千葉)의과대학의 이토 야에지(伊東彌惠治, 1891~1955) 교수는 각각 사타케에게 공병우의 논문을 제출해줄 것을 부탁했다. 공병우는 사타케와 상의하여 오구치에게 논문을 제출하기로 결정하고, 1936년 4월 23일 「소위 중심성 맥락망막염(마스다 씨)의 본태에 관한 실험적 연구」라는 제목으로 나고야제국대학에 의학박사학위논문을 제출했다. 논문 원고에는 "경성의학전문학교 안과학교실 및 경성제국대학 의학부 병리학교실에서 1930년 7월부터 1936년 4월까지 연구"했다는 설명이 붙었으며, 도쿠미즈 요시토미와 사타케 슈이치 두 사람 모두 지도교수로 기재되었다(자서전, 59~60쪽).

오구치 추타는 1893년 사이세이가쿠샤(済生学舎, 니혼의과대학의 전신)를 졸업하고 안과로 공부를 계속하여, "일본 근대 안과학의 아버지"로 불리는 도쿄제국대학 의학부의 고모토 주지로(河本重次郎, 1859~1938) 아래에서 수학했다. 1895년부터 육군 소속으로 타이완과 도쿄 등에서 봉직하고, 1911년에는 육군의학교와 남만주의학당 교수를 거쳐 1912~1914년 독일 유학을 떠났다. 1919년 아이치(愛知)현립의학교 교수로 취임하여, 학교가 아이치의과대학, 나고야의과대학, 나고야제국대학 의학부로 개편되는 가운데 꾸준히 봉직하여 1939년 나고야제국대학에서 정년퇴임했다. 1929년에서 1937년까지는 국제안과학회(International Council of Ophthalmology)의 회원이었다. 주요 업적으로는 1905년 야맹증의 이형(異型)을 발견한 일이 있다. 이것은 뒷날 "오구치병"으로 이름 붙었고, 오구치는 그 공로를 인정받아 1933년 학사원상을 수상했다. 1911년에는 '오구치 씨 색신검

조선인으로 처음인 안과 의학박사 공병우 씨
공병우가 나고야제국대학의 심사를 통과하여 한국인 최초의 안과 전문 박사학위를 받게 되었다는 사실을 전하는 신문기사. 『매일신보』 1936. 7. 8.

사표(小口氏色神檢査表)'를 개발하기도 했다. 즉 1936년 무렵의 오구치는 환갑을 넘긴 일본 안과계의 원로로서 상당한 영향력을 행사하고 있었는데, 그가 자신의 지론을 뒷받침하는 실험성과로 공병우의 발표에 주목한 것이다.

공병우가 4월에 나고야로 보낸 논문은 같은 해 7월 4일 나고야제국대학 교수회의에서 심사를 통과했고, 9월 2일 정식으로 공병우에게 의학박사학위(학위번호 298호)가 수여되었다. 검정시험 출신으로 제국대학 박사학위까지 따낸 것은 일제강점기 의료사를 통틀어도 드문 일이었다. 더욱이 기초의학이 아니라 임상 안과를 전공해 박사를 받은 것은 한국인으로서 처음이었으므로 한반도의 언론들은 공병우에게 많은 관심을 보였다. 7월 4일 교수회의에서 논문 통과

일제강점기 나고야제국대학 의학부에서 박사학위를 딴 한국인

이름	학위 취득 일자	출신 학부
박태환	1932. 12. 1	나고야의과대학
한득훈	1935. 12. 23	나고야의과대학
공병우	1936. 9. 2	평양의학강습소
이재복	1939. 2. 4	경성의학전문학교
조진석	1940. 3. 25	경성의학전문학교
장기려	1940. 11. 14	경성의학전문학교
박난수	1941. 6. 21	나고야제국대학 의학부
전영을	1942. 9. 16	세브란스의학전문학교
이주걸	1943. 2. 6	대구의학전문학교
배종호	1943. 2. 20	대구의학전문학교
김회규	1943. 2. 20	경성의학전문학교
김영걸	1943. 7. 14	경성의학전문학교
정홍섭	1944. 3. 15	세브란스의학전문학교
박석련	1945. ? ?	세브란스의학전문학교

* 출처: 기창덕, 앞의 책, 1995, 347~348쪽.

가 결정되자마자 『매일신보』와 『동아일보』 등은 "조선에서 처음인 안과박사", "도규계(刀圭界)의 명랑보(明朗報)" 등의 표현을 써가며 소식을 전했다.

일제강점기를 통틀어 의학박사 학위를 딴 한국인은 330명에 이른다. 하지만 공병우의 사례는 그중에서도 독특한 편이다. 이를 살펴보기 위해 공병우를 나고야제국대학 의학부(전신인 아이치의과대학과 나고야의과대학 포함)에서 학위를 딴 이들과, 다른 한편으로 평양의학강습소(후신인 평양의학전문학교 포함) 출신으로 의학박사 학위를 딴 이들과 각각 비교해보도록 하자. 나고야제국대학에서 일제강점기에 의학박사가 된 한국인은 위의 표와 같이 열네 명이다. 이 중 세 명은 본교 출신이며, 나머지 열한 명은 한국에서 공부를 마치고 유학 온 경우인데 경의전이 다섯 명, 세브란스의전이 세 명, 그리고 대구의전이 두 명이다. 2년

평양의학전문학교 졸업생 중 의학박사학위를 딴 한국인

이름	의학교 졸업 연도	학위 취득 일자	학위 취득 대학
공병우	1926	1936. 9. 2	나고야제국대학
정준모(鄭準謨)	미상	1939. 2. 15	교토제국대학
정숙영(鄭塾榮)	1933	1940. 3. 16	치바의과대학
이상요(李相堯)	1933	1940. 7. 31	경성제국대학
나가타(長田圭生)	미상	1942. 1. 15	구마모토의과대학
노덕삼(盧德三)	1933	1942. 10. 27	경성제국대학
오카(岡曉)	미상	1943. 1. 27	교토제국대학
다카야마(高山成久)	미상	1943. 2. 8	경성제국대학
김병철(金炳喆)	미상	1943. 2. 13	경성제국대학
마츠시마(松島信雄)	미상	1943. 4. 17	규슈제국대학
황병건(黃柄建)	미상	1943. 12. 17	나가사키의과대학
이근배(李根培)	1936	1944. 4. 2	나가사키의과대학
이광교(李光敎)	1935	1944. 7. 31	치바의과대학
최기현(崔基鉉)	1937	1945. 6. 29	경성제국대학
가나모리(金森仁雄)	미상	1945. 8. 8	나가사키의과대학
이종원(李鍾元)	1937	1945. 9. 8	경성제국대학
주민순(朱敏淳)	1939	1945. 9. 8	경성제국대학
김동준(金東俊)	1939	1945. 9. 8	경성제국대학
황명엽(黃明燁)	1936	1945. 9. 8	경성제국대학
이시채(李時采)	1937	1945. 9. 8	경성제국대학
권창정(權昌貞)	1935	1945. 11. 1	경성제국대학
전극렬(全克烈)	1939	1945. 11. 1	경성제국대학
이종진(李宗珍)	1939	1945. 11. 9	경성제국대학
시게무라(重村昌宏)	미상	1945. 11. 16	규슈제국대학

* 출처: 기창덕, 앞의 책, 1995, 276~279쪽.
* 이 표에 수록된 인물은 기창덕이 일본 문부성의 『일본박사록』에서 원적(原籍)이 "조선"으로 기재된 이들을 뽑은 것이다. 창씨개명 이전 이름을 확인할 수 없는 경우는 부득이 일본식 이름으로 남겨두었다 한다.

제 의학강습소 출신은 열네 명 가운데 공병우가 유일하다.

한편 일제강점기 평양의전 출신의 의학박사 취득자는 위 표와 같이 스물네 명인데, 이 중 열세 명은 경성제국대학 의학부에서 박사학위를 땄고 나머지

열한 명은 나고야, 치바, 구마모토, 나가사키 등 일본 각지의 의학교에서 학위를 받았다. 공병우는 평양의학강습소 출신으로 가장 먼저 의학박사학위를 땄고, 2년제 평양의학강습소 시절 졸업생으로는 유일한 의학박사가 되었다.

또한 공병우의 학위는 실제로 해당 학교에 유학하지 않은 채 논문만 제출하여 받은 것이라는 점에서도 특이하다. 그런 사례가 드문 것은 아니다. 일제강점기의 의학박사 가운데는 실험을 대부분 또는 전부 국내에서 하고 일본의 대학에 그 결과만 제출하여 박사학위를 받은 경우가 더러 있었다. 일본 제국대학의 학위 제도가 애초에 구체적인 연구 문헌뿐 아니라 연구자의 경력과 총체적인 업적을 인정하여 학위를 주는 것을 용인했으므로, 이와 같은 방식으로 학위를 취득하는 것도 파격적이라기보다는 이미 선례가 있고 드물지 않게 일어나던 일이었다. 일례로 백인제도 1928년 아무 연고가 없는 도쿄제국대학에 논문만 제출하고 박사학위를 받았다. 이 경위에 대해서는 백인제의 지인들 중 정확하게 아는 이가 없으며, 백인제를 지도한 경의전과 조선총독부의원의 수뇌부가 대부분 도쿄제대 출신들이었다는 점과 연관이 있을 것이라고 추측할 뿐이다.[44] 당시 정황을 살펴보면 백인제의 경우 이미 경의전 교수로 내정된 상황이었으므로, 경의전의 선배 교수들이 실력을 보증하는 것을 전제로 연고가 있던 도쿄제대에 형식적인 논문 심사를 의뢰했을 가능성이 있다. 이에 비추어 보면 사타케와 도쿠미츠의 영향력이 없었다면 공병우가 논문만 제출하고 학위를 받을 수 있었던 것도 기대하기 어려운 일이었을 것이다. 다만 백인제와 공병우의 경우가 서로 다른 것은, 백인제의 논문 통과는 교수로 내정된 뒤의 일인 데 비해 공병우의 논문 통과는 반대로 교실을 떠나 임상의사의 길을 걷기로 결정한 뒤의 일이라는 점이다.

---

[44] 백인제박사전기간행위원회, 앞의 책, 1999, 90~91쪽.

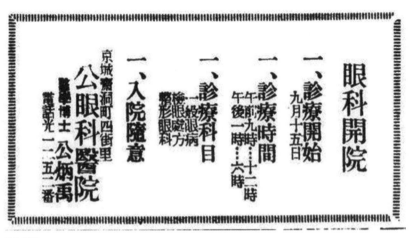

안과 개원
공안과의원 개원을 알리는 신문 광고. 『동아일보』 1937. 9. 14.

공병우의 박사학위 취득은 여전히 화제가 될 만한 일이었다. 제국대학이나 의학전문학교 출신 학생들이 유학하지 않고 학위를 받는 일이 더러 있기는 했지만, 공병우와 같이 의학강습소 출신으로 의학전문학교와 제국대학의 벽을 뚫고 들어가 마침내 제국대학 박사학위까지 받은 경우는 드물었기 때문이다.

공안과, 최초의 한국인 안과 전문 의원에서 안과의 대명사가 되다

만 스물아홉에 한국인 최초의 안과 전문 의학박사라는 화려한 호칭을 얻었지만, 공병우의 상황은 "노구치 히데요 같은 세계적인 세균학자가 되겠다"는 어린 시절의 꿈을 계속 추구하기는 어려운 것이었다. 그 스스로도 교실을 떠날 무렵에는 그것을 잘 알고 있었던 것 같다. 즉 공병우에게 박사논문은 연구자로서의 첫걸음이라기보다는 연구자로서의 짧은 경력을 갈무리하는 총괄의 의미가 있었다고도 할 수 있다.

그렇게 박사학위를 따고 약 일 년 뒤, 도립의원 안과주임이라는 안정된 자리를 버리고 공병우는 새로운 도전을 선택했다. 1937년 9월 15일, 한국인이 운영하는 최초의 안과전문 병원 '공안과의원'이 재동(齋洞) 사거리에 문을 열었다.

안과를 독립된 병원으로 운영하기에는 시기상조라는 우려도 있어서 공병우는 주변의 의견을 구하러 다녔다. 대부분 만류했지만 백인제는 "공 군 같으면 성공할 수 있으니 해보"라고 격려해주었고, 이에 공병우도 개업 결심을 굳혔다고 한다(자서전, 62쪽). 공안과는 재동(현 안국동) 사거리의 벽돌집 2층 일부를 빌려 문을 열었다. 처음에는 안과를 찾는 환자가 많지 않아 경영이 어려울 정도였으나, 차츰 단골 환자가 생겨나 더 번화한 서린동으로 병원을 확장 이전했다.[45] 서린동의 요리점 '동명관' 건물을 내과의사 백기호와 공동 구입하여 '공안과'와 '백내과'를 한 건물에서 운영하게 된 것이다(자서전, 63쪽).

공안과의 성공은 공병우가 성실하게 노력했을 뿐 아니라 한국인 안과의사가 거의 없던 상황에서 공안과가 한국인 환자들의 수요를 선점한 데 말미암은 것이다. 특히 급성 결막염 같은 유행성 안질환의 치료에 능하다는 소문이 나면서 환자들이 급증했다. 변종 급성 결막염이 유행한 일이 있는데, 공병우는 큰 종합병원에서 종래와 같이 점안약을 넣어주어 도리어 증세를 악화시킨다는 것을 알아내고 공안과에서는 눈을 자극하지 않도록 특별한 치료를 하지 않았더니 그것이 효과를 보았고 그 소문이 퍼져 더 많은 환자들이 찾아왔다고 한다. 안과 전문 병원이 갖는 전문성과 유연성이 발휘된 사례라고 볼 수도 있을 것이다. 이윽고 공안과는 "공 박사가 떼돈을 가마니로 벌어들인다"는 소문이

---

45 공병우의 자서전에는 공안과 개원이 1938년, 서린동 이전이 1939년이라고 적혀 있으며 현재 공안과 홈페이지에도 마찬가지로 적혀 있다. 하지만 개원을 알리는 신문 광고에 따르면 공안과 개원은 1937년 9월 15일의 일이었으며, 1940년 8월 9일자 『동아일보』에도 "경성부 재동 십자가"에 위치해 있다는 광고가 실려 있다. 따라서 신문 자료를 우선 기준으로 삼으면 서린동 이전은 1940년 하반기 이후의 일이라고 보는 것이 타당하다.

나돌 정도로 자리를 굳혔고, 각계 명사들도 눈을 치료받기 위해 공안과를 찾았다(자서전, 65쪽). 공병우도 대중매체에 안과 관련 정보를 활발히 기고하여 대표적인 안과의사로서 지위를 확고히 했다.

공안과의 명성은 일제강점기를 지나 광복과 한국전쟁의 혼란을 겪으면서도 건재했다. 공병우를 후원하던 일본인 스승들은 세상을 떠나거나 광복과 함께 일본으로 돌아갔지만, 공병우의 또 다른 자산이었던 평안도 인맥은 계속 그에게 힘이 되었다. 예를 들어 광복 직후 백인제를 중심으로 한 한국인 교수진들이 경의전을 재건하려 했을 때, 백인제는 공병우에게도 협조를 요청했다. 공병우는 이를 받아들여 서울의과대학(경의전의 후신)의 안과주임교수 자리를 잠시 맡기도 했다.[46] 또 1946년 소위 정판사(精版社) 위조지폐 사건 재판 과정에서 고문으로 인한 피고인의 실명 논란이 일자 재판부가 백인제와 공병우를 피고인들을 검진할 의사로 초빙한 일이 있었는데,[47] 이때 두 사람이 함께 초빙된 것도 둘의 인연을 고려해야 이해할 수 있을 것이다.[48]

공병우는 자신의 명성을 적극적으로 활용했다. 일제강점기에는 물론 광복 후에도 가난한 환자에게는 무료 수술을 해주고 때때로 수입 의안이나 컨택트

---

46 자서전, 72~74쪽. 하지만 그는 이후 서울의과대학이 경성대학(경성제국대학의 후신) 의학부와 통합하여 서울학교 의과대학으로 개편되는 과정에서 별다른 기여를 하지 못한 채 손을 떼고 말았다. 공병우는 자서전에서 "수술 환자에게 감염된 매독균"이 발병하는 바람에 장기간 입원 치료를 받느라 대학 일에 신경을 쓸 수 없었다고 적었지만, 경의전 출신 다른 교수들과의 관계 문제 등을 감안하면 애초에 공병우가 주임교수로 전권을 행사하기 어려운 구조였을 것이고, 이를 잘 알고 있던 공병우가 병을 빌미로 자연스럽게 학교 일에서 발을 뺀 것으로 추정할 수도 있다.

47 「위폐 공판—피고들의 상흔을 검진」, 『자유신문』 1946. 9. 18.

48 공병우는 이때 피고인 송언필의 실명이 고문에 의한 것이 아니라 지병 때문이라는 판정을 내렸는데, 뒷날 한국전쟁 초기에 이 때문에 인민군에게 체포되었다가 가까스로 목숨을 구하기도 했다.

공안과의 특이한 임상 사례에 대한 신문 보도
『경향신문』 1964. 4. 21. 경향신문은 「닭눈 이식 성공, 각막 회전 수술도—공박사가 세계에 밝은 빛」
이라는 기사를 통해 공안과에서 시력을 잃었던 환자에게 닭의 각막을 이식하여 시력을 일부 회복
했다든가, 한쪽에 상처가 있는 각막을 회전해 자가이식하여 시야를 회복했다는 이야기를 소개했
다. 비록 이것들이 획기적인 임상 사례라고 보기는 어렵겠지만, 당시 언론이 공안과를 최신 안과학
지식의 통로로 적극적으로 신뢰하고 있었음을 알 수 있다.

렌즈를 무료로 나눠주는 행사를 벌였다.[49] 이는 다시 언론에 보도되어 공안과
의 인상을 좋게 만들었다.[50] 언론도 기사의 등장인물이 눈을 다치는 등 안과에
대한 전문가 의견이 필요할 때면 으레 공안과를 찾곤 했으며, 공안과에서 새로

---

49 무료 개안수술은 사타케가 경의전 부속병원장을 지낼 때 활발히 진행하던 행사이기도 하다.
「눈 뜬 장님만 二百餘 京醫專의 巡廻開眼手術好成績」, 『매일신보』 1942. 11. 19 등 참조.

50 「의안 백 개 기증—미국맹인협회서」, 『경향신문』 1956. 1. 6; 「맹인에 무료의안—공안과병
원에서」, 『의사시보』, 1956. 1. 8; 「난류: 서울 맹학교 박순자(19, 중학2년)양은 개안수술을 받
고…」, 『동아일보』 1964. 7. 11; 「시력 나쁜 극빈환자 무료진료—서울 '라이온즈 클럽'서 운동
벌여」, 『동아일보』 1966. 4. 22.

운 시술이나 장비를 도입하면 관심있게 보도했다.

그 결과 1950년대 중후반 무렵의 공안과는 "안과의 대명사"라 해도 과언이 아닐 정도의 위상을 자랑했다. 예컨대 1959년 눈의 날(11월 1일) 기념행사 가운데는 주요 학교 또는 병원들이 각자 수술반을 꾸려 지방을 순회하는 무료 개안수술이 포함되어 있었다. 신문기사에 따르면, 그해의 수술반은 "서울대학반, 연세대학반, 이화대학반, 국립중앙의료(원)반, 공안과반" 등 다섯 개가 조직되었다.[51] 이는 공안과가 적어도 안과 임상에 있어서 주요 종합대학병원과 비슷한 위치를 주장할 정도의 역량을 갖추고 있었음을 보여준다. 또 다른 예도 있다. 이승만 정부 말기인 1958년, 경찰은 야당 연설회의 참석 인원 추계를 둘러싸고 민주당 및 언론과 신경전을 벌였다. 그런데 경찰은 1만 7천 명, 야당은 8만 명으로 너무 큰 차이가 나자 경찰에서 기자들에게 "모두들 공안과병원에 가야 한다"고 비아냥댔다는 것이다.[52] 이 일화는 공안과의 의술 수준이나 의학적 역량에 대한 과학적인 평가는 아니지만, 대중이 공안과를 "안과의 대명사"로 인식하고 있었다는 점을 다른 어떤 사례보다도 잘 보여주고 있다.

공병우는 공안과를 성공적으로 운영함으로써 장안의 손꼽히는 부자 반열에 오르기도 했다. 1970년과 1971년 납세 실적에서 각각 개인 의사 부문 2위에 올랐다.[53] 이 당시 자비를 들여 뛰어든 타자기 사업이 표준화 과정에서 소외되면서 적잖은 손해를 보았으리라는 점을 감안하면 공안과의 운영 실적은 더 두드러져 보인다.

---

51 「1일 눈의 날」, 『동아일보』 1959. 10. 29, 석간.

52 「5·2 낙서: 군중 계수에도 큰 차, 초조하게 신경쓰는 경찰―야당 강연회 싸고 '눈' 수술론까지」, 『동아일보』 1958. 5. 24.

53 「70년의 고액납세자」, 『매일경제』 1971. 3. 3; 「삼양사 8위로―고액 납세순위 정정」, 『동아일보』 1972. 3. 7.

'명사' 공병우의 사회 활동

공병우는 1930년대 후반 이래 계속해서 성공을 거두며 사회적 인정을 받았다. 공병우의 위치는 단순히 성공한 개업의가 아니라, 사회 현안에 언제든 자기 의견을 낼 수 있고 그것이 비중 있게 회자되는 이른바 '명사'였다. 물론 고등교육의 기회가 제한되었던 일제강점기에는 의학박사학위만으로도 신문에 이름이 오르내리고 명사로 대우받을 수 있었다. 하지만 광복 후 고등교육이 확충되고 박사가 늘어난 뒤에도 공병우의 성가는 오히려 더욱 높아졌다. 그리고 공병우는 이렇게 얻은 명사의 지위를 활용하여 각종 주제에 대해 발언하기를 주저하지 않았다.

우선 공병우는 대중매체에 의학상식과 의학상담 등을 꾸준히 실었다. 앞서 말했듯 일단 공병우가 명성을 얻은 뒤에는 매체들이 먼저 공병우와 공안과를 찾기도 했지만, 공병우 자신도 기고의 기회를 마다하지 않았다. 일제강점기에도 공병우는 『매일신보』의 '유한보건 지상병원(紙上病院)'의 필진으로 이름을 올렸다. 외과의 백인제와 정구충, 내과의 김동익과 박병래, 소아과의 이선근 등 당대 의학계의 거물들이 모두 필진에 포함되었으며, 안과에는 공병우와 경의전의 신성우 두 사람이 이름을 올렸다.[54] 그리고 공병우는 「여름과 눈」(1938. 7. 28~29), 「독서와 눈의 위생」(1941. 11. 7~8), 「의학을 가정화하자」(1942. 2. 4~5), 「시력을 보호하자―속기 쉬운 가성근시」(1944. 9. 30) 등 지면 상담 외에도 의뢰받은 원고를 자주 『매일신보』에 실었다. 광복 후에도 공안과 이름으로 『경향신문』 등 신문의 의학상담에 자주 답을 실었으며, 1964년 한일회담 반대 운동의 외중에 실린 「최루탄은 위험―전문의들 경고한다」(『경향신문』 1964. 4. 22)라는 기사와 같이 강력 사건이나 시위 진압 등에서 눈을 다친 이들이 있을 때도 공안과의 의견이

---

54 「유한보건 지상병원―보건부 진용」, 『매일신보』 1939. 7. 14.

으레 첨부되곤 했다.

또한 공병우는 의학 영역을 넘어서 일상생활 계몽 성격의 글도 간간이 발표했다. 예를 들어 1940년대 『매일신보』 문화면에는 여러 명사에게 돌아가며 200자 안팎의 짧은 단상을 받는 기사가 있었다. 주로 자신이 일상생활을 어떻게 개조하여 생활의 근대화를 꾀하고 있는지 전하는 계몽적인 기사였는데, 관제 신문인 『매일신보』의 성격을 감안하면 사실상 총독부가 주도한 생활개선 사업을 홍보하는 역할을 하는 기사였다. 공병우가 이 지면에 실은 글은 「나의 자원 애호」(1941. 10. 17), 「나의 저온 생활」(1941. 12. 9), 「나의 저축훈」(1942. 1. 16), 「나의 신생활계획」(1942. 2. 21) 등이다. 짧은 글인 데다 제목을 보면 알 수 있듯이 내용도 "구습"을 타파하고 새로운 생활습관을 기르자는 것이라 특별히 주목할 만한 것은 없다. 하지만 이런 식으로 공개적 지면을 받아 자신이 믿는 바를 대중에게 설파할 기회를 계속 잡게 되면서, 공병우는 차츰 자신의 전문영역인 의학의 경계를 넘어 각종 사회문제에 관여하고 의견을 내는 것을 자연스러운 일로 받아들였던 것 같다. 소위 생활개선에 대한 공병우의 소신은 시간이 갈수록 더 뚜렷한 형태를 갖추게 되었고, 그는 기회가 있을 때마다 속도와 효율의 중요성을 역설했다. 특히 1953년부터 1955년까지 미국에 다녀온 뒤 『의사시보』에 실은 「미국 안과계 근황」이라는 글에서는 "이 나라에서는 모든 일에 더욱 더 '스피드'를 나타내겠다는 노력이 굉장합니다"라는 감탄을 숨기지 않았고,[55] 또 "미국은 어디나 구두를 벗고 방에 들어갈 필요가 없이 거리가 깨끗"하며 "기계를 만드는 공장이 반대로 회사 사무실이나 병원보다도 더욱 깨끗합니다. 가정에서도 가장 깨끗한 곳이 변소"라고 강조하는 등 미국의 위생과 청결을 모범으

---

55 공병우, 「미국 안과계 근황」, 『의사시보』 1955. 7. 8.

로 제시했다.[56]

이는 미국과 비교되는 한국의 현실에 대한 맹렬한 공격으로 이어졌다. 1963년 잡지 『새가정』에 실은 글 「나는 이렇게 생활을 개선하였다」에서, 공병우는 "머리를 서양 사람과 같이 깎고, 서양 사람 모자를 쓰고, 양복을 입고, 서양 신을 신고 다니는 등 (…) 원숭이와 같이 흉내를 다 내고 다니면서 가정에 들어가면 한국식 뒤떨어진 옛날 방식으로 살아 나가니 현대 문명과는 보조가 맞지 않"는 것이고 따라서 "국민 각자 자신이 먼저 의식주 생활방식을 갈아보기 전에는 잘살 수 없을 것"이라고 단언했다.[57] 이는 그가 미국에서 돌아오면서부터 줄곧 견지해온 태도이기도 하다. 공병우는 1965년의 신문 인터뷰에서 미국에서 돌아오는 길에 "남의 이목이 두려워 허례허식에 얽매여 사는 이중생활상을 태평양에 몽땅 버리고", 돌아오자마자 "도착한 날로 한복을 모조리 이웃이나 일가에게 나눠준 다음, 장독을 부숴 없애고 변소를 수세식으로 고쳐 안방 옆에다 당겨놓았다"고 자랑스럽게 이야기했다.[58] 온돌 역시 "원시적 생활 방법으로서 비능률적이고 비위생적"[59]이라며 없애버리고는 서양식 입식 구조로 집을 개조했다. 이와 같은 반(反)전통적인 태도는 열렬한 한글 전용론자이자 한글 타자기 발명가라는 대중이 기억하는 공병우의 또 다른 모습과 조화되지 않는 것처럼 보이기도 한다. 하지만 그가 한글 타자기를 쓰고 한글을 전용할 것을 주장한 근본적인 이유도 속도와 효율이었다는 점을 생각하면, 공병우에게 가장 중요했던 것은 전통이냐 외래냐의 문제가 아니라 효율적이냐 아니냐의 문제

---

56 공병우, 「미국 안과계 근황」, 『의사시보』 1955. 6. 24.

57 공병우, 「나는 이렇게 생활을 개선하였다」, 『새가정』 10-1, 1963a.

58 「한국의 유아독존 (6) 공병우 씨(의학박사)」, 『한국일보』 1965. 4. 11.

59 공병우, 「겨울을 따뜻하게 지내는 방법」, 『새가정』 10-2, 1963b, 100쪽.

한국의 유아독존 공병우 씨
공병우를 "한국의 유아독존" 열 명 중 한 명으로 소개한 기사. 『한국일보』 1965. 4. 11.

였던 것으로 보인다. 이와 같은 극단적인 언행을 일반인이 했다면 별다른 호응을 얻기 어려웠겠지만, "자수성가한 명사"인 공병우였기 때문에 오히려 주목을 받고, 어느 정도 권위를 갖고 대중들에게 전달될 수 있었다.

이렇게 속도와 효율에 대한 공병우의 집착이 형성되고 강화된 과정을 돌아보면, 그가 1940년대 말 갑자기 한글 타자기 개발에 뛰어든 것도 돌출적인 행동이 아니라 나름의 논리에 따른 선택이었음을 이해할 수 있다. 공병우는 영문만큼 빠르고 효율적인 문서 생산을 위해 한글 타자기가 필요했고, 시중에서 그가 원하는 타자기를 찾지 못하자 직접 영문 타자기를 개조하여 한글 타자기를 만들었다. 그리고 자신의 타자기를 활용한 타자 기술 교육을 공안과에서 진행하던 맹인재활 사업의 한 항목으로 추가함으로써,[60] 공병우에게 한글 타자기 사업은 외도가 아니라 안과의사로서의 정체성과 빈틈없이 들어맞는 핵심 사

---

60 「정상인을 앞지른 맹인의 타자 기술—전국 시각장애자 타자 기술 경기대회 언저리」, 『동아일보』 1975. 11. 6.

업이 되었다.

직접 주장을 내는 것뿐 아니라, 공병우는 자신의 부를 활용하여 자신이 공감하는 개인이나 단체를 후원하기도 했다. 개업의로 성공한 뒤에는 일찍이 의학도 시절 자신을 도와주었던 백인제를 위시한 평안도 인맥을 후원했다. 백인제는 공병우와 함께 사냥을 즐기던 사이로, 광복 직후 '조선엽도(獵道)협회'를 재건하기도 했다.[61] 공병우는 백인제가 정치적인 이유로 서재필 전기를 출간하기 위해 '수선사(首善社)'라는 출판사를 만들 때 자본금의 절반을 보태는 등 백인제의 사업에 협조했다(자서전, 75~76쪽). 1960년대 한글 타자기 사업에 본격적으로 투신한 뒤에는 자신의 타자기를 지지하는 개인과 단체를 도왔으며, 넓은 의미의 우군으로 한글학회 등 한글 운동 단체도 꾸준히 지원했다.

의사 공병우를 어떻게 평가할 것인가?

공병우는 말년의 인터뷰에서 "사실 나는 대학에서 기초의학을 연구하는게 꿈이었어요"라고 솔직하게 털어놓았다. 그리고 안과세균학을 계속 공부하러 선진국에 유학을 가고 싶었지만 "2차대전이 일어나서 유학길도 막혀 개업을 했"다고 덧붙였다.[62] 도립 해주의원을 그만둘 무렵 실제로 유학을 갈 생각을 품고 있었는지 확인할 다른 자료가 없기 때문에 이 이야기를 그대로 받아들이기는 어렵겠지만, 그가 말년까지도 '연구자로서의 삶'이라는 가지 않은 길에 계속 미련을 두고 있었다는 것은 충분히 확인할 수 있다. 공병우는 개업 후 병원 운영과 타자기 개발 등 각종 사업에 분주한 와중에도 『중앙안과의보(中央眼

---

61 백인제박사전기간행위원회, 앞의 책, 1999, 252쪽; 자유신보, 「조선 엽도협회 새출발」, 『자유신보』 1945. 11. 13.

62 공병우·박택규, 「원로와의 대담: 한글문화원장·전 공안과원장 공병우 박사—내 여생 마지막 일은 남북 글자판 통일」, 『과학과기술』 294, 1993, 75쪽.

科医報)』와 『임상안과(臨床眼科)』 등 일본의 안과 관련 학술지에 꾸준히 임상 보고를 싣는 것을 잊지 않았다. 이 임상보고들은 「면봉에 의한 각막 이물질 제거 (綿棒による角膜異物除去)」(1939), 「의안 장용을 위한 공막 후반부 절제술(義眼装用の 為の鞏膜後半部切除術)」(1957), 「누도 폐색에 대한 근형 비닐관과 인공 비루관의 사용법(涙道閉塞に対する根型ビニール管及び人工鼻涙管の使用法)」(1965), 「벨 흡인기에 의한 주변 홍채 절제법(ベル吸引器による周辺虹彩切除法)」(1965), 「나의 누도 기능 검사법에 대하여(私の涙道機能検査法について)」(1965) 등 세세한 임상적 발견을 다루는 것들이었고, 분량도 짧으면 한 쪽, 길어야 서너 쪽을 넘지 않았다. 하지만 이 논문들은 공병우에게 안과학계와 자신이 이어져 있음을 확인해주는 연결고리 같은 것이었다. 공병우는 이 논문들에 대해 상당한 애착과 자부심을 가지고 있어서 기회가 될 때마다 인터뷰 등에서 자신의 논문이 일본에서 인용되었다고 강조하곤 했다.[63]

1939년 공병우가 유한양행 학술부를 통해 펴낸 『신소안과학(新小眼科學)』도 비슷한 맥락에서 이해할 수 있다. 당시 그가 돈과 명성에서 아쉬울 게 없는데도 군이 의학 교과서를 저술한 것은, 임상의로서의 명성과 무관하게 학자로서 인정받고자 하는 마음이 있었기 때문은 아닐까? 공병우 스스로도 "전적으로 수험용 참고서"[64]라고 평했던 책의 추천사를 사타케나 도쿠미츠도 아니고 구태여 경성제국대학 의학부 안과학교실의 하야노 류조(早野竜三) 교수에게 부탁한 것도 이와 무관하지 않을 것이다. 하지만 공병우가 경의전 안과학교실 조수를 지냈고 경성제대 병리학교실에서 안과학을 주제로 실험을 했음에도, 하야노의 서문에서 느껴지는 분위기는 공병우의 바람과는 다소 거리가 있어 보인

---

63   위의 글, 76쪽.

64   公炳禹, 『新小眼科學』, 京城: 柳韓洋行學術部, 1939a, 2쪽.

다. 하야노는 서문에서 "듣기로는(聞くに) 저자는 독학으로 수험 성공하였고, 더욱 나아가 각고면려를 이겨내어 안과에 대성한 입지전 중의 독학자(篤學者)"라고 공병우를 소개함으로써 자신과 직접 아는 사이는 아니라고 거리를 두고 있다.[65] 그렇다면 공병우가 의학자의 길에 계속 미련을 가지고 있었던 것은, 어쩌면 당대 의학계가 그의 학자로서의 기여를 인정하지 않았던 데 대한 반작용은 아닐까? 학맥이 없는 의학강습소와 검정시험 출신, 무급 연구원을 자청하여 얻어낸 연구성과, 연고 없는 학교에서 분투하여 취득한 박사학위, 개원으로 쌓아올린 부와 명성 같은 것들은 세월이 지난 후 제삼자의 눈으로 볼 때는 영웅담의 요소가 될 수 있지만 정작 당사자에게는 오히려 동료들과 이질감을 쌓는 요소들이었을 수도 있다.

의사로서 공병우를 평가하는 기준은 여러 가지가 있을 수 있다. 당대 의학의 최전선에서 어떤 학술적 기여를 했는가일 수도 있고, 우리나라 근대 의료의 초창기에 후속 세대를 길러내는 데 어떤 역할을 했는가일 수도 있고, 개인 병원의 운영을 통해 당대 사람들이 근대 의료를 접할 기회를 넓히는 데 얼마나 공헌했는가일 수도 있고, 명사이자 엘리트로서 사회적 담론의 형성에 어떤 영향을 미쳤는가일 수도 있다. 어떤 기준을 적용하는가에 따라 공병우라는 인물에 대한 평가도 달라질 것이며, 한국 근대 의학사에서 그가 차지할 자리에 대한 의견도 달라질 것이다. 다만 그가 성실한 실험을 통해 일본 제국대학의 박사학위 심사를 통과하기에 충분한 수준의 연구성과를 냈다는 사실은 누구도 부인할 수 없다. 또한 그 수준에 도달하는 것이 식민 치하의 한국인 의학도에게 결코 쉬운 일이 아니었다는 것 역시 분명하다. 비교적 협소한 전문분과인 안과에서 한국인 최초의 의학박사로 성장함으로써 안과학을 개척하는 데 일

---

65 위의 책, 1쪽.

익을 담당했다는 것 또한 인정해야 할 것이다. 그리고 공안과의원을 성공적으로 운영함으로써 대중들 사이에 안과의 위상을 확고히 한 것도 공병우의 업적으로 평가할 수 있다.

나아가 공병우의 경력 형성 과정은 일제강점기와 광복 직후 한국 의학과 의료의 단면을 보여준다. 공병우가 의학강습소를 졸업하지 않고도 의사가 될 수 있었던 것, 연고가 없었지만 경성의전과 경성제대에서 실험에 참여할 수 있었던 것, 경성을 벗어나지 않고도 나고야제대에서 박사학위를 받을 수 있었던 것 등은 모두 오늘날 한국의 의료 제도에서는 일어나기 어려운 일들이다. 이와 같은 성장 경로가 가능했던 것은 의사검정시험 제도, 일본식 강좌 체제, 제국 대학의 네트워크 등 일제강점기 식민지 의료 체제의 특징들 때문이다. 또한 공병우가 안과 진료로 큰 부를 축적할 수 있었던 것은 의료 수요와 공급의 불균형 등 당시 의료 현실을 반영한 것이고, 그가 사회적으로 영향력을 갖고 사회 문제를 논하는 명사가 될 수 있었던 것도 일제강점기 의료인의 위상이 높았던 역사적 맥락을 반영한다.

한글과 만나고, 한글 타자기를 직접 만들다

공병우가 한글이라는 것에 처음 관심을 갖게 된 것은, 이처럼 당대의 명사로 활발히 활동하던 시기의 일이었다. 지금까지 소개한 그의 이력에서 어느 정도는 짐작할 수 있듯이, 청년기의 공병우는 의사로서 성공하겠다는 목표만 바라보고 질주했을 뿐 특별히 독립운동이나 민족운동에 관심을 두지는 않았다. 한국인으로서 당연히 한국어에 능통하기는 했으나 그의 교육이나 연구 활동은 모두 식민지 제도교육의 틀 안에서 일본어로 이루어졌다. 연구논문이나 책도 모두 일본어로 썼다. 특히 경의전과 경성제대 의학부에서 일본인 교수들의 지도를 받던 시기에 그의 공식적인 제1언어는 일본어였다고 봐도 과언은 아닐 것이다. 하지만 1937년 공안과를 열고 개업의로 살아가게 되자 그를 둘러싼 언어 환경도 달라졌다. 대학에 몸담았던 시절에는 일본인 교수와 일본어로 실험 결과를 토론하고 일문으로 논문을 쓰면서 살았지만, 개업 후에는 여항(閭巷)의 한국인 환자를 치료하며 한국어를 사용할 기회가 크게 늘어났을 것이다.

한글학자 이극로(李克魯)가 공안과를 찾아 눈병 진료를 받은 것도 이 무렵의 일이었다. 공병우는 이극로와 그의 한글 연구 등에 대해 전혀 아는 바 없이 그를 진료하게 되었는데, 진료 도중 이야기를 나누다가 자신이 한글의 역사와 특징 등에 대해 잘 모른 채 살아왔음을 깨닫고 부끄러워하게 되었고, 이를 계기로 한글에 관심을 갖고 한글 운동을 지원하기 시작했다고 한다.[66] 한글 타자기 개발과 보급에 반생을 바친 뒤에 쓴 자서전의 기록이라 사후적으로 구성된 기억일 수도 있으나, "한글만 쓰는 북한에 갔다 오겠다"며 떠난 이극로의 마지막 방북길에 당시 돈으로 40만 원에 이르는 거액의 여비를 후원했다는 것을 보면 이극로와 상당한 교분이 있었던 것은 사실인 듯하다.[67] 광복 직후 일문으로 되어 있던 시력검사표를 한글로 고쳐 만든 것을 비롯하여 실제로 한글 보급을 위해 여러 활동을 벌이기도 했다. 일제강점기에 자신이 출판했던 책 『신소안과학』을 한글로 옮기기로 마음먹은 것도 그 일환이었다.

그런데 공병우는 번역 과정에서 조수들의 손글씨를 알아보는 데 어려움을 겪었고, 그 불만을 해결할 방법을 찾다가 한글 타자기가 있으면 작업이 빨라질 것이라는 생각에 한글 타자기를 찾아 나섰다. 그리고 시중에서 만족할 만한 타자기를 찾지 못하자 직접 만들어보기로 마음을 먹었다. 결국 1947년 5월부터

---

66 자서전, 77~79쪽. 정확한 시기는 밝혀져 있지 않으나 공안과 "개원 첫 해"라고(68쪽) 스스로 기억하는 것으로 보아 대략 1938년 정도로 추정할 수 있다.

67 자서전, 79쪽. 공병우는 정판사 위조지폐 사건을 둘러싼 논란에 휘말려 좌익 진영의 원성을 사기는 했으나 특별히 정치 성향을 드러내지는 않았다.

공병우는 집 한편에 작업실을 마련하고 진료 시간도 줄여가며 영문 타자기의 개조 작업에 매달렸다. 그는 처음부터 글자꼴이 고르지 않더라도 빠르게 칠 수 있는 타자기를 원했다. 타자기에 대한 책을 읽고 타자기의 요체는 속도이며 표음문자인 한글로는 로마자 못지않은 타자기를 만들 수 있을 것이라는 신념을 갖게 되었기 때문이다. 그에 따라 그가 처음으로 시도했던 것은 자음과 모음 한 벌씩의 글쇠만을 지닌 두벌식 타자기였다. 그러나 두벌식으로 모아쓰기가 가능한 기계식 타자기를 만드는 것은 너무나 복잡한 일이어서 이내 포기하고 말았다. 특히 받침을 찍는 것이 문제였다.

다섯 달가량의 시도 끝에 공병우는 두벌식을 포기하고 받침에 따로 글쇠 한 벌을 배당하여 세벌식(초성, 중성, 종성) 타자기를 만들기 시작했다. 다시 반 년가량이 흐른 1948년 2월, 공병우는 세벌식의 '쌍촛점 타자기'로 특허를 출원하여 이듬해 한글 타자기로는 최초로 특허를 땄다.[68] 그 이듬해에는 미국에 특허를 출원하여 1953년 미국 특허도 취득했다.[69] '쌍촛점'이란 활자대를 인도하는 가늠쇠(typeguide)에 홈을 하나 더 파서 두 개의 홈을 갖도록 만든 것을 말한다. 공병우 타자기의 초성과 중성은 로마자와 마찬가지로 오른쪽 홈을 따라 각자의 자리에 찍히고, 그때마다 플래튼은 로마자 너비 한 칸(한글 자모 기준으로는 반 칸)만큼 왼쪽으로 움직인다. 반면 종성은 왼쪽에 추가된 홈을 따라가서, 이미 왼쪽으로 간 초성과 중성을 쫓아가 그 아래에 찍히게 된다. 이미 글자가 왼쪽으로 움직여 간 뒤이므로 종이를 더 옮길 필요가 없어서 종성은 안움직글쇠로 설계되었다. 미국 특허를 출원할 당시의 초창기 모델은 초성은 움직글쇠로, 중성

---

68   공병우, 「쌍촛점 타자기」, 대한민국 특허공고번호 10-1949-0000029, 1948. 2. 5 출원, 1949. 6. 24 공고.

69   Pyung Woo Gong, "Korean Typewriter", U. S. Patent 2,625,251, filed July 8, 1949 and issued January 13, 1953.

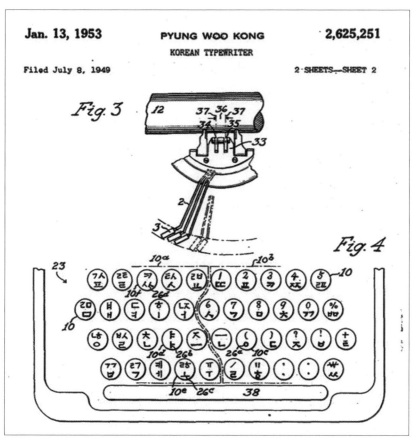

공병우 타자기의 쌍초점 가이드
'35'를 따라 초·중성이 찍히고 플래튼이 왼쪽으로 이동하고 나면, '34'를 따라 종성이 초·중성을
쫓아가 찍힌다. Pyung Woo Gong, "Korean Typewriter", U. S. Patent 2,625,251, filed July 8, 1949 and
issued January 13, 1953.

과 종성은 안움직글쇠로 만들었으나, 후속 모델에서는 초성과 중성이 움직글

쇠로, 종성이 안움직글쇠로 바뀌었다.

　공병우 타자기는 여러 면에서 이전의 타자기와 구별되는 혁신적인 제품이

었다. 첫째, 가로 모아쓰기를 실용적으로 구현한 최초의 타자기였다. 이전의 타

자기는 당대의 글쓰기 문화를 반영하여 가로로 찍어 세로로 읽도록 설계되었던 데 비해, 공병우 타자기는 가로로 찍고 가로로 읽을 수 있었으므로 타자수가 글씨가 찍히는 모습을 그 자리에서 볼 수 있어 편리했다. 둘째, 글쇠 벌수를 줄여 빠르고 직관적인 타자가 가능한 타자기였다. 이전의 다섯벌식 또는 네벌식 타자기는 글자를 찍을 때마다 해당 음절글자가 받침이 있는가 없는가, 또는 해당 음절글자의 모음이 가로모음인가 세로모음인가 등을 생각하고 글쇠를 눌러야 하므로 타자 동작마다 타자수의 판단이 개입해야 한다는 단점이 있었다. 공병우 타자기는 타자수가 이런 판단을 내릴 필요 없이 손을 놀리면 되므로 로마자 타자기와 같이 기계적으로 빠르게 칠 수 있었다. 실제로 한 연구에 따르면 숙련된 공병우식 타자수는 로마자 타자기보다 타수 기준으로 30퍼센트 빨랐다.[70] 셋째, 글자의 조형성을 포기하고 속도와 타자 능률만을 추구했다는 점에서도 다른 타자기와는 명확히 구별되는 타자기였다. 공병우는 앞서 소개한 여러 일화에서 드러나듯 속도를 매우 중시하는 사람이었으며, 따라서 타자기의 목표에 대해서도 완고할 정도로 명확한 생각을 갖고 있었다. 그는 자신의 타자기를 소개하면서 "나는 글자 체재에 대한 과학적 실용적 가치를 무시하고 종래의 근거 없는 다만 습관상의 미적 요구에 응하기 위하여 비과학적 자체를 찍는 비능률적인 타자기를 고안하고 싶지는 않다"고 천명함으로써, 고르지 않은 자형에 대해 소극적으로 변명하기보다는 공격적으로 그 가치를 주장했다.[71] 타자기는 빠른 속도로 글씨를 찍어내 문서를 유통시키면 자신의 임무를 마친 것이며, 가지런한 글씨를 원한다면 나중에 인쇄기나 조판기를 이용하

---

70 다만 영문은 1타가 1자인 데 비해 한글은 2~3타가 1음절글자라는 점, 반면 한 낱말의 글자수는 한글이 영문보다 대체로 적다는 점 등을 고려하면 직접적인 타자 능률의 비교는 쉽지 않다. 이순룡, 「한글 타자기의 사용 및 교육 실태」, 『경영연구』 36, 1966. 10, 72~73쪽.

71 공병우, 「내가 고안한 쌍촛점(雙焦點) 한글 타자기(打字機)」, 『한글』 107호, 1949. 7, 51~52쪽.

언더우드 사에서 제작한 공병우 타자기(위)와 자판 부분 확대(아래)
공병우는 사용자들의 의견과 자신의 경험을 토대로 끊임없이 자판을 소폭 수정했다. 사진에 보이는 자판 배열은 그중 가장 초기 형태를 보여준다. 다만 초성은 오른쪽에, 중성과 종성은 왼쪽에 배열한다는 대원칙은 변함없이 적용되었다. 맨 위의 숫자 줄까지 자모가 배당되어 있는 것이 특징이다. (위) 세종대왕기념관 소장, (아래) 개인 소장.

면 된다는 것이다. 공병우 타자기는 받침이 있건 없건 짧은 모음 한 가지로 두루 쓰기 때문에 글자꼴이 고르게 나오지 않았지만, 그의 논리에 따르면 이것은 전혀 문제가 되지 않았다. 물론 모든 이들이 공병우의 주장에 동의한 것은 아니지만, 글자꼴에 대한 기대를 낮추는 대가로 빠르고 간편하게 타자할 수 있다는 것은 분명한 장점이기도 했다.

미국 언더우드 사와 주문 제작 계약을 체결하고 미국 특허까지 출원하면서 공병우는 1950년 무렵 적극적으로 타자기 사업에 뛰어들었다. 국내 최대의 안과병원 일을 제쳐두고 타자기에 매달린 것은 단순한 여기(餘技)는 아니었다. 그의 일생을 통해 드러나듯 공병우는 매우 고집이 셌으며 자신의 선택을 확신하는 성향이 있었다. 광복 전후의 개인적 경험들을 통해 그는 서구식 효율과 속도의 가치를 높이 여기게 되었으며, 따라서 한글 전용과 한글 기계화가 한국 사회의 효율과 속도를 높이고 궁극적으로는 근대화하는 지름길이라고 믿게 된 듯하다. 일례로 타자기 생산을 협의하러 미국에 갔다가 1953년 돌아온 뒤 그가 가장 먼저 한 일은 이웃의 비웃음을 아랑곳 않고 "한복을 모조리 이웃이나 일가에게 나눠준 다음, 장독을 부숴 없애고 변소를 수세식으로 고쳐 안방 옆에다 당겨놓"은 뒤, "온돌방에 마루를 깔아 신발 신은 채 들락거리게 한" 것이었다.[72] 한글 전용과 타자기 사용도 공병우에게는 같은 맥락에서 중요한 과업이었다. "제한된 능력 이상으로 인간이 일하기 위해서는 기계의 도움을 받아야" 하므로 타자기는 반드시 필요하고, 한복과 마찬가지로 허례허식에 불과한 한자도 과감히 버려야 한다는 것이 그의 지론이었다.[73] 자신의 발명이 한국을 바

---

72 「한국의 유아독존 (6) 공병우 씨(의학박사)」, 『한국일보』 1965. 4. 11, 6면. 월반과 파격을 거듭한 그의 젊은 시절 경험도 이러한 성향을 형성하는 데 영향을 주었을 것이다.

73 위의 글.

꾸리라 믿으면서, 공병우는 타자기 시제품을 들고 관공서를 찾아 다니며 판로를 개척하기 시작했다.

4장

한글 타자기 시장이 열리다

글쓰기는 기본적으로 사적인 행위다. 그렇다면 한 사회의 글쓰기 문화가 바뀌는 일은 어떻게 일어날 수 있을까? 개인들의 작은 변화가 오랜 세월 누적되어 집단의 변화로 나타나는 경우도 있지만, 반대로 국가의 정책이 바뀌거나 인위적으로 형성된 집단이 특정 문화를 일거에 받아들임으로써 사회의 다른 부문에 영향을 미치는 경우도 생각할 수 있다.

앞에서 살펴보았듯, 선구자들의 업적을 거쳐 광복 직후에는 공병우와 김동훈 등이 가로로 모아 쓰는 타자기를 만들고 실용화에 도전했다. 그러나 이들 타자기에 대한 시장의 첫 반응은 발명가들의 기대에 미치지 못했다. 무엇보다 아직 한자를 섞어 쓰는 것이 대세이던 시절, 한글만 쓰는 기계를 비싼 돈 주고 살 필요가 있냐는 회의적인 시선을 넘어서는 것이 문제였다. 더욱이 공병우 타자기는 속도는 빨라도 글꼴이 들쭉날쭉하다는 비판에 추가로 대응해야 했다.

공병우는 "타자기는 인쇄기가 아니"며 속도가 가장 중요하다고 항변했으나, 한글 전용 가로쓰기 타자기, 게다가 아랫줄이 들쭉날쭉한 글자를 찍는 타자기가 과연 쓸모가 있겠느냐는 식의 반응을 잠재우기는 쉽지 않았다. 한국인들의 반응이 미온적인 가운데 미군정청 관련 인사가 공병우 타자기에 관심을 보여 문교부장관 앞에서 시연까지 주선해주었으나, 1948년 대한민국 정부수립 이후에는 그런 호의도 기대할 수 없게 되었다.[01] 1950년 초에 언더우드 사가 제작한 시제품을 받은 공병우는 명사들을 모아 '한글 속도 타자기 보급회'를 만들기도 하고, 미국 문화공보원의 요청으로 명동 조지야(丁字屋)백화점에서 타자기를 시연하는 등 백방으로 노력했다. 하지만 시연회의 청중들은 소수를 제외하고는 역시 한자를 찍을 수 없다거나 글씨 모양이 좋지 않다는 불평을 하곤 했다.[02]

이렇게 1940년대 말까지 한글 타자기는 수십 대의 시제품 물량도 다 팔지 못할 정도로 시장을 찾지 못해 고전하고 있었다. 그런데 약 20년이 지난 1968년에는, 남한의 정부 각 부처가 이용 중인 한글 타자기는 총 11,163대에 이르렀고,[03] 여러 제조사들의 주장에 따르면 누계 6만 2천여 대에 이르는 타자기가 팔려 나갔다.[04] 20년 전에는 사실상 존재하지 않았던 시장이 이렇게 팽창할 수 있었던 이유는 무엇일까?

---

01 공병우는 미국인이 "미군정청 문교부 편수국장 스미드(Simth) 씨"라고 기억하고 있으나 그 직함은 정확치 않다. 군정청 문교부 편수국장은 1945년 9월부터 1948년 9월까지 최현배가 맡고 있었기 때문이다. 장관과 고문관 등의 면담을 주선해준 것으로 보아 스미드가 미군정청과 관계 있는 인물임은 사실이었던 것 같지만, 정확한 이름과 직책 등은 확인되지 않는다. 공병우의 회고에 따르면 스미드는 군정청 문교부에서 김준성(재미교포, 목사)이 개발한 풀어쓰기 한글 타자기 200대를 들여와 배포했지만 실용성이 없어서 다시 영문 타자기로 개조하여 사용 중이라는 소식을 전하고, 공병우의 발명에 큰 관심을 보여 매주 그를 찾아왔다고 한다. 공병우, 『나는 내 식대로 살아왔다』, 90~92쪽.

02 위의 책, 93~95쪽. 조지야백화점은 1922년 문을 연 일본계 백화점으로, 이후 국산품장려관과 미도파백화점을 거쳐 2002년 롯데백화점 명동점으로 개칭했다. '한글 속도 타자기 보급회'의 회장은 최현배, 위원은 백인제, 주요한, 이광수, 정인섭 등 당대의 명사들이었다.

03 황해용, 「한글 기계화와 표준 자판」, 『과학기술』 2:3, 1969, 37쪽.

04 이순룡(李順龍), 「한글 타자기 글자판의 표준화에 관한 연구─표준 자판 평정을 위한 세벌식과 네벌식의 비교연구」, 『동아논총』 6, 1970. 7, 102쪽 각주 1번.

그것은 한국(남한)의 사회문화적 환경이 바뀌면서 "한글만 가로로 찍을 수 있는 기계"도 기꺼이 쓰고자 하는 수요가 형성되었기 때문이었다. 이 장에서는 1950~60년대 타자기 시장의 팽창 요인을 조직화된 집단적 수요의 출현에서 찾고자 한다. 이 무렵 앞 세대의 타자기보다 한 발 나아간 타자기들이 시장에 등장했을 뿐만 아니라, 가로쓰기와 한글 전용을 받아들이는 이들이 서서히 늘어났으며, 무엇보다 한국전쟁을 거치면서 비대해진 군이 집단적으로 한글 타자기를 수용하여 시장을 창출했다. 이들 요인들을 고루 고려하지 않고는 시장의 급격한 팽창을 설명하기 어렵다.

그리고 이런 변화의 혜택을 가장 크게 입은 것은 공병우 타자기였다. 공병우 타자기가 최초로 상업화에 성공한 것은 기존 글쓰기 문화와 절충하려는 생각을 버리고 '한글 쓰기의 서구화'라는 목표를 과감하게 추구했기 때문이다. 공병우는 개인적 신념에 따라 신·구의 절충보다는 전면적인 서구화를 택했고, 때마침 남한사회 격변의 방향이 그의 신념과 잘 맞았으므로 공병우 타자기는 시장에서 맨 먼저 기회를 잡을 수 있었다. 따라서 공병우 타자기의 성공은 단순히 자판 배열이나 타자기 메커니즘의 우열로만 판단할 수는 없는 일이었다. 기술혁신의 궁극적인 원동력은 발명가 한두 명의 창의력이라기보다는 그 사회의 신기술에 대한 수요와 지원이다. 사회가 그 기술을 얼마나 필요로 하는지, 또 그 기술이 태어날 수 있도록 인력과 자원을 투입할 수 있는지에 따라 새로운 기술이 그 사회에 자리잡을 가능성이 높아지기도 하고 낮아지기도 한다. 공병우 타자기의 성장은 이런 맥락에서 입체적으로 파악해야 한다.

군과 타자기 (1) 한국전쟁과 손원일

국내의 미온적인 반응에 실망한 공병우는 타자기 문화에 익숙한 미국인들이 보인 관심을 최대한 이용하고자 했다. 남한 문교부가 큰 반응을 보이지 않자 그는 주한 경제협조처(ECA: Economic Cooperation Administration)를 찾아가 자신의 타자기를 원조물품으로 공급해줄 것을 요청했다. 마침 송기주도 비슷한 요청을 한 터라 ECA는 공병우 타자기와 송기주 타자기를 각 100대씩 문교부에 원조해줄 것을 승낙했다.[05] 세벌식 가로쓰기(공병우식)와 네벌식 세로쓰기(송기주식) 타자기를 3개월 동안 문교부 공무원들에게 가르치고 향후 의견을 수렴한다는 계획이었다. 그런데 ECA에서 타자기 주문까지 끝낸 시점에 한국전쟁이 발발하여 이 또한 수포로 돌아가고 말았다.[06]

전쟁은 한반도의 모든 이들에게 시련이었지만, 어떤 이들은 그 안에서 기회를 잡기도 했다. 공병우에게도 한국전쟁은 시련이자 기회였다. 인민군이 서울을 점령한 직후 공병우는 정치보위부원에게 연행되었다. 1946년의 정판사 위조지폐 사건 공판 과정에서 고문 수사와 증거 조작 논란이 있었는데, 공병우는 백인제와 함께 용의자들을 진찰한 뒤 고문 주장에 반대되는 소견을 냈다.[07] 정판사 사건으로 조선공산당이 큰 타격을 입고 결국 남한에서 불법화되었으므로 북한 측은 서울을 점령한 뒤 공병우를 정치범으로 체포했다. 그런데 두 달 가까이 수감되어 있던 공병우는 한글 타자기를 개발했다는 사실이 알려지면서 예기치 않던 기회를 잡게 되었다. 타자기에 관심을 보인 한 인민군 장교가 공병우를 서대문형무소에서 빼내, 병원에서 근무하면서 타자기를 설계하도록 해준 것이다. 공병우는 타자기 설계도를 그리는 척하며 시간을 끌다가 인민군이 서울에서 퇴각할 때 혼란을 틈타 달아났다.

---

05 「공 박사 고안 타자기 미국에서 대량제작」, 『경향신문』 1950. 1. 18, 2면.

06 공병우, 『나는 내 식대로 살아왔다』, 94~96쪽.

07 공병우가 고문 여부에 대해 직접 발언한 것은 아니었고, 용의자 이관술(李觀述)의 실명이 고문에 의한 것이 아니라 당뇨성 백내장에 의한 것이라고 진단했다. 위의 책, 98쪽.

가족과 다시 만난 공병우는 1·4 후퇴를 맞아 부산으로 피난을 갔는데, 거기에서 해군본부 인사국장 김일병 대령이 해군참모총장 손원일(孫元一, 1909~1980)의 지시로 자신을 찾고 있다는 소식을 들었다. 손원일은 부산 해군본부 임시청사의 미군 고문관실에 갈 때마다 "타자기에 특별한 관심을 가지고 눈여겨보곤" 했는데, 국산 타자기의 소식을 듣고는 구입을 지시했다고 한다.[08] 손원일이 타자기에 관심을 갖게 된 계기는 명확히 밝혀지지 않았다. 다만 몇 가지 실마리는 있는데, 그가 평안남도 강서 출생으로 송기주(1900년 강서 출생)와 동향의 동년배라는 점, 젊은 시절을 중국 상하이와 영국 등 외국 대도시에서 보내면서 서구식 글쓰기 문화에 많이 노출되었다는 점, 남한 해군을 창설하고 미군과 같이 작전을 수행하면서 군 조직의 효과적인 문서 생산과 유통방식에 대해 고민하지 않을 수 없었으리라는 점 등이다. 당시 남한 군 수뇌부의 대부분이 구 일본군 또는 만주군 경력을 가지고 있었던 것과 달리 손원일은 중국과 영국에서 민간 항해사로 일했으므로, 일본식 공판 타자기나 세로쓰기 타자기보다는 속도에 중점을 둔 가로쓰기 타자기가 그가 생각하는 타자기의 상에 잘 들어맞았을 것이다. 게다가 당대 타자기로 이름을 알린 나머지 한 사람 송기주는 전쟁 중 행방이 묘연해졌으므로 그가 찾을 수 있었던 이는 공병우뿐이었다.

해군참모총장이자 해병대 창설자가 후원자가 되면서 공병우 타자기는 빠른 속도로 군에 퍼져 나가기 시작했다. 해군본부 인사국은 한국군 최초로 타자기로 공문서를 작성한 부서가 되었다.[09] 공병우는 육·해·공군에서 뽑혀 온 15명

---

08 오진근·임성채, 『해군 창설의 주역 손원일 제독—가슴 넓은 사나이의 해군 사랑 이야기』, 한국해양전략연구소, 2006, 480쪽; 공병우, 『나는 내 식대로 살아왔다』, 124~125쪽. 손원일은 임시의정원 의장을 지낸 독립운동가 손정도 목사의 아들로, 평양 광성고보를 졸업한 뒤 중국 상하이로 이주하여 상하이 국립중앙대학 항해과를 졸업하고 영국에서 항해술을 연구했다.

09 오진근·임성채, 앞의 책, 2006, 480쪽.

의 군인을 가르쳤고, 이들은 경상북도 영천의 3군 합동 타자훈련학교의 교관이 되어 각 군에 공병우 타자기를 가르쳤다. 손원일은 해병대 타자 교육을 위해 미국 언더우드 사에서 주문 제작한 200여 대의 공병우 타자기를 군수물자로 수입했으며, 여군에게도 타자를 가르쳐 육·해·공군의 타자수 교관으로 육성했다. 진해의 해군 기술하사관 양성기관 중 하나인 경리학교(經理學校)에도 '한글타자기교육대'가 설치되어 1952년 2월부터 5주 안팎의 단기 한글 타자 교육과정을 개설했다.[10] 공병우 타자기는 곧 군의 표준 타자기가 되었다. 예컨대 1953년 7월의 휴전협정문 국문본도 공병우 타자기로 작성되었다. 공병우는 남한은 비록 휴전협정의 당사자가 아니었지만 한글 타자기는 휴전회담장에 나아가 중공군과 인민군 대표의 부러움을 샀다는 이야기를 두고두고 자랑했다.[11] 휴전 후에도 손원일은 계속 영전하여 국방부장관(1953~1956), 초대 주서독대사(1957~1960) 등을 역임했다. 그에 따라 군은 물론 국방부와 외무부 등 그의 영향력이 미치던 정부 부서들도 공병우 타자기를 대량구매했다. 외무부의 실력자 김동조(金東祚, 1918~2004)도 차관 재임 중 한글 타자기를 외무부 각 과에 한 대씩 배치하도록 결정했다고 한다.[12]

공병우는 군이 공병우 타자기의 최대 수요처가 된 것을 "군은 형식보다는 능률과 속도를 중시하기 때문"이라고 해석하고, 미군과 인민군이 남한의 공무

---

10 1952년 5월 현재 1기 45명, 2기 34명이 훈련을 마쳤다. 해군본부 전사편찬관실, 『대한민국해군사 제2집(행정편)』, 해군본부 정훈감실, 1958(해군본부 전사편찬관실, 1990), 266~267쪽.

11 공병우, 『나는 내 식대로 살아왔다』, 142~144쪽.

12 김동조는 외무부 차관 재임 중(1957. 5~1959. 9) "행정업무의 효율화를 위해 (…) 종서(縱書)로 수기하던 기존의 결재서류 작성방식을" "각 과마다 한글과 영문 타자기를 각각 한 대씩 배치해 일시에 가로쓰기로 전환"했다. 그의 회고에 따르면 "당시 횡서(橫書)로 서류를 작성하는 부서는 외무부와 국방부뿐이었다"고 한다. 김영모 정리, 「김동조 회고록: 비화 내가 겪은 한국 외교」(10), 『문화일보』 1999. 8. 21. 한편 김동조는 손원일과 사돈 사이이기도 했다.

63. 제12항을 제외한 본 정전협정의 일체 규정은
1953년 7 월 27 일 2200시부터 효력을 발생한다.

1953년 7 월 27 일 1000 시에 한국 판문점에서
영문, 한국문 및 중국문으로써 작성한다. 이 세가지 글의 각
협정 문본은 동등한 효력을 가진다.

조선인민군 최고사령관   중국인민지원군   국제련합군 총사령관
조선민주주의인민공화국원수   사령원   미국 륙군 대장
김 일 성   펑 더 회   마-크 더불유. 클라크

조선인민군 및   국제련합군 대표단
중국인민지원군 대표단   수석 대표
수석 대표   미국 륙군 중장
조선인민군 대장
남 일   윌리암 케이. 해리슨

공병우 타자기로 찍은 한국전쟁 정전협정문
https://ko.wikisource.org/wiki/한국전쟁_정전협정문#/media/파일:Korean_Armistice_Ko-
Text_1953.jpg, 2023. 7. 27 접속.

원보다도 자신의 타자기에 많은 관심을 보였다는 경험을 근거로 들었다. 일리 있는 이야기이기는 하나, 손원일이나 김동조 같은 거물의 후원이 없었더라도 공병우 타자기가 이처럼 급격히 성장할 수 있었을 거라고 생각하기는 쉽지 않다. 군인이라고 모두 가로로 쓰는 순한글 문서를 선호한 것은 아니었기 때문이다. 일본군이나 만주군 경력자가 남한 군의 중추를 차지하고 있었던 당시 상황을 고려하면 손원일은 오히려 예외적인 경우에 속한다. 일례로 만주국 간도특설대 출신이었던 백선엽은 1957년 육군 참모총장이 된 뒤 한글 타자기로 찍은 공문이 읽기 불편하다며 한자를 섞어 손으로 문서를 써 올리도록 지시했는데, 이승만이 한글날 담화에서 한글 전용 방침을 재천명하며 지시를 철회한 일도 있다.[13] 이승만은 "해외에서 40년 생활에 잡지 주보 등 발간을 (…) 대부분을 순국문으로 썼"을 정도로 한글 전용론에 기울어 있었고,[14] 중요한 외교 서한을 타자기로 작성하고 타자하는 자신의 모습을 언론에 내보낼 정도로 타자기의 가치를 높이 사고 있었기 때문이다.[15] 이런 사례들을 생각해보면 고위층의 개인이 한글 타자기를 받아들이느냐 여부는 군이냐 민간이냐보다도 오히려 그가 얼마나 서구 문물을 많이 접한 인물이냐에 따라 좌우되었다고 할 수 있다. 공병우에게는 다행스럽게도, 육·해·공군, 각군 사관학교, 국방부, 외무부 등 공병우 타자기의 주 거래처는 모두 손원일의 영향력이 미치는 집단이었다. 광복과 전쟁이라는 혼란 속에서도 공병우는 서구화된 엘리트의 지지를 바탕으로 당

---

13 공병우, 『나는 내 식대로 살아왔다』, 138~139쪽.

14 「한글의 의의와 가치를 강조」(1956. 10. 24), 『대통령 이승만 박사 담화집』 3, 공보실, 1959.

15 예를 들어 이승만은 휴전을 권유하는 아이젠하워의 친서에 대한 답장을 진해 별장에서 직접 타자기로 작성했다. 또 이승만의 80회 생일을 알리는 신문 기사에 실린 그의 사진도 타자하는 모습이었다. 「진해서 중대 국무회의」, 『경향신문』 1953. 6. 2, 1면; 「오늘의 후랏슈: 통일에의 정열」, 『경향신문』 1959. 3. 26, 조간 1면.

대 가장 잘 조직되고 자원이 풍부한 집단이었던 군과 정부를 고객으로 확보한 것이다.

군과 타자기 (2) 5·16 군사정변과 한글 공문서의 확산

한국전쟁 후 1960년대 초반까지, 민간의 구매력이 회복되지 않은 상황에서 군부는 한글 타자기의 최대 수요자로서 한글 타자기 시장의 형성을 이끌었다. 한글 타자기가 처음 개발되었던 1940년대 말만 해도 "순한글로 가로로 쓴 문서밖에 찍어내지 못하는 기계"는 글 쓰는 이들이 진지하게 고려할 만한 물건이 아니었다. 하지만 1950년대를 거치면서 한글 전용 정책이 차츰 지지기반을 넓혀갔으며, 특히 5·16 군사정변을 통해 군부가 정치권력까지 장악하면서 한글 타자기 보급에 유리한 여건이 조성되었다.

군을 중심으로 공병우 타자기가 보급되면서 타자 문화에도 미묘한 변화가 생겼다. 공병우 타자기가 보급되기 전에는 비록 그 수가 많지는 않았으나 타자수는 대부분 여성이었고 사설 학원에서 타자를 배웠다. 이 시기의 타자기란 스기모토 타자기와 같은 형태의 일문 타자기 또는 그것을 개조한 (완성형) 한글 타자기가 전부였으므로, 타자 동작도 "한 자 또 한 자—자판 위를 혹은 가로 혹은 세로로 오고 가는 핸들"을 움직여 "아믈아믈한 활자면을 종일토록 헤매이면서" 글을 찍는 것으로 묘사되었다.[16] 하지만 1950년대에 이르러 군에서 배출한

---

16 조인순(趙仁順), 「오직 일하는 질거움—어느 직업여성의 일기」, 『경향신문』 1946. 11. 24, 4면. 한편 일제강점기의 '타이피스트'에 관한 신문기사의 상당 부분은 염문과 그에 따른 분쟁 보도였다. 타자기가 여성의 사무기기로 인식되면서 남성 중심의 사무실 문화에서 은밀한 성적 함의를 가지게 된 것은 서구에서도 일어났던 일이다. Angelika Führich, "Woman and Typewriter: Gender, Technology, and Work in Late Weimar Film", *Women in German Yearbook* 16, 2000, pp. 151~166.

남성 타자수의 수가 눈에 띄게 늘어나자, 1952년에는 해군이 진해 통제부 종합학교에서 군인을 대상으로 한 타자대회를 열기도 했다.[17] 그리고 타자 동작도 "열 손가락의 촉감이 피아노의 키—와도 같이 유쾌한" 촉지타자로 바뀌었다.[18]

여기에 1961년의 5·16 군사정변은 타자기 시장을 더욱 확대하는 계기가 되었다. 군대식 문화가 사회 각 분야를 지배하면서, 군에서 먼저 자리잡은 한글 전용 타자기 문서가 다른 분야로 퍼져 나갔다. 군사정권은 전 정권의 한글 전용 기조를 계승하겠다는 방침을 천명하면서, 그 명분의 하나로 타자기를 간편하게 사용할 수 있다는 것을 들었다.[19] 그에 따라 내무부에서는 1961년 '정부 행정개혁을 위한 종합연구'를 실시하고, 그를 바탕으로 1962년 1월 신년 업무계획을 발표했다. 여기에는 '행정 장비 현대화'를 위해 앞으로 5년간 타자기, 계산기, 등사기 등의 장비를 확충하여 "전국 시, 군마다 30대씩 한글 타자기를 구비할 수 있도록" 하겠다는 계획도 포함되어 있었다.[20] 이는 한편으로 이승만 정부 시기 추진했던 '행정 사무 개선 사업'의 연장선상에 있는 조치이기도 했다.[21] 총무처에서는 1958년 「공문서를 가로 쓰는 데 관하여」라는 안건을 국무회의에

---

17 「한글타자경기대회」, 『경향신문』 1952. 8. 25, 2면.

18 정세시리아, 「職餘閑談: 생의 희열」, 『경향신문』 1950. 3. 5, 2면.

19 「사설: 한글 전용에 관한 시비론」, 『동아일보』 1961. 12. 18, 1면. 동아일보는 새 정부가 한글 전용 방침을 고수하는 데 대해 불만을 감추지 않았다. 이듬해의 사설에서도 "기계를 위해서 문자 체계를 고친다는 것은 구두를 위해서 발의 크기를 고친다는 것과 다름 없는 이야기"라며 한글 전용 정책에 대한 비판의 고삐를 늦추지 않았다. 「사설: 한글 전용에 대한 몇 가지 이견」, 『동아일보』 1962. 5. 3, 1면.

20 「10月까지 行政改革完了」, 『경향신문』 1961. 8. 27, 1면; 「자치제 정비에 주력—내무부, 지방행정·치안 등 실천요강 발표」, 『경향신문』 1962. 1. 13, 1면.

21 이영남, 「1950~600년대 새로운 정부 공문서의 도입과 근대화의 문제」, 『고문서연구』 33, 2008, 383~407쪽.

제출하여, 한글 타자기 보급을 확대하고 타자기에 맞도록 용지와 서식을 통일하여 공문서 관리의 효율을 높일 것을 건의했다.[22] 하지만 공문서의 한글화 정책이 1950년대까지 지지부진하며 성과를 거두지 못했던 것에 비해, 1960년대에는 군사정부의 강력한 의지가 관료사회의 세대교체라는 새로운 흐름과 맞물려 탄력을 받기 시작했다. 광복 이후 학교에서 한글 교육을 정식으로 받은 세대들이 공무원사회에 진입하면서 한글 가로쓰기에 대한 거부감이 점차 옅어졌던 것이다.[23]

이렇게 한글 타자기 보급에 유리한 여건이 조성되면서, 한글 타자기 시장은 빠르게 확장되었다. 수천 대의 타자기 시장이 새로 열렸고, 공병우의 표현을 빌면 "단군 이래 처음으로 한글 타자기의 전성시대"가 열리자 "취직난이 극심한 때였지만, 한글 타자기를 칠 줄 아는 [군] 타자수 출신들은 날개 돋친듯 취직이 되었"다.[24] 또한 한글 타자기라는 물건이 기업 또는 관공서에서 적지 않은 예산을 들여 살 가치가 있는 장비로 인식되었고, 매출이 늘면서 제조사도 새로운 상품을 개발하고 기술로 경쟁할 수 있는 역량을 갖추게 되었다.

공병우는 이 기회를 놓치지 않고 타자기 사업을 확장했다. 공병우 타자기는 초창기에는 미국 언더우드 타자기 회사에서 제작하여 상표만 붙여 들여왔지만, 수요가 늘어남에 따라 국내에서 생산을 시작하고 다양한 제품을 선보였다. 1964년 10월에는 스위스 헤르메스(Hermes) 사의 '모델 8' 타자기를 그대로 본떠 '국산 타자기 1호'를 출시했다.[25] 공병우의 큰아들인 공영길은 미국 존스홉

---

22 총무처 의정국 의사과, 「공문서를 가로 쓰는 데 관하여」(1958. 2. 7), 국가기록원 관리번호 BA0 085180. 이영남, 앞의 글, 396쪽 참조.

23 이영남, 앞의 글, 398~401쪽.

24 공병우, 『나는 내 식대로 살아왔다』, 139쪽, 144~145쪽.

25 임종철 외, 『타자 및 워드프로세싱 실기교육방법론』, 종문사, 1988, 75쪽.

킨스대학에서 기계공학을 공부하고 스미스 코로나(Smith-Corona) 사에서 직공으로 타자기 제조의 실제를 배운 뒤 돌아와 타자기 제작을 진두지휘했다. 공병우타자기 사는 한글 타자기를 만들 뿐 아니라 한국의 싼 인건비 등을 이용하여 영문 타자기를 만들어 해외에 수출하기도 했다.[26]

공병우뿐만 아니라 김동훈(다섯벌식), 백성죽(네벌식), 진윤권(네벌식) 등 여러 발명가들이 고유의 메커니즘과 자판 배열을 갖춘 가로쓰기 한글 기계들을 시장에 선보였다. 타자기와 마찬가지로 자판을 써서 입력하는 인쇄전신기(텔레타이프) 시장에도 공병우(세벌식) 외에 장봉선(다섯벌식), 송계범(네벌식) 등이 자신만의 고안으로 새로운 제품을 내놓았다. 그 결과, 비록 구미에서처럼 사무실과 가정마다 타자기를 한 대씩 들여놓을 정도는 아니었지만, 1960년대 말까지 수만 대의 타자기가 팔려 나갔다. 총무처가 1968년 10월 조사한 결과로는 정부 각 부처에서 구입하여 보유한 타자기의 누적 대수는 11,163대였다. 여기에 입법부와 사법부, 준 국영 또는 공영 기관들도 상당한 수의 타자기를 구입했다. 또한 당시 타자기 업계 관계자들의 추산에 따르면 민간 기업이 구매한 타자기의 수가 관공서의 세 배에 이르렀다고 하니, 1960년대 중반이면 대략 5~6만 대의 한글 타자기가 시장에 풀려 있었으리라 추정할 수 있다.[27] 타자기 제조업자 중 선두를 달리던 공병우는 1965년 신문기사에 약 3만 대의 한글 타자기를 판 것으로 추산한다고 밝히고 있다.[28] 바야흐로 "생태계"를 운운할 수 있는 수준으로 타자기 시장이 성장한 것이다.

---

26 「한글 타자기 제작에 성공—젊은 과학도 公씨 노력 결실」, 『동아일보』 1964. 10. 8; 「공타자기와 김타자기—해외수입에서 국내제작으로 들어가는 한글 타자기들」, 『야담과 실화』 1965년 1월, 138~140쪽.

27 황해용, 「한글 기계화와 표준 자판」, 『과학기술』 2권 3호, 과학기술처, 1969, 37~38쪽, 표 1.

28 「한국의 유아독존 (6) 공병우 씨(의학박사)」, 『한국일보』 1965. 4. 11, 6면.

타자기 시장이 성장하자 필연적으로 표준화를 요구하는 목소리도 높아졌다. 1960년 기준으로 시판되는 타자기가 13종에 이르자, 이들 사이에 호환성이 전혀 없다는 것이 차츰 문제로 부각되었다. 타자기 자판과 글쇠의 벌수 차이는 단순히 미적 선호로만 평가할 수 있는 문제가 아니었다. 자판과 글쇠의 벌수가 다르다는 것은 한글 음절을 모아 찍는 메커니즘이 다르다는 것이었고, 따라서 자판이 다른 기계는 매우 다른 구조와 부품을 가지고 있었다. 앞으로 타자기 시장이 더 성장하기 위해서는 타자수의 양성, 부품 및 완제품의 생산, 수리와 유지보수 방법 등의 기술적 요소들이 통일되어야 한다는 인식은 당시 대부분의 관련자들이 동의하는 것이었다. 타자수도 타자기도 개별 기종에 종속되어 있는 채로 타자기 시장이 계속 커지도록 놓아두는 것은 곤란하다는 인식이 차츰 확산되었고, 이는 자판 표준화를 위한 논의로 이어졌다.

다양하게 꽃피운 한글 타자기 시장

공병우 타자기는 한글 타자기 시장을 개척하면서 선점하기는 했으나, 미국에서 숄즈 타자기가 그랬던 것처럼 시장을 독점하여 사실상의 표준화를 이루는 단계까지 나아가지는 못했다. 공병우 타자기가 마음에 쏙 들지 않았던 소비자도 상당히 많았고, 이들은 다른 타자기를 선택했기 때문이다.

특히 공무원사회와 민간 기업에서는 공병우 타자기의 위치가 군에서만큼 확고하지 못했다. 공병우 타자기가 만들어내는 들쭉날쭉한 글자꼴은 네모반듯한 글씨에 익숙한 사람들에게는 어색해 보였기 때문이다. 공무원사회를 비롯하여 형식과 꾸밈을 중시하는 문화에서는 타자기가 펜에 대해 내세울 점이 많지 않았다. 손글씨는 크기와 형태를 자유롭게 바꿀 수 있었고, 타자기에 비해 정돈되고 반듯한 글자를 쓰기도 쉬웠으며, 필요하다면 한자도 적절히 섞어 쓸 수 있었다. 또한 페이지 전체에 테두리를 두른다거나 글을 표 형태의 네모칸 안에 채워넣는 경향이 오늘날까지도 한국의 공식 문서에 강하게 남아 있는데, 이와 같은 문화적 압력에도 타자기보다 손글씨가 더 유연하게 대응할 수 있었다.

이에 대해 타자기 제조업자들은 크게 두 가지 방향으로 대응했다. 하나는 손글씨 못지않게 가지런하고 네모반듯한 글자를 찍을 수 있는 타자기를 만드는 것이었다. 이렇게 가지런한 글자를 찍으려면 앞서 설명했듯 네 벌 이상의 글쇠가 필요하다. 초창기의 이원익 타자기와 송기주 타자기도 세로쓰기긴 하지만 각각 다섯벌식과 네벌식이었던 것을 생각해보면, 네모반듯하고 가지런한 글씨를 찍는 것이 빠르고 간단하게 글씨를 찍는 것보다도 우선시되었다고 생각할 수 있다.

가로쓰기와 한글 전용에 대해서도 공무원사회와 민간 기업은 대체로 군보다 보수적인 입장이었다. 더욱이 일부 공무원들은 세벌식으로 쓴 글씨는 나중에 받침을 임의로 첨삭하여 변조할 수 있다는 점을 들어 공병우 타자기가 공문서 작성에 적합하지 않다고 주장하기도 했다. 이런 여러 이유로 공병우 타자기보다 속도는 좀 느리더라도 더 가지런한 모양의 글씨를 찍을 수 있는 이른바 '체재(體裁) 타자기' 시장이 형성되었다. 그리고 이 시장을 두고 김동훈 등 여러 발명가들이 경쟁에 돌입했다.

또한 이렇게 확장된 한글 기계의 생태계에는 한글 타자기만 있었던 것은 아니다. 타자기뿐 아니라 인쇄전신기와 라이노타이프 등 한글을 다룰 수 있는 여러 기계가 함께 모여 형성되었다. 인쇄전신기(teletype 또는 teleprinter)란 전신기가 개량된 형태로, 모스부호 대신 타자기와 동일한 자판으로 한글을 찍으면 전기 또는 전자회로가 그것을 전기신호로 변환하여 송신하고, 수신하는 쪽에서는 다시 전기 또는 전자회로를 통해 전기신호를 한글로 변환하여 인쇄해주는 기계이다.[29] 라이노타이프(linotype)는 조판기의 일종인데, 인쇄할 내용을 자판을 통해 줄 단위로 입력하면 납을 녹여서 줄 단위로 활자를 만들어 인쇄하고 다시 녹여서 다음 줄의 활자를 만드는 방식으로 작동한다. 이들은 생김새도 쓰임새도 한글 타자기와는 조금씩 달랐지만, 세 줄 또는 네 줄로 이루어진 비슷한 형태의 자판을 이용하여 한글을 입력한다는 공통점을 갖고 있었다. 따라서 한글 기계화의 맥락에서는 타자기, 인쇄전신기, 라이노타이프 등이 자주 한 묶음으로 다뤄지곤 했다. 이들 여러 가지 기계가 1950~60년대에 보급되면서 한글 기계들의 생태계는 점차 복잡하게 서로 얽히며 확대되었고, 그 안에서 주도권을 둘러싼 경쟁도 가시화되기에 이르렀다.

김동훈의 다섯벌식 타자기

김동훈 타자기는 체재 타자기 중에서 가장 널리 시장에 보급되어 공병우 타자기와 사실상 과점 체제를 형성했다. 김동훈은 무역업자 출신으로 독자적으로 타자기를 발명했다는 것 외에 개인적 이력은 잘 알려져 있지 않다. 하지만 자신이 개발한 타자기로[30] 1949년 3월 조선발명장려회 주최 한글 타자기 현상 공모에서 3위에 입상했고(당시 1위 없이 공병우가 공동 2위였다), 1957년에는 이탈리아 올리베티(Olivetti) 사에게 제작을 의뢰하고 본격적으로 한글 타자기 상용화에 들어갔다.[31]

---

29 다양한 인쇄전신기의 글자판에 대한 소개는 블로거 '팥알'의 다음 글에서 확인할 수 있다. 「한글 기기에 쓰인 두벌식 자판 2. 전신 타자기」, 글걸이 https://pat.im/1025, 2013. 5. 2 작성, 2023. 8. 1 접속.

30 김동훈, 「한글타자기」, 대한민국 특허공고번호10-1959-0001360, 1959. 1. 20 출원, 1959. 6. 13 공고.

31 장봉선, 「한글 사무자동화의 발전사─한글 사무자동화의 연혁」(I), 『인쇄계』 318권, 인쇄계

김동훈 타자기는 앞서 간단히 소개했듯 초성자음 두 벌(가로모음, 세로모음과 각각 어울리는 것), 중성모음 두 벌(받침이 있을 때와 없을 때 각각 쓰는 것), 그리고 받침 등 다섯 벌의 글쇠를 갖추었다. 받침 있는 모음은 안움직글쇠로 두고, 나머지 글쇠는 모두 플래튼과 연결되어 반 글자씩 전진하도록 했다. 이렇게 글쇠를 많이 둘 때는 움직글쇠와 안움직글쇠의 배열이 중요한 과제가 되는데, 자칫하면 하나의 글쇠에 플래튼을 움직여야 하는 글자와 움직이지 말아야 하는 글자가 같이 배당되어 시프트키를 누르면 플래튼과의 연결이 끊기도록 한다거나 따위 골치 아픈 문제가 생기기 때문이다. 또한 왼손과 오른손을 번갈아 고르게 쓰도록 안배하는 것도 중요하다. 기계적 요소들만 고려하다 보면 한쪽 손만 지나치게 일을 많이 하게 되어 타자수의 능률을 떨어뜨리는 것은 물론 건강까지 해칠 수 있으므로, 되도록 한 번 왼손을 쓰면 다음에는 오른손을 쓰도록 두 손의 부담을 고르게 해줘야 한다. 모음이 다섯 개뿐인 로마자 타자는 글자의 사용 빈도를 토대로 안배하면 이 문제를 비교적 쉽게 해결할 수 있지만, 자음과 모음의 수가 비슷한—물론 받침까지 고려하면 자음의 사용 빈도가 높기는 하다—한글 타자기는 각 글자의 사용 빈도에 더하여 자음이 한 번 나오면 모음이 그 다음에 나올 수밖에 없다는 글자 조합의 원칙까지 감안해야 한다.

다음 그림의 자판 배열을 살펴보면, 김동훈이 이런 문제들을 해결하기 위해 궁리한 결과가 드러나 있다. 자판은 크게 위 두 줄과 아래 두 줄로 나뉘는데, 받침 있는 모음과 받침을 아래 두 줄에 몰아넣어 위 두 줄만으로 받침 없는 음절글자를 대부분 쓸 수 있도록 되어 있다. 위 두 줄을 다시 나누어보면 자판의 왼쪽 끝에는 옆자음(세로모음과 어울려 쓰는 자음)이 배열되어 있고(2), 가운데 부분에는 받침 없이 쓰는 모음이, 오른쪽 끝에는 윗자음(가로모음과 어울려 쓰는 자음)이

사, 2001, 156~159쪽. 그런데 특허를 출원하여 받은 것은 이보다 늦은 1959년의 일이었다.

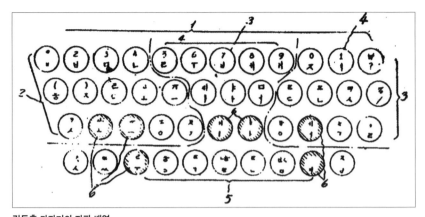

김동훈 타자기의 자판 배열
특허공보(1959)에 실린 초창기 김동훈 타자기의 자판 배열. 받침 있는 모음(6)은 안움직글쇠이므로 음영을 두어 표시했다.

배열되어 있다(3). 가운데 모음은 다시 왼손으로 치는 부분(2의 오른쪽 위)과 오른손으로 치는 부분(4)으로 나뉜다. 왼손 검지로는 ㅗ, ㅛ, ㅜ, ㅠ, ㅡ 등의 가로모음을 쳐서 오른손으로 치는 4의 윗자음과 짝을 맞추었고, 오른손으로는 ㅏ, ㅑ, ㅓ, ㅕ, ㅐ, ㅔ, ㅒ, ㅣ 등의 세로모음을 쳐서 왼손으로 치는 2의 옆자음과 짝을 맞추었다. 받침 있는 모음(6)과 받침은 자판 아래의 두 줄에 몰아넣되, 위 두 줄과 마찬가지로 가로모음은 왼손에, 세로모음은 오른손에 배당하여 타자 메커니즘의 일관성을 유지하고자 했다.

또 하나의 특징은 쌍자음을 찍을 때 간격을 조정하기 위한 고안이다. 초성 쌍자음을 찍을 때는 쌍자음 키를 누르면 플래튼이 4분의 1글자 간격만 진행하고, 놓으면 나머지 4분의 3글자 간격으로 전진한다. 받침 쌍자음을 찍을 때는 쌍자음 키를 누르면 이미 반 글자 전진한(받침이 있는 모음은 안움직글쇠이므로) 자모 쌍이 4분의 1글자 간격 후퇴하고, 여기에 받침자음 두 개를 좁은 간격으로 찍고, 스페이스바를 누른 채 쌍자음 키를 풀면 플래튼이 다시 4분의 3글자 간격

(위) 김동훈의 다섯벌식 타자기, (아래) 자판 부분 확대
1958년 제작. 국립한글박물관 소장.

전진하여 한 글자가 완성된다. 다소 복잡한 메커니즘이지만, 김동훈 타자기는 글자꼴이 가지런한 것을 정체성으로 삼고 있었으므로 불가피한 선택이었을 것이다. 이렇게 함으로써 공병우 타자기 일부 모델에서 보이듯 초성 쌍자음이 나오면 다른 글자의 한 배 반 가까이 너비가 벌어지는 문제를 피할 수 있었다.

앞서 언급한 총무처의 조사에 따르면 공병우 타자기와 김동훈 타자기는 정부 부처에서 사용하는 11,163대의 타자기 가운데 각각 6,702대와 4,264대를 차지했다. 이 통계에서 흥미로운 점은, 정부 부처 전체의 합계로 보면 두 타자기의 과점 체제라고 할 수 있지만, 각 부처별로 보면 한 부처 안에서는 한 종류의 타자기가 사실상 독점하고 있었다는 사실이다. 예를 들어 국방부(3,729대 중 3,169대), 외무부(134대 중 134대), 체신부(351대 중 237대), 내무부(140대 중 84대)가 공병우 타자기를 선호했던 데 비해 김동훈 타자기는 문교부(240대 중 150대), 원호처(164대 중 163대), 전매청(104대 중 97대) 등에서 많이 쓰였다.[32] 국방부와 외무부는 손원일의 영향으로 초기부터 공병우 타자기를 선호했으며, 체신부도 신속한 의사소통을 우선으로 여겨 공병우 타자기를 선호한 것으로 보인다. 이에 비해 원호처나 전매청 등은 반듯한 글씨를 찍을 수 있는 김동훈 타자기를 압도적으로 선호하는 경향을 보인다. 문교부는 문화와 교육 정책을 둘러싸고 다양한 목소리가 경합하고 있었으므로 한 종류의 타자기로 완전히 쏠리지는 않았으나, 상대적으로 김동훈 타자기가 우위를 보이고 있었다. 이렇게 시장이 교착 상태에 빠지자, 공병우는 김동훈에게 두 회사의 통합을 제의하기도 했다. 그러나 김동훈이 거절하여 무산되었다고 자서전에 쓰고 있다.[33]

---

32   황해용, 「한글 기계화와 표준 자판」, 37~38쪽, 표 1.
33   공병우, 『나는 내 식대로 살아왔다』, 140쪽.

장봉선의 인쇄전신기

장봉선은 1953년 다섯벌식 모아쓰기 타자기와 두벌식 풀어쓰기 타자기를 발명했다.[34] 이 중 모아쓰기 타자기의 상용화는 1956년 올림피아(Olympia) 사에 제작을 의뢰하여 이루어졌다. 두벌식 풀어쓰기는 타자기로는 수요가 많지 않았으나 인쇄전신기의 자판으로는 수요가 있었으므로, 장봉선은 인쇄전신기 사업에 주력했다. 다섯벌식 자판으로도 인쇄전신기를 제작하여 함께 판로를 모색했다. 장봉선 인쇄전신기는 1953년부터 체신부에 납품하기 시작했고, 제작은 주로 일본 레밍톤(Remington) 사와 서독 알피나(Alpina) 사에 위탁했다.[35] 장봉선은 자판식 타자기 외에 색인형 타자기 제작에도 관여하여, 색인형 타자기의 글자판이나 반각 메커니즘 등의 특허를 따기도 했다.[36]

장봉선이 1954년 출원한 '종합타자기' 소개에 실린 다섯벌식 자판은 다음의 그림과 같다. 그림에서 각 글쇠의 왼쪽 반원과 오른쪽 반원을 나누어 보아야 한다. 이 타자기는 두 벌의 타이프페이스를 갈아끼움으로써 두 가지 형태의 타자기로 쓸 수 있는 기계이기 때문이다. 왼쪽 반원은 로마자(대문자)와 한글 낱자모를 입력하는 풀어쓰기 타자기로 쓸 때, 오른쪽 반원은 한글 모아쓰기 타자기로 쓸 때의 자판을 각각 보여준다. 풀어쓰기 타자기로 쓸 때는 일반적인 로마자 타자기와 메커니즘이 다를 바 없으므로 설명을 생략하고, 오른쪽 반원에 표시된 모아쓰기 자판 배열에 대해서만 설명하면 다음과 같다. 초성자음은 왼쪽(A)(그림에는 점선 화살표만 남고 누락됨)에, 받침 있는 모음은 오른쪽 위(B)에 배당

---

34 장봉선, 「종합타자기」, 대한민국 특허공고번호 10-1954-0000052, 1954. 2. 24 출원, 1956. 5. 22 공고.

35 장봉선, 앞의 글, 2001, 158쪽; 이순룡, 앞의 글, 1970, 25쪽.

36 장봉선, 「한글 모노타이프, 사진타이프 및 인쇄타이프의 글자판」, 대한민국 특허공고번호 1019610002597, 1960. 2. 5 출원, 1961. 2. 20 공고.

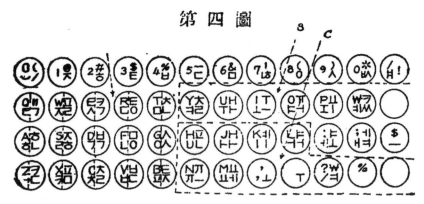

第 四 圖

장봉선 종합타자기의 다섯벌식 자판

했다. 받침 없는 모음과 받침은 C와 맨윗줄에 배당했다. 초성자음과 받침 있는 모음은 안움직글쇠로, 음절을 끝내는 받침 없는 모음과 받침은 플래튼과 연결하여 움직글쇠로 만들었다. 모아쓰기 모드에서는 반 자 간격 후퇴 키가 있어서, 겹자음 등을 쓸 때 글자 간격을 조정할 수 있도록 했다.

타자기에서 사실상 공병우와 김동훈 양사의 과점 체제가 굳어지면서 장봉선의 장타이프 사는 인쇄전신기 납품 쪽에 주력했다. 공병우와 김동훈도 인쇄전신기를 제작하기는 했으나 인쇄전신기 시장은 장봉선이 선점한 상태였다. 앞서 인용한 1968년의 총무처 집계에 따르면, 정부 각 부처가 보유한 1,391대의 인쇄전신기 가운데 장봉선식이 1,038대로 절대 다수를 차지하고 있었다.[37]

송계범의 네벌식 인쇄전신기

인쇄전신기까지 시선을 넓히면, 한글 타자기의 역사에 뒷날 큰 영향을 미

---

37 황해용, 앞의 글, 1969, 38쪽.

올림피아사에서 제작한 장봉선 타자기(1956)
세종대왕기념관 소장(사진은 지은이). 특허공보의 그림과 비교하면 왼쪽 반원, 즉 영대문자와 풀
어쓰기 낱자모 모드로 쓸 때의 자판 배열로 보인다.

치게 된 또 한 명의 발명가가 눈에 띈다. 바로 전남대학교 교수 송계범(宋啓範, 1921~1996)이다. 그는 한글 타자기 발명가 가운데 이공학의 전공지식을 갖춘 거의 유일한 인물이라는 점에서 주목할 만하다. 송계범은 제주도 출신으로 일본에 유학하여 도쿄물리학교(현 도쿄이과대학)를 졸업하고, 광복 직후 귀국하여 서울대학교와 중앙공업연구소 등을 거쳐 전남대학교 물리학과 교수가 되었다.[38] 1949년 공병우와 김동훈이 입상했던 조선발명장려회 주최의 한글 타자기 현상공모에 송계범도 오병호라는 인물과 공동 연구로 참가했고, 공동 2위로 입상했다.[39]

특히 주목할 것은 송계범이 1958년에 발표한 보류식 두벌 텔레타이프이다. 여기서 '보류식'이란 자판으로 입력된 신호를 바로 인쇄하지 않고, 다음 신호를 기다렸다가 전기회로가 다음 신호와의 관계를 바탕으로 앞서 입력한 모음에 받침 자리를 남길 것인지, 나중에 입력한 자음이 앞 음절의 종성인지 다음 음절의 초성인지 등을 판단하여 인쇄한다는 뜻이다.[40] 다음 그림과 같이 전기회로가 "두뇌" 역할을 하여 오늘날 컴퓨터로 한글을 입력하는 것과 비슷한 방식의 입력을 구현함으로써 "쉬프트가 없이 모아쓰기가 가능한" 기계를 만든 것이다.[41] 송계범의 발명은 전기회로의 힘을 빌기는 했으나 두벌식으로 입력한

---

38 그의 아들 송두율은 철학을 공부하여 독일로 유학, 저명한 철학자가 되었다.

39 「조선발명장려회, 한글 타자기 심사 결과를 발표」, 『경향신문』 1949. 7. 13. 다만 이 타자기의 구조와 자판 배열 등은 알려지지 않았다. 또한 같은 대회 결과를 보도한 『조선일보』의 기사에는 대상 없이 공병우가 공동 2위로 소개되어 있지만, 『경향신문』의 기사에는 공병우가 1위로 실려 있다.

40 「'한글 맞춤법'을 척척」, 『경향신문』 1961. 1. 29, 3면. 여기서 언급한 특허는 구체적으로 다음의 것으로 보인다. 송계범, 「자동 자형 판정 한글 전신인쇄기」, 대한민국 특허공고번호 1019600002433, 1959. 5. 23 출원, 1960. 10. 20 공고.

41 「한글의 기계화」, 『동아일보』 1962. 10. 10, 6면.

송계범의 보류식 인쇄전신기(왼쪽)와 그 "두뇌부"(오른쪽)
(왼쪽) "현재 일본 오키전기공업 주식회사(沖電氣工業株式会社)에서 한국으로 오기를 기다리고 있는 개량된 송식(宋式) '테레' 모델 400. 한글, 영어, 숫자를 함께 쓸 수 있게 되어 있다. '쉬프트'가 없이 모아쓰기가 가능한 것이 특색."
(오른쪽) "송식(宋式) '테레타이프'의 두뇌부. 이 작용으로 자음과 모음을 구별하여 보류식 모아쓰기가 가능하다." 「한글의 기계화」, 『동아일보』 1962. 10. 10, 6면.

한글을 모아찍을 수 있는 기계였으므로 "우리 한국에도 발명다운 발명 (…) 이 나오게 됐다"는 호평을 받으며 많은 주목을 받았고,[42] 그는 "전기뇌를 이용한 한글 자동타자기 발명"의 공로를 인정받아 1961년 3·1문화상 기술상을 받기도 했다.[43]

국산 인쇄전신기를 송계범이 최초로 만든 것은 아니었지만, 이전에 개발된 인쇄전신기들이 단순히 로마자를 한글 자모로 대체하여 풀어쓰기만 가능했

---

42 서동운, 「1958년 문화계 결산: 과학」, 『동아일보』 1958. 12. 26; 「'한글 맞춤법'을 척척—전기뇌 '테레타잎' 1분간 360자 타자」, 『경향신문』 1961. 1. 29.

43 「송계범 씨 등 7씨에 3·1문화상」, 『경향신문』 1961. 2. 15, 3면; 「3·1문화상 시상식 성대」, 『동아일보』 1961. 3. 1, 3면; 「3·1문화상 역대 수상자」, 3·1문화재단 홈페이지(http://www.31cf.or.kr/board_skin/board_view.asp?idx=292&page=1&bbs_code=2&key=0&word=&etc=1961년%20제2회), 2023. 8. 15 접속.

던 데 비해서, 송계범은 풀어쓰기 입력을 모아쓰기 출력으로 처리하는 전기회로를 직접 발명하였기에 그 의의가 크다. 특히 네벌식 또는 다섯벌식 자판으로 한글을 입력하는 것이 임시변통이라고 여기던 이들에게, 송계범의 발명은 언젠가는 자음과 모음 두 벌만으로 한글을 자유롭게 기계 입력할 수 있으리라는 희망을 보여준 것으로 평가받았다. 송계범은 1966년 제10회 발명의 날(5월 19일)에 '텔렉스용 모아쓰기 텔레타이프'(발명특허 1530호)로 다시 발명상을 받았는데, 그 업적에 대해 당일의 신문기사는 아래와 같이 평했다.[44]

한글의 기계화가 어려움은 24개의 자모(자음14자·모음10자)가 위치를 바꾸고 때로는 복합해가며 자형을 변해가는 데 있다. 한글 연구의 선구자였던 주시경이 한글 풀어쓰기를 제안한 것은 애당초 기계화를 염두에 둔 때문이었고 그 뒤 많은 한글학자들이 풀어쓰기에 동조했었다. 그러나 60년 송씨의 모아쓰기 「텔리타이프」가 체신부에서 쓰여지면서부터 한글은 구태여 풀어쓰지 않아도 좋다는 가능성이 짙어졌다. 송씨의 「텔리타이프」 300형은 전자 뇌를 써서 모아쓰기의 난관을 해결한 것이다. 사람이 자모를 풀어쓰기처럼 차례로 찍어만 주면 전자 뇌는 스스로 필요한 자형을 골라 찍게 된 것이다.[45]

---

44 다만 2023년 현재 특허정보 검색 결과 이 보도와 정확히 일치하는 특허를 확인할 수는 없었다. 기사 내용으로 미루어 보면 1959년 출원한 「자동 자형 판정 한글 전신인쇄기」일 가능성이 높다. 송계범이 출원한 특허들은 다음과 같다. 송계범, 「자동 자형 판정 한글 타자기」, 대한민국 특허공고번호 1019560000685, 1956. 6. 12 출원, 1956. 9. 20 공고; 송계범, 「자동 자형 판정 한글 전신인쇄기」, 대한민국 특허공고번호 1019600002433, 1959. 5. 23 출원, 1960. 10. 20 공고; 송계범, 「오단위 테레타이프 부호에 대한 한글 성격 부여 방식」, 대한민국 특허공고번호 1019600002462, 1958. 12. 24 출원, 1960. 11. 20 공고; 송계범, 「판별기구를 이용한 모아쓰기 한글 인자 수신 방식」, 대한민국 특허공고번호 1019640000308, 1963. 12. 4 출원, 1964. 9. 20 공고.

45 「발명상에 빛나는 송계범 씨의 '텔렉스 모아쓰기 텔리타이프' 〈발명특허 1530호〉」, 『중앙일보』 1966. 5. 19, 8면.

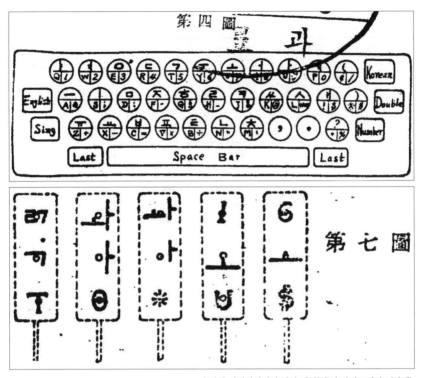

송계범 인쇄전신기의 자판 배열(위)과 타이프페이스(아래).

초창기 송계범 인쇄전신기의 자판 배열은[46] 위 그림(제 4도)과 같다. 맨 위 행에 기계장치 조작을 위한 여러 기능키들이 배당되기 때문에, 인쇄전신기는 타자기와 달리 자판을 3행으로 만드는 것이 보통이다. 글쇠 수가 타자기보다 적음에도 보류식 메커니즘 덕분에 단 두 벌의 글쇠면 충분했으므로 3행의 자판 안에 한글 자모를 모두 담을 수 있었다. 하나의 글쇠에 세 가지 문자가 새겨져 있는 것은 위 그림의 제7도에 보이듯 타이프페이스를 길게 만들어 삼단 시프

---

46 송계범, 「자동 자형 판정 한글 타자기」, 대한민국 특허공고번호 1019560000685, 1956. 6. 12 출원, 1956. 9. 20 공고.

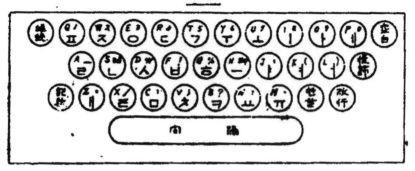
송계범 자동 자형 판정 한글 전신인쇄기의 자판 배열

트를 할 수 있도록 만들었기 때문이다.

한편 3년 뒤인 1959년 출원한 '자동 자형 판정 한글 전신인쇄기'의 특허 문서에 실린 자판 배열은 위 그림에 보이듯 다소 다르다.[47] 다만 인쇄전신기는 기계식 타자기처럼 자판 배열이 타자 메커니즘과 직결되는 것은 아니며, 비교적 쉽게 바꿀 수 있다는 점에서 두벌식 입력이라는 큰 틀을 유지하는 한 세부적인 변화가 기계의 정체성에 큰 변화를 가져오는 것은 아니었다. 송계범은 이후에도 자판 배열에 대한 연구를 지속하여 1960년대에도 새로운 자판 배열을 제시했고 정부의 표준 자판 제정에도 어느 정도 영향을 미쳤다.

송계범이 기계식 타자기가 아니라 텔레타이프만 만들었던 것은, 어차피 순수한 기계식으로는 두벌식 한글 입력이 어려우므로 텔레타이프에 장착되어 있는 전기회로를 활용하겠다고 생각했기 때문으로 보인다. 그는 자신이 고안한 인쇄전신기를 이 분야 선두 기업 중 하나였던 일본의 오키전기공업(沖電気工

---

47 송계범, 「자동 자형 판정 한글 전신인쇄기」, 대한민국 특허공고번호 1019600002433, 1959. 5. 23 출원, 1960. 10. 20 공고.

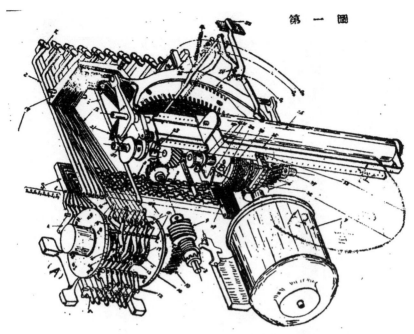

송계범 자동 자형 판정 한글 전신인쇄기의 작동원리

입력한 한글 자모는 그림과 같이 다음 입력을 기다리며 전기회로에 저장된다. 구체적으로는 글쇠를 누를 때마다 그에 연결된 톱니바퀴들이 움직여서, 기록회전자(11)를 둘러싼 기록축을 움직이고, 이것이 기록막대(12)를 움직여 기록편(13)을 세우거나 눕힘으로써 어떤 신호가 입력되었는지 기계적으로 임시 저장할 수 있게 된다. 이렇게 기록된 신호는 다음 신호를 기다려 경우의 수를 따지게 되고, 간단한 연산 규칙에 의해 받침이 있는 음절글자인지 없는 글자인지를 판정한 뒤 종이에 글자를 찍게 된다. 이 모든 동작은 타자기 내부의 소형전동기(7)로부터 동력을 받아 이루어진다.

業)에 의뢰 생산하여 국내에 판매하기 시작했다.

송계범의 인쇄전신기는 언론의 주목을 받았던 것에 비하면 시장에서 큰 성공을 거두지는 못했다. 오키전기에 주문 제작한 인쇄전신기는 이론상 혁신적인 기계였지만, 실제 사용하자 여러 문제점이 드러났다. 전기회로가 두벌식으로 입력한 한글 자모를 음절 단위로 묶어서 찍어준다고는 하지만, 이는 계전기(繼電器, relay)를 이용한 것이어서 반도체를 사용하는 전자회로에 비해 느렸

송계범의 네벌식 타자기

송계범은 인쇄전신기는 두벌식 자판으로 만들었지만, 완전 수동으로 조작해야 하는 기계식 타자기를 위해 네벌식 자판을 고안하기도 했다. 사진에 보이듯 좌자우모(左子右母)의 배열 기준이나 모음의 배열 순서 등이 1969년 표준으로 지정된 네벌식 자판과도 유사하다. 이에 대한 자세한 설명은 제6장 참조. 세종대왕기념관 소장. 글쓴이 촬영.

을 뿐 아니라 복잡한 연산을 수행하면 열이 많이 났다. 자모의 위상을 판별하여 음절로 묶어주는 기능은 어찌 보면 전신기의 원래 설계에 비해서는 과도한 연산을 요구하는 것이었으므로, 실제로 송계범 인쇄전신기를 이용하여 모아쓰기로 한글 전보를 송수신하다 보면 기계가 갑자기 멈추는 등 고장이 잦았다. 이 때문에 현장에서는 고장을 피하기 위해 모아쓰기 기능을 해제하고 풀어쓰기로 전보를 주고받거나, 모아쓸 경우에도 음절마다 스페이스바를 눌러서 기계가 연산하는 부담을 줄여주는 것이 보통이었다.[48]

그리고 송계범 인쇄전신기는 일본 오키전기의 인쇄전신기 회로를 개조하여 만든 것이어서, 다른 회사 제품에는 그 기술을 적용하지 못함에 따라 오키전기라는 특정 회사에 의존하게 되는 단점도 있었다.[49] 이에 비해 이미 텔레타이프의 회로 시장을 선점하고 있었던 장봉선식(다섯벌식)이나 공병우식(세벌식)의 텔레타이프는 사이띄개를 눌러 음절을 나누어줄 필요가 없었을 뿐 아니라, 각 제조사의 타자기와 거의 같은 자판을 사용하고 있었으므로 타자수들이 비교적 쉽게 익힐 수 있었다.

무엇보다도 텔레타이프는 개인이 사기에는 지나치게 크고 비싼 기계였으므로, 개인 사용자들에게는 영향을 끼칠 수가 없었다. 한 인터뷰에서 "[기계가] 사고(思考)하려니까 돈이 꽤 들겠지요. 허나 영문 '텔레타이프' 값이나 맞먹으니까 국문 '타이프라이터' 값만이 절약된 셈입니다"라고 하였던 것으로 보아, 송계범 스스로도 가격의 문제를 인식하고 있었다.[50] 이런 이유들 때문에 송계범

48 송현, 「한글 기계화는 안보상 중대한 국방과학」, 『한글 기계화 운동』, 인물연구소, 1982, 135~140쪽.

49 이흥용, 「한글 타자기 글자판 통일 작업의 연혁」, 『한글 기계화 심의 보고서』, 1972. 10, 22쪽.

50 「일요방문: 송계범」, 『조선일보』 1960. 10. 30, 석간.

의 두벌식 텔레타이프는 표준화 사업 전까지 관공서 텔레타이프 시장의 10퍼센트 미만을 점유하는 데 머물렀다.[51]

그럼에도 불구하고 이것은 두벌식 한글 기계화의 가능성을 최초로 실현한 기계였기 때문에 한글 기계화의 역사에서 중요한 자리를 차지한다. 풀어쓰기라는 극단적인 선택을 하지 않고도 전기·전자기술의 도움을 받아 두벌식 한글 입력이 가능하다는 희망을 준 것이다. 나아가 뒷날 1969년 과학기술처가 표준 자판을 제정했을 때도 송계범의 영향을 발견할 수 있다. 뒤에서 더 자세히 살펴보겠지만, 송계범이 1968년 발표한 네벌식 자판은 1969년의 표준 네벌식 타자기 자판과 몇 가지 점에서 유사했다(6장 참조).

시장의 성장과 분화: 예고된 표준화 논쟁

1965년까지 공병우는 "세로쓰기와 한자 병용의 장벽을 뚫고 (…) 약 3만" 대의 타자기를 팔았다.[52] 이전의 타자기들이 많아야 수십 대 시장에 풀렸던 데 비하면 공병우 타자기는 실로 시장을 창출했다고 할 수 있다. 공병우 타자기가 일단 시장을 만들어내자 한글 타자기 시장은 차츰 커 나갔다. 한글 타자기의 효용에 대한 회의론도 점차 누그러졌다. 앞서 소개한 논란에도 불구하고, 강경한 한글 전용론자였던 최현배가 문교부 편수국장으로 두 차례(1946~1948, 1951~1954) 재직하는 사이 한글 전용이 공식적으로는 문교 정책의 무시할 수 없는 흐름으로 자리잡았다. 또한 서구식 출판물이 점점 많이 국내로 들어오면서 세로쓰기 일변도였던 문서 생활에도 차츰 변화가 일어났다. 이에 따라 점차 가

---

51 1968년의 통계에 의하면 행정부 각 부처가 보유한 1,391대의 텔레타이프 가운데 장봉선식이 1,038대로 절대 다수를 차지하고 있었고, 공병우식은 225대, 송계범식은 110대 보급되는 데 그쳤다. 황해용, 「한글 기계화와 표준 자판」, 38쪽.

52 「한국의 유아독존 (6) 공병우 씨(의학박사)」, 『한국일보』 1965. 4. 11, 6면.

공한글타자기회사의 조립실
『과학과 발명』창간호(1963. 3) 표지에 실린 공
한글타자기회사의 조립실 작업 광경. 공병우
타자기는 1960년대 전성기를 맞으며 한글 타
자기 시장의 성장을 선도했다.

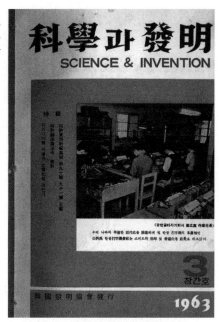

로쓰기 한글 전용 타자기도 쓸 만한 물건으로 인식되기 시작했다. 그리고 김동
훈을 비롯한 다른 발명가들도 타자기 시장에 뛰어들면서, 한글 타자기는 백화
제방의 시대를 맞았다.

한글 타자기 시장이 여러 종류의 타자기가 경쟁하는 형태로 분화된 것은
타자수 개인이 어떤 타자기를 선호하느냐의 문제가 아니라, 타자수를 고용하
는 각 집단이나 기관이 한글 타자기에 기대하는 바가 서로 달랐기 때문이다.
이는 곧 "타자기는 무엇을 하는 기계인가"라는 규범적 질문으로 연결된다. 공
병우 타자기를 선호하는 집단은 타자기는 무엇보다도 빠른 속도로 글을 찍어
주는 기계라고 인식했던 반면, 체재 타자기를 선호하는 집단은 타자기를 번듯
하고 단정한 문서를 만들어 주는 기계라고 여겼다. 한참 시장이 팽창하면서 세
벌식 타자기와 다섯벌식 타자기가 공존하면서 번영할 수 있었던 상황에서는

이것이 큰 문제가 되지 않았겠지만, 시장이 성숙하고 본격적으로 표준화 논의가 진행된 1960년대 후반에는 각자 타자기의 본질에 대해 다른 관점을 견지했으므로 표준화 논쟁은 쉽게 해결될 수 없었다.

한글 타자기의 개발은 현실적 수요에 부응할 뿐 아니라 "가장 과학적인 문자"라는 한글에 대한 자부심과 기대를 충족시켜야 한다는 당위를 저버릴 수 없었기에 그만큼 더 어려운 과정이었다. 한글 타자기는 로마자 타자기와 달리 현존하는 글쓰기 방식을 그대로 기계에 옮기는 방식으로는 만들 수 없었다. 한글 전용과 가로쓰기를 받아들여야 쓸 만한 한글 타자기를 만들 수 있었다는 점을 생각하면, 한글 타자기의 개발이란 로마자 타자기의 활자를 한글 자모로 바꾸는 것보다 훨씬 큰 과제였다. 아이러니하게도, 한글 기계화란 실상 한글의 쓰기 문화를 서구화하는 과정이기도 했다.

시장이 확대되고 군 외의 수요자 집단이 형성되면서 공병우 타자기가 누렸던 독점적 지위는 점차 침식되었다. 특히 군과 군 관련 부서를 제외한 정부 부처는 공병우 타자기의 자형에 불만을 품고 김동훈 등이 만든 체재 타자기를 선호했다. 공병우 타자기는 군의 선택을 받아 급성장했지만, 공병우 타자기가 압도적으로 유리했던 초창기의 시장 구도는 영속될 수 없었다. 군보다 글쓰기에 대한 옛 관념에 더 강하게 매여 있던 공무원 집단이 한글 타자기 시장에 들어왔다는 것은 시장이 더 이상 균질하게 팽창하지 않으리라는 예고와 같았다. 다른 선호도를 가진 수요자 집단이 성장하면서, 한글 타자기 시장 전체의 팽창은 곧 1960년대 말의 표준화 논쟁으로 이어졌다.

5장

공병우의 시각장애인 자활 운동과 타자기

순조롭게 타자기 사업이 성장하는 동안, 공병우는 자신의 두 가지 정체성을 조화시킴으로써 한국사회에 이바지할 기회를 잡게 되었다. 안과의사로서 시각장애인의 재활과 자립을 위해 기울여온 기왕의 노력에 더하여, 자신이 만든 한글 타자기를 시각장애인에게 가르쳐 그들의 자활에 힘을 보태겠다는 구상을 실천에 옮기게 된 것이다.

시각장애인은 문자를 통한 언어 생활에서 소외되어왔다. 교육을 통해 점자로 된 글을 읽고 쓸 수는 있었지만, 비장애인이 점자를 익혀 읽거나 쓰는 경우는 매우 드물었기 때문에 점자를 통한 언어 생활은 주로 시각장애인들 사이에만 국한되었다.[01]

그런데 타자기라는 새로운 발명품이 보급되는 과정에서, 시각장애인과 비장애인의 언어 생활이 만날 수 있는 의외의 접점이 생겨났다. 미국에서 19세기 말 촉지타자(touch-typing), 즉 자판을 보지 않고도 빠른 속도로 찍을 수 있는 타자

---

01 한글 점자는 1926년 박두성이 '훈맹정음'이라는 이름으로 개발했다. 주윤정, 「식민지기 문화 정책의 균열—박두성의 훈맹점자와 맹인」, 『인천학연구』 9권, 2008, 245~270쪽 참조.

기가 개발되면서, 시각장애인도 비장애인이 읽을 수 있는 문서를 빠르고 쉽게 대량으로 생산해낼 수 있게 된 것이다. 어차피 자판을 보지 않고 글을 찍는다면 타자라는 행위에서 시각장애인과 비장애인의 차이는 크지 않다. 타자 기술을 능숙하게 익힌 사람은 앞이 보이지 않아도 다른 사람의 말을 거의 지체 없이 타자하여 종이 위에 옮길 수 있었고, 이렇게 작성된 문서는 비장애인들이 아무런 불편 없이 읽을 수 있는 "보통의" 글월이었다. 이 덕에 로마자를 쓰는 나라들에서는 타자수가 시각장애인이 진입할 수 있는 직업 목록에 새롭게 추가되었으며, 시각장애인에게 타자를 가르치려는 시도가 이어지기도 했다.

그렇다면 로마자를 쓰지 않는 곳에서도 비슷한 일이 일어났을까? 이는 그곳의 언어가 어떤 메커니즘의 타자기로 기계화될 수 있는가에 달려 있다. 동아시아를 살펴보면, 일본이나 중국에서는 눈에 띄는 사례가 없다. 한자에 바탕을 둔 일본어 또는 중국어 문자 생활은 로마자 타자기에 그대로 옮기기에는 너무 복잡했기 때문이다. 하지만 유독 한국에서는 촉지타자가 가능한 타자기가 개발되었고, 그에 따라 동아시아에서도 유일하게 시각장애인 타자수 양성을 도모할 수 있었다. 공병우가 1959년 설립한 '맹인부흥원'이 바로 그 무대였다.

시각장애인 재활 사업에 대한 공병우의 인식 전환과 공안과의 의료봉사

공병우가 도립 병원의 안과 과장이라는 안정된 직장을 박차고 나와 공안과를 개업할 무렵, 그의 지인들 사이에서는 의료 시장이 성숙하지 않은 한반도에서 개인이 안과로 개원해서 생계를 유지할 수 있겠는가 회의적인 반응이 많았다. 그러나 공병우는 앞서 언급했듯 보란 듯이 성공을 거두었는데, 병원 개원 직후 때마침 트라코마(trachoma, 일본식 발음으로는 '도라홈 トラホーム')가 유행하여 안과 환자들이 급증했던 것이 한 가지 이유였다. 트라코마는 박테리아 감염에 의해 눈꺼풀 안쪽이 거칠어지는 병이며, 치료하지 않고 방치하면 만성 감염을

일으켜 실명을 야기할 수 있다. 트라코마는 21세기에도 저개발국에서는 실명의 주요 원인 중 하나로 보고되고 있다. 즉 어찌 보면 대중들의 기억 속에서 공안과가 이름을 높일 수 있던 것은 공병우가 "눈이 머는 병"을 치료해주었기 때문이다. 안과 질환이 모두 실명과 관계된 것은 아니지만, 시력에 직접적인 영향을 미치지 않는 안과 질환으로는 웬만하면 환자들이 병원을 찾지 않았던 것도 사실이므로, 대중들에게 '유명한 안과의사'라는 명성은 그 자체로 실명을 막아주거나 고쳐주리라는 기대와도 연결되는 것이었다.

그러나 공병우가 실명과 시각장애인의 문제에 대해 본격적으로 고민하기 시작한 것은 1950년대 들어서였다. 안과 치료라는 것은 시력을 회복하는 데 목적이 있으므로, 환자가 완전히 실명하고 나면 더 이상 안과 진료를 통해서는 도움 받을 것이 없다. 시각을 잃은 이들은 안과의사 대신 시각장애인 집단의 동료나 사회복지사 등 새로운 사람들과 관계를 맺고 새로운 종류의 도움을 받게 된다. 의학적인 도움이 필요한 경우에도 굳이 따지자면 안과보다 재활의학과의 소관인 경우가 많았다. 따라서 안과의사들도 환자가 시력을 잃기 전까지는 최선을 다하지만 일단 시력을 잃고 나면 그것을 의학적으로 확인해주는 것 외에는 자신들이 해줄 수 있는 것이 없다고 생각하는 경우가 많았다. 공병우도 예외가 아니었다.

내게 온 환자 가운데에는 다른 병원에서 이미 실명 선고를 받고 온 사람도 많았다. '마지막으로 서울에 가서 공 박사의 진찰이라도 한번 받아보고 싶다'면서 논밭을 팔거나, 소를 팔아 가지고 병원에 오는 이들도 있었다. 그런데 나는 하늘이 무너지는 듯한 절망으로 울부짖는 이 실명자를 앞에 두고 의사로서 어떻게 해야 좋을지 몰랐다. (…) 일단 치료할 수 없는 환자는 손을 툭툭 털고 실명 선언만 하면

그만이었다.[02]

그러나 공병우는 1953년 미국에 가서 한국과는 크게 다른 시각장애인의 사회 활동을 목격하고 큰 충격을 받았다. 공병우는 가외로 시작한 타자기 사업이 의외로 성공할 조짐을 보이자, 미국 언더우드 사와 타자기의 주문자제작생산(OEM)을 협의하기 위해 미국을 방문하게 되었다. 그는 미국에서 시각장애인들이 격려되거나 차별받지 않고, 비장애인과 같은 직업을 가질 수 있으며, 한 직장에서 섞여서 일하는 것을 보고 깊은 인상을 받았다. 뒷날 자서전에서 "미국은 장님들의 낙원"이라는 표현까지 쓸 정도였다.

보고 듣고 하는 모든 것이 내게는 공부였고 배우는 것이었다. 그 가운데에서도 내가 아주 감명 깊었던 점은 장님들 (…) 을 위한 재활 시설과 봉사 활동이었다. 장애자에 대한 일반 사회인의 자세부터가 달랐다. 장님을 아침에 만나면 재수가 없다고 스스럼없이 침을 퉤퉤 내뱉는 우리 나라의 수준이 부끄럽게 여겨졌다. (…) 미국에서는 장님이 된 사람에게 희망을 잃지 않도록 미리 갖가지 재활 종목이 다양하게 개발되어 있었다. (…) 그래서 나는, 한국 땅에서 장님들에게 먼저 관심을 가져야만 할 안과의사인 내가 과연 어떻게 장님을 대해왔는가를 생각하면서 깊은 반성을 하게 되었다. (…) 소경 보면 재수 없다는 한국의 민도에 장님들을 이중 삼중으로 고통을 준 가해자 측에 나도 섞여 있다는 자책의 마음이 앞섰다. (…) 미국에는 길거리에서까지 장님들에게 도움이 되는 시설이 눈에 많이 띄었다. 과연 미국은 장님들의 천국인 듯하였다. 나도 한국에 가면 장님들을 위한 봉사를 해야겠

---

02 공병우, 『나는 내 식대로 살아왔다』, 253쪽.

다는 결심을 했을 정도로 큰 자극을 받았다.[03]

    그때까지 실명한 환자들에게 냉정하게 진단을 내리고 더 이상 신경을 쓰지 않았던 자신을 자책하면서, 공병우는 "속죄하는 마음으로 내 재산을 다 처분해서라도 장님들에게 희망을 안겨주는 일을 하겠다고 결심"하기에 이르렀다.[04] 공병우는 이 밖에도 처음 접한 미국의 발전된 모습에 매료된 나머지 원래 3개월 예정이었던 방미 기간을 1년 6개월까지 늘려서 "물질문명의 번영의 비밀을 안팎으로 뒤지고 캐보기도 하면서 열심히 미국의 실상을 견학"했다. 그는 시각장애인 재활 사업에 도움이 될까 하는 마음에 미국에서 운전면허를 따고 앰뷸런스를 구입하기도 했다. 세 번 응시한 끝에 운전면허를 딴 공병우는 6기통 앰뷸런스를 구입하여 한국으로 보내고, 한국에서 시각장애인 지원 활동을 하고 있는 미국맹인협회 소속 활동가들이 자신이 귀국하기 전까지 쓸 수 있도록 빌려주었다. 이 앰뷸런스는 뒷날 공병우가 전국 무료 순회 진료를 다닐 때와 맹인부흥원을 운영할 때 요긴하게 활용되었다.[05]

    시각장애인을 대하는 미국의 문화가 공병우에게 충격을 주었던 것은 그것이 당시 한국사회에서 시각장애인들이 살아가는 모습과 크게 대비되었기 때문이다. 한국사회의 시각장애인들은 비장애인들과 같은 직업을 갖고 어울려 사는 길이 사실상 막혀 있었다. 전통사회에서는 점복과 음악 등이 시각장애인에게 허락된 몇 안 되는 일이었고, 일제강점기 이후에는 일본으로부터 안마사 제도가 이식되면서 시각장애인은 으레 안마사가 되는 것으로 인식되었다.

---

03 위의 책, 128~130쪽.

04 위의 책, 253쪽.

05 위의 책, 132~134쪽.

시각장애인은 비장애인들과 같은 직장과 같은 생활공간을 나누며 섞여 살 수 있는 존재라기보다는 다른 세계에 속한 이들로 여겨졌다. 물론 이렇게 한 직업에 대한 배타적 독점권을 확보하게 된 것은 단순히 식민국가권력의 시혜라기보다는 시각장애인 집단의 주체적 노력의 성과이기도 하며, 실제로 이 독점권은 시각장애인들의 생존권 확보에 크게 기여했다.[06] 그러나 미국의 근대적 발전상에 매료되었던 공병우에게는 "눈먼 사람은 으레 밤에 피리를 불며 골목길을 누비고 다니는 안마사 노릇밖에는 못하는" 당시 한국의 현실이 매우 불합리하게 느껴졌다.[07] 그는 미국에서 자신이 본 것을 모범 삼아 시각장애인들이 "사회에 나가서 당당한 일꾼으로 활동할 수 있도록 만들어보겠다"는 목표를 세우게 되었다.

공병우는 1955년 귀국할 당시 "공안과 병원은 거의 망했고, 가정은 경제적으로 거덜나 있었"다고 회고할 정도로 귀국 후 돌봐야 할 일이 많았지만, 자신이 다짐했던 대로 의료봉사와 장애인 재활 사업에 착수했다. 그는 1949년 한글타자기를 만들 때 병원 일도 팽개치고 작업실에 틀어박혀서 "공 박사가 미쳤다"는 소리가 나올 정도로 몰두했던 적이 있는데, 이번에도 그때와 마찬가지로 특유의 추진력을 발휘했다. 미국에서 사서 보낸 앰뷸런스를 직접 몰고 "안과의사가 없는 전국 소도시의 농어촌을 누비고 다녔다." 인천에서 시작하여 서해안 일대, 그 다음으로 강릉, 속초, 포항 등 동해안 일대, 그리고 제주도에 이르기까지 그의 무료 진료 활동은 1년에 걸쳐 지속되었다. 특히 제주도의 의료 여건이 가장 열악하다고 느낀 공병우는 공안과의 조수로 일하던 한종원을 대한적십

---

06   주윤정, 「한국 시각장애인의 직업권 형성에 관한 법사회학적 연구」, 서울대학교 사회학과 박사학위논문, 2012 참조.

07   공병우, 앞의 책, 253쪽.

자사 제주도지사에서 1년간 상주 봉사하도록 하고 그의 인건비, 약품비, 수술기구, 재료비 등을 모두 공안과에서 지원했다.

> '서울의 공 박사가 왔다'는 소문은 순식간에 번져, 가는 곳마다 눈 환자로 장사진을 이루었다. (…) 안과의사를 처음 본다는 사람이 대부분이었고, 의료 혜택을 받지 못해 아깝게도 실명 위기에 놓인 환자도 많았다. 현장에서 수술도 하고 치료도 해 주는 순회 진료였다. 이 전국 순회 진료를 하면서 가장 비참하게 느껴진 곳은 제주도였다. (…) 우리 병원에서 조수로 일하던 한종원 (…) 님을 그곳 적십자 지사에 1년 동안 상주, 봉사하도록 하여 전국 순회 무료 진료에 대한 나의 뜻과 계획을 성취할 수 있었다.[08]
>
> 한종원 씨는 지금도 그때의 정열적인 봉사를 자기 일생에 큰 영향을 미친 교훈적인 일로 기억하고 있다. 현재 천호동에서 안과의원을 개업하고 있는 한종원 씨는 1989년 대한적십자사의 박애상을 받았다.[09]

대한적십자사의 후원을 받기는 했지만, 한국 굴지의 개인 병원 원장이 병원 운영을 돌보지 않고 모자란 비용을 사재로 충당해가면서 1년 동안 직접 지방으로 순회 봉사를 다닌 것은 헌신적인 노력이라 평가할 만하다. 이런 공병우의 활동은 다시금 사회적 현안에 대해 책임을 다하는 지식인으로서 그의 명성을 높였다. 앞서 언급한 앰뷸런스 대여 등으로 인연을 맺게 된 미국해외맹인협회(AFOB: American Foundation for Overseas Blind)는 1956년 초 의안(義眼) 백 개를 공안과를

---

08 위의 책, 134쪽.

09 위의 책, 211쪽.

통해 기증했다.[10] 다음 기사와 같이 공안과는 기증 받은 의안을 무료로 나누어 줌으로써 시각장애인의 복지를 위해 노력하는 기관으로서 그 위상을 확고히 할 수 있었다.

미국재단 해외맹인협회에서는 한국에 있는 맹인들이 의안을 절실히 간청하고 있다는 소식을 듣고 금번(今般) 특제 의안 백 개를 공안과병원에 기증하여 왔으므로 선착순으로 맹인에게 무료로 넣어주기로 되었다고 한다.[11]

순회 의료봉사도 공안과 전체의 이름을 걸고 참여하는 주요 행사가 되었다. 다음 기사에서 보이듯 공안과의 위상은 주요 대학 종합병원 안과와 나란히 언급될 정도로 높아졌다.

대한안과학회에서는 오는 11월 1일 제5회 '눈의 날'을 맞이하여 다채로운 기념행사를 거행하리라 한다. 특히 중앙의료원 안과과장 '라르[손]' 박사 주선에 의해 정말(丁抹, 덴마크—인용자)에서 보내 온 '돋보기' 안경 중고품을 기증받아 약 50명 분을 가지고 각지로 대원을 파견하기로 되었다 하며 서울대학반, 연세대학반, 이화대학반, 국립중앙의료반, 공(公)안과반 등을 편성하여 경기도 안성 인천 경북 경주 강원 속초 등지를 순회하면서 무료 개안 수술도 할 것이라 한다.[12]

이와 같은 각종 의료봉사 활동을 통해 공병우는 실명의 경계에 선 환자들

---

10 「의안 백 개 기증—미국맹인협회서」, 『경향신문』 1956. 1. 6.
11 「맹인에 무료 의안—공안과병원에서」, 『의사시보』 1956. 1. 8.
12 「1일 눈의 날」, 『동아일보』 1959. 10. 29, 석간.

을 더 많이 만날 수 있었다. 이들 중에는 병원을 찾을 엄두를 내지 못하고 실명 또는 그에 가까운 상태에 이른 이들도 있었기에, 공병우도 시각장애인의 복지 문제에 더욱 진지한 관심을 갖게 되었을 것이다. 그리고 1959년, 미국에서 "내 재산을 다 처분해서라도 장님들에게 희망을 안겨주는 일을 하겠다고 결심"한 대로, 공병우는 서울 성내동(당시 천호동)에 2천 평에 이르는 땅을 사서 시각장애 인 재활을 위한 시설을 세웠다.

광복 전후 한국 시각장애인의 직업 활동

공병우가 왕성히 봉사 활동을 벌이고 맹인부흥원을 건립하던 무렵, 한국 시각장애인들의 직업 활동에도 여러 가지 변화가 있었다. 직업 활동을 하는 시 각장애인들은 대부분 조선시대부터 이어져온 직업인 점복 아니면 일제강점기 제도적으로 보장받게 된 안마에 종사하고 있었고, 광복 후 미국의 영향이 커지 면서 이와 결이 다른 직업들도 막 소개되던 참이었다.

한국 전통사회에서 시각장애인은 점복 또는 독경 등 종교 활동에 관련된 영역에 주로 종사했다. 점복이 시각장애인의 독점적 직업처럼 여겨지면서 일 종의 동업조합인 '맹청(盲廳)' 같은 조직이 결성되기도 했다.[13] 하지만 일제강점 기 식민당국은 점복을 '미신'으로 여겨 억압했고, 대신 일본에서 전통적으로 시각장애인의 직종이었던 안마와 침, 뜸 등을 권장했다. 메이지 정부는 1911년 '안마술 영업 취체규칙'(내무성령 제10호)과 '침술 구술 영업 취체규칙'(내무성령 제 11호) 등을 제정하여 안마, 침, 뜸 등 '삼료업(三療業)'에 대한 시각장애인들의 전 통적 권리를 근대 법 체계 안에서 인정했다. 조선총독부도 이를 그대로 받아들

---

13 주윤정, 「'맹인' 점복업 조합을 통해 본 소수자의 경제 활동」, 『한국사연구』 164집, 2014, 131~ 133쪽.

여 1914년 '안마술·침술·구술 영업 취체규칙'(조선총독부령 제10호)을 제정했다. 이 규칙에 따라 의사나 의생 등 의료업의 일반면허를 가진 이들이 아니더라도 안마나 침구 교육을 따로 받고 면허를 얻은 이들은 해당 의료 행위에 종사할 길이 열렸다.[14]

이보다 1년 앞서 1913년에는 '제생원(濟生院)'이 조선총독부 산하의 구휼 기관으로 설립되었다. 제생원의 전신은 이필화가 1905년에 세운 '경성고아원'이었는데, 이를 한성부가 1910년 인수했고 조선총독부가 1911년 다시 한성부로부터 인수했다.[15] 조선총독부는 1913년 '조선총독부 제생원 규칙'(조선총독부령 제41호)을 제정하여 고아의 수용과 교육을 맡은 양육부에 더하여 맹아부(盲啞部)를 설치했다. 맹아부는 다시 맹생과(盲生課)와 음아생과(暗啞生課)로 나뉘어, 각각 시각장애인과 청각장애인 교육을 담당했다. 개원 당시 맹생과의 교과목은 "수신(修身)·국어(일본어)·조선어·산술·음악 및 침·안마 등"이었고 음아생과는 "수신·국어·조선어·산술 및 수예 등"이었다. 시각장애인의 직업교육으로 음악과 더불어 침구, 안마가 공식적으로 권장되었음을 보여준다.[16] 이로써 안마는 정부가 보장한 "근대적이고 합법적인" 직업이라는 인식이 자리잡게 되었다.[17]

한편 기독교 계열의 특수학교에서는 이와 결이 다른 직업교육을 했다. 이들 학교를 세우고 운영한 선교사들의 중요한 목표는 조선 민중을 기독교 신앙

---

14 주윤정, 「'사람 취급' 받을 권리—1970년대 시각장애인 안마사 생존권의 역사」, 『역사비평』 103호, 2013, 93~95쪽.

15 제생원의 설립과 초창기 운영에 대해서는 조명근, 「조선총독부 제생원의 운영과 실태」, 『전북사학』 54, 2018, 223~256쪽 참조.

16 「조선총독부제생원규칙」(조선총독부령 제41호, 1913. 4. 11 제정), 국가법령정보센터 http://www.law.go.kr/법령/조선총독부제생원규칙/(00041,19130411), 2023. 10. 15 접속.

17 주윤정, 앞의 글, 2013, 95쪽.

으로 인도하는 것과 그들의 생활을 제약하는 각종 봉건적 인습을 혁파하는 것이었다. 따라서 선교사 계열 학교에서는 점복이나 안마를 권장하지 않았다. 점복은 기독교 신앙과 배치되는 것이었고, 안마도 주로 일본인 고객을 대상으로 닫힌 공간에서 이루어지는 활동이어서 조선의 보통 사람들의 생활과는 동떨어졌을 뿐 아니라 대중의 인식도 좋지 않았기 때문이다. 또한 로제타 홀(Rosetta Sherwood Hall, 1865~1951)과 같은 여성 선교사들은 봉건적 인습의 혁파라는 면에서 시각장애인 중에서도 특히 여성의 교육에 관심을 가졌는데, 여성 시각장애인의 자립을 위해서는 영문 타자(당시 한글 타자기는 발명되지 않았다)나 자수 같은 기능을 가르치는 것이 바람직하다고 생각했다.

홀은 평양에서 선교하던 1894년 오봉래라는 여성 시각장애인을 만난 것이 계기가 되어 시각장애인 교육을 시작했다. 남편 윌리엄 홀(William James Hall, 1860~1894)이 청일전쟁 와중에 세상을 떠났을 때 일시 귀국했다가, 뉴욕 시각장애인학교(New York Institution for the Blind)에서 점자를 체계적으로 배우고 1897년 11월에 다시 한국으로 돌아왔다. 그는 1898년부터 평양에서 자신이 만든 한글 점자를 가르치고, 점역한 교재로 성서와 찬송을 비롯한 여러 과목을 가르치기 시작했다.[18] 홀은 여성 시각장애인이 교육을 통해 "무녀(巫女)나 점쟁이가 아닌, 지적이고, 평범하고, 사회에 도움이 되는 기독교인으로" 성장하기를 바랐다. 따라서 장애인이 특수교사의 보조를 받으면서 비장애인과 같은 교실에서 통합적으로 교육을 받아야 한다고 믿었다.[19] 홀이 선교병원 안에 운영한 평양맹아학교는 규모가 크지는 않았지만 1906년까지는 한반도 전역에서 유일한 시각장

---

18 탁지일, 「시각장애인 교육의 선구자 로제타 홀」, 『한국기독교신학논총』 74권 1호, 2011, 90~95쪽.

19 위의 글, 96~97쪽.

애인 교육기관이었고 특히 여성 시각장애인의 통합교육이라는 새로운 길을 열어주었다.

이와 같은 세 갈래 흐름 사이에서는 약간의 긴장을 발견할 수 있다. 점복은 전통적으로 시각장애인의 직업으로 인정받아왔지만, 미국 선교사나 조선총독부는 이를 근대화 과정에서 사라져야 할 인습으로 간주했다. 안마는 조선총독부 통치 아래서 근대적 직업으로서 지위를 확보했지만, 점복에 종사하는 시각장애인들은 안마를 "일본놈 발바닥이나 주무르는" 일이라고 폄하하기도 했다.[20] 한편 통합교육적 관점에서 타자나 자수 등 비장애인과 차별 없는 기능을 가르치자는 선교사들의 주장은 명분은 확실했지만 현실에서 큰 힘을 발휘하지 못했다. 장애가 없는 여성도 직업을 가질 기회가 극도로 제한되어 있었던 당시 한반도에서, 시각장애 여성이 비장애인 여성과 같은 사무직 업종에 취직할 가능성은 매우 낮았기 때문이다. 또한 재원의 규모나 연속성 면에서 선교학교들이 조선총독부 산하 기관에 견줄 만한 성과를 남기기는 어려웠던 것도 현실이었다.

광복 후에는 이 구도가 잠시 흔들렸으나, 곧 다시 안마업 주도로 재편되었다. 미군정 당국자들은 한의학적 개념에 바탕을 둔 안마나 침구술의 의료 효과에 대해 회의적이었을 뿐 아니라, 모든 시각장애인들에게 한두 가지 직업기술만 가르쳐 사회에 내보내는 획일적인 일본식 장애인 직업교육에 대해서도 비판적이었다. 미군정청 후생부(부장 이용설)는 1946년 '안마술·침술·구술 영업 취체규칙'의 효력을 중지했고, 안마업은 당분간 법 바깥의 회색지대에 놓이게 되었다. 또한 일본인들이 대거 물러가면서 안마업의 고객도 사라졌다. 일부 시각

---

20 주윤정, 앞의 글, 2013, 95쪽.

장애인들은 생계 유지를 위해 다시 점복업으로 돌아갔다.[21] 그러나 1960년대 이후 안마업은 세를 회복했다. 사회가 안정되고 경제가 재건되면서 안마업의 수요가 차츰 다시 생겨났기 때문이다. 뿐만 아니라 구 제생원을 기반으로 설립된 서울맹학교가 여전히 안마업 진영을 대변하면서 지속적으로 안마업 법제화를 요구했다. 제생원 맹아부는 1945년 10월 '국립맹아학교'로 교명을 변경했고, 1947년 9월에는 5년제 중등부를, 1950년 6월에는 3년제 사범부를 설치했다.[22] 1959년에는 청각장애인 교육이 국립서울농아학교로 분리되어 나갔지만, 서울맹학교는 줄곧 국립학교로서 지위를 인정받았고 종로구 신교동(구 선희궁 터)의 학교 부지와 건물 등 자산도 유지했으므로 시각장애인사회의 핵심으로 남아 있었다. 안마는 제생원 시절부터 이어져온 서울맹학교 교육과정의 중심이었고, 전국 안마업계가 사실상 모두 제생원 또는 서울맹학교에 바탕을 둔 네트워크로 이어져 있었다. 서울맹학교 관계자들이 "우리 안마업 진영" 같은 표현을 자연스럽게 쓰게 된 것은 이처럼 안마업이 시각장애인사회 전체를 대변하게 된 사정을 반영한다.[23] 이렇게 조직화된 힘을 바탕으로 지속적으로 법제화를 요구한 결과, 1973년 개정된 의료법(법률 2533호)에는 "안마사의 자격인정 및 그 업무한계 등에 관하여 필요한 사항은 보사부령으로 정한다"(제62조 제3항)는 조항이 들어가게 되었다. 그리고 이를 바탕으로 보건사회부가 '간호보조원, 의료유사업자 및 안마사에 관한 규칙'(부령 제428호, 1973. 10. 31)을 제정하여 시각장애인

---

21   위의 글, 95~97쪽.

22   김정권, 「국립맹아학교」, 한국민족문화대백과사전 https://encykorea.aks.ac.kr/Article/E0006216, 2023. 10. 15 접속.

23   주윤정, 「이성재 인터뷰」, 국사편찬위원회 구술사 자료, OH_08_019_이성재_08-01(주윤정, 앞의 글, 2013, 98쪽에서 재인용).

의 안마업 독점을 인정하기에 이르렀다.[24] 이에 비해 점복업은 국가가 시각장애인의 독점적 권리를 인정해주지 않은 채 개인들이 영세한 규모로 영위했으므로 차츰 세를 잃었다.

한편 선교 단체 또는 그와 연결된 장애 운동 단체들을 중심으로 외국(주로 미국)의 구호물자가 흘러들어왔고, 안마와는 구별되는 전화교환수, (영문) 타자수, 피아노 조율사 등의 직업교육이 소개되기도 했다. 1905년 미국에서 시각장애인의 자활 운동으로 시작된 '라이트하우스(Lighthouse)'는 국제적 기관으로 성장했고, 일본과 한국 등에도 지회를 세웠다. 서울 라이트하우스를 운영하던 이덕홍 목사는 한국전쟁 중에는 임시수도 부산에서 국립맹아학교 교장으로 임명되기도 하는 등 시각장애인 재활 사업에서 중요한 역할을 했다.[25] 이 밖에도 1950~60년대에 걸쳐 천주교와 개신교 선교 단체의 후원으로 전국 각 도에 맹학교가 문을 열었다. 이들 학교는 규모는 작았지만 지역사회에서 시각장애인 자활의 가능성을 보여주었다.

미국의 지원이 들어오는 또 하나의 중요한 창구는 해외맹인원조재단(AFOB: American Foundation for Overseas Blind, 현 Helen Keller International)이었다. AFOB는 장애 운동가 헬렌 켈러(Helen Keller)가 자산가 조지 케슬러(George Kessler)의 제안을 받아들여 1915년 함께 설립한 기관으로, 설립 당시에는 시력을 잃은 상이군인들의 자활을 돕는 것을 목표로 했으나 차츰 시각장애인 전체의 자활 사업으로 영역을 넓혀갔다.[26] 헬렌 켈러가 전 세계를 순회하며 장애인 운동을 벌이는 것에 발맞

---

24 주윤정, 앞의 글, 2013, 97~99쪽.

25 주윤정, 앞의 글, 2012, 112쪽.

26 "Our History", Helen Keller International web site, https://www.hki.org/who-we-are/our-history/. 2023. 10. 15 접속.

추어 AFOB도 여러 가지 국제적 지원 프로그램을 수행했다.[27] AFOB는 중국 활동에 관심을 두었으나, 국공내전에서 공산당이 승리하면서 타이완과 한국 사업을 확장하게 되었다. 1953년부터 1962년까지 부산 라이트하우스 등 미국과 연결되어 있던 기관들을 중심으로 약 4만 달러에 이르는 후원금을 보내 왔으며, 대전에 직업보도소를 세우기도 했다. 여기에서는 일본식 침구나 안마 교육과 대비되는 (영문) 타자와 피아노 조율 등을 가르쳤다.[28] 1955년에는 아시아 16개국의 대표를 일본 도쿄에 초청하여 '극동맹인사업대회'를 열기도 했다.[29]

하지만 AFOB의 한국 사업은 성공적이라는 평가를 얻지는 못했다. 4만 달러에 이르는 후원금의 대부분은 활동가 인건비를 비롯하여 조직 자체의 운영에 쓰였고, 해외 원조 단체의 운영 방식에 대해 알지 못했던 한국의 시각장애인들은 이에 대해 실망감을 드러냈다. 특히 당시 시각장애인사회의 주류를 이루고 있던 안마업을 외면하는 것에 대해서도 비판적이었다. 주간 『맹인복지』의 논설에서는 "현 한국적 여건하에서 맹인이 새로운 분야의 기술훈련을 받았다고 해서 정상인을 제쳐놓고 맹인을 취업시킬 만한 뒷받침을 정부에서 할수 있는지" 의문을 제기하고, "우리나라의 맹인 교육에 50여 년간을 거쳐 오늘에 이르기까지 시종일관 안마, 침술업을 유일의 직업으로 존중해왔고 현재도이 업으로 생활의 다소를 해결하고 있다는 사실을 외면하는 것"이라고 지적했다.[30] 이렇게 미국식 시각장애인 직업교육은 안마 교육만큼 주도적인 흐름이

---

27 헬렌 켈러는 1937, 1948, 1955년 세 차례 일본을 방문했다. "ヘレン・ケラーと日本ライトハウス", 社会福祉法人 日本ライトハウス, http://www.lighthouse.or.jp/helenkeller.html, 2023. 10. 15 접속.

28 주윤정, 앞의 글, 2012, 120~121쪽.

29 이종우, 「맹인은 인간이 아닌가─극동맹인사업대회를 앞두고」, 『동아일보』 1955. 10. 14, 4면.

30 주간 『맹인복지』 3호, 1966. 8. 7(주윤정, 앞의 글, 2012, 122쪽에서 재인용).

되지는 못했지만, 광복 후 미국의 영향이 절대적으로 커지면서 나름의 영역을 유지하고 있었다.

미국을 방문하여 미국 시각장애인들의 생활상에 감명을 받은 공병우가 새로운 도전에 나선 것은, 이러한 흐름들이 교차하는 가운데 새로운 질서는 아직 확립되지 않은 시점의 일이었다.

맹인부흥원의 설립과 맹인재활교육

맹인부흥원은 1959년 성내동 137번지(현 서울특별시 강동구)에 터를 잡고 문을 열었다.[31] 공병우는 맹인부흥원을 시각장애인들이 "사회에 나가서 당당한 일꾼으로 활동할 수 있도록 만들어보겠다"는 목표를 실현하기 위한 공간으로 구상했다. 약 1천5백만 원의 건립비용은 공병우의 사재로 충당했다. 공병우의 주장에 따르면 "보건사회부에서 장님들의 재활을 위한 기관을 만들겠다는 계획을 듣고 실현될 날을 기다리고 있었으나 6년이 지나도록 아무런 기색도 안 보여 나 자신의 모든 부동산을 정리해 가지고" 사재로 건물을 짓고 교사를 초빙하기로 결심했다고 한다. 일본 라이트하우스에서 근무하던 "가무라"라는 일본인이 여러 차례 서울에 와서 건축과 설비에 대한 조언을 해주었다.[32] 앞서 의안

---

31 성내동은 경기도 광주군에 속했으나 1963년 성동구로 편입되었고, 1975년 강남구를 거쳐 1979년 강동구로 편입되어 오늘에 이르고 있다. 2023년 현재 이 자리에는 '성대 대림e편한세상 2차 아파트'가 있으며, 바로 옆에는 공안과병원 강동점(구 천호동 공안과, 성내동 139)와 공빌딩(성내동 139-2) 등이 있다. 지하철 천호역(5, 8호선)과 강동역(5호선), 강동구청역(8호선) 등이 인근에 있다. 현재 성내동 137번지의 면적은 약 1천1백 평으로, 공병우는 자서전에서 맹인부흥원의 부지가 총 "2천 평"이라고 썼는데, 이는 맹인부흥원뿐 아니라 천호동 공안과와 구 공병우타자기 사 공장(뒷날 매각하였다) 등 주변 관련 시설 전부를 합한 것으로 보인다. 공안과 부지를 제외하고 생각하면, 현재 별도의 상가가 된 옆 필지(136번지)와 137번지를 합쳐서 그 면적이 약 2천 평 정도가 된다.

32 일본 라이트하우스는 1922년 시각장애인 이와하시 다케오(岩橋武夫, 1898~1954)가 오사카

을 지원하는 등 인연을 맺은 AFOB는 맹인부흥원의 운영을 지원하기 위해 1만 달러를 보내주었고, 이후 법적 문제로 해외로부터의 자금 지원이 어려워졌을 때도 교사를 파견하여 교육을 지원했다.[33]

다만 공병우의 회고는 1989년 자서전을 쓸 당시의 기억에 바탕을 둔 것으로, 1959년 이 사업을 시작했을 때 처음부터 온전한 시설을 갖추고 있었던 것 같지는 않다. 1959년에는 맹인부흥원에 관련된 언론 보도를 전혀 찾을 수 없는 것으로 미루어 보아 이 해에는 공안과와 맹인부흥원과 공병우타자기 사(社) 공장의 부지를 마련하여 기틀을 닦았고, 이후 여건에 따라 건물과 시설이 추가되었던 것으로 추정된다. 1965년 6월에는 빈곤한 환자와 시각장애인을 위한 무료 안과 병동이 이곳에 문을 열었다. 공병우가 천호동의 공안과 분원 대지 50평을 서울 라이온스클럽에 기증하고, 라이온스클럽이 회원 성금을 모아 병동(건평 16평)을 세우고 병원의 시설과 운영을 맡는 방식이었다. 진료와 입원비는 무료이며 "공병우 박사가 치료를 전담할 것"이라고 보도되었다.[34] 공병우는 라이온스클럽의 회원이기도 했으므로, 라이온스클럽이 이런 결정을 내리는 데 영향력을 행사했을 것으로 보인다. 라이온스클럽은 비슷한 시기 맹인 한글 타자 경기대회를 주최하기도 했는데, 최고득점자에게 "5천 원의 상금과 공병우 한글 타자기 1대"를 주었다는 보도를 보아도 이와 같은 인적 연결을 짐작할 수 있다.[35]

에 설립한 '점자문명협회'를 모태로 한다. 1935년 '일본 라이트하우스'라는 이름을 얻었고, 이와하시와 헬렌 켈러의 교분 등을 바탕으로 활발한 활동을 펼쳤다. 「社会福祉法人日本ライトハウス沿革」, 社会福祉法人 日本ライトハウス, http://www.lighthouse.or.jp/90th/history-tb.html, 2023. 10. 15 접속.

33 공병우, 앞의 책, 135~136쪽.

34 「가난한 맹인들에 무료 치료—천호동에 라이온즈클럽 병동」, 『동아일보』 1965. 6. 10, 7면; 「시력 나쁜 극빈환자 무료 치료—서울 '라이온즈클럽'서 운동 벌여」, 『동아일보』 1966. 4. 22, 3면.

35 「맹인 타자 경기대회」, 『동아일보』 1967. 11. 4, 4면.

공병우는 국방부를 필두로 정부 부처에 수만 대의 타자기를 납품하면서 시장을 선도했지만, 1969년 과학기술처가 그의 세벌식 타자기를 제치고 새로 네벌식 표준 자판을 발표하면서 박정희 정권과 불편한 관계가 되었다. 이렇게 되자 그가 사업을 키우기 위해 중경재단과 합작했던 일이 도리어 발목을 잡았다. 대주주였던 중경재단은 임의로 공병우타자기 사를 새한사무기기라는 회사에 매각해버렸고, 공병우는 이때 약 1천3백 평에 이르는 공장 부지도 빼앗기고 말았다. 이후 새한사무기기는 이 부지에 동남아시아에 영문 타자기를 수출하기 위한 스미스코로나(Smith-Corona) 타자기 공장을 증설했다.[36]

천호동의 땅 절반가량을 빼앗기는 시련을 겪었지만, 공병우는 남은 1천여 평의 부지에 '맹인재활센터'의 공사를 마치고 1972년 4월 28일 문을 열었다. 맹인재활센터는 "AFOB 및 일본 '라이트 하우스' 등 외국의 기술원조하에 사재를 들여 개관"했고, "눈먼 맹인들에게 각종 공작기술 등 직업교육을 습득, 버림받고 있는 이들에게 사회 복귀의 길을 열어줄 계획"이라고 홍보되었다.[37] 개관을 기념하는 행사로, 이튿날인 4월 29일 세종대왕기념관에서 '제1회 한일 친선 맹인타자대회'도 열렸다. 이 대회는 일본 라이트하우스와 한국맹인재활센터(이사장 공병우)가 협력하여 주최한 것으로, "한일 맹인 선수 5명씩이 참가했으며 중국 선수 1명도 옵저버로 참석, 불구를 이긴 의지들이 놀라운 솜씨를 보였"으며 제2회 대회는 일본에서 개최하기로 했다고 한다.[38]

아래 『동아일보』 기사는 1972년 당시 맹인재활센터의 전모를 파악하는 데

---

36 「'한글 기계화'에 전기—타자기 수급 현황과 생산 계획」, 『매일경제』 1970. 10. 6, 5면. 이에 대해서는 제6장에서 더 자세히 설명할 것이다.

37 「맹인재활센터 개관—공병우 씨 사재 들여」, 『매일경제』 1972. 4. 29, 7면.

38 「불구 이긴 의지 기염—맹인 타자대회, 척수장애자 경기」, 『경향신문』 1972. 4. 29, 7면. 다만 2회 대회는 이듬해가 아니라 1978년 열렸다.

도움이 된다. 여기 드러나듯 맹인재활센터는 공병우의 자평에 따르면 "당시는 장님들을 위해서 너무 사치스러운 시설이라는 비판을 받을 정도"로 좋은 여건을 갖추고 있었다.[39] 공병우는 미국에서 받은 자극 때문에 시각장애인들이 특별한 직업으로만 진출하는 것보다는 비장애인과 어울려 일할 수 있는 것이 더 바람직하다고 믿었으므로, 안마나 침구 등에 편중된 당시의 시각장애인 직업교육에는 비판적이었다. 따라서 시각장애인 자활교육도 한국의 기존 시각장애인 집단과 협조하는 것보다는 해외 모델을 도입하는 것을 중요하게 여겼다. 앞서 언급했듯 건립 과정의 기술 자문이나 초창기의 교사진도 외국에서 초빙했고, 교육과정이나 교육 목표도 서구사회와 같이 비장애인과 어울릴 수 있는 새로운 직업을 갖도록 하는 데 맞추어져 있었다.

> 빛을 잃은 맹인들, 비록 시력은 잃었어도 나머지 감각 기관을 최대한으로 개발훈련시켜 정상인의 사회에 한 인간으로 복귀시키자. 그것은 과학적으로도 얼마든지 가능한 일이다. 외국에서는 이러한 취지의 맹인재활교육이 활발히 실시되고 있으나 우리나라에선 이제야 처음으로 시도되고 있다. 서울 성동구 성내동 137 '한국맹인재활센터'가 바로 그것이다. 이곳에서는 전국 15개 맹학교에서 9명의 학생을 선발, 일체 무료로 생활훈련을 시키고 있다. 이들 중 6명은 기숙사에서 기거하고 3명은 통학을 하는데 외국에서 전문 교육을 받은 5명의 교사가 주야로 함께 생활하며 교육을 맡고 있다. 이들은 아침 7시에 일어나 밤 10시 잠자리에 들 때까지 치밀한 계획 아래 여러 가지 훈련을 받으며 하나라도 제대로 안 되면 거듭 반복, 어떻게든 체득하게 만든다. 교실 식당 운동장 복도 모두가 교육장일 뿐 아니라 교육의 대상이기도 하다. (…) 학교 안에서뿐 아니라 실사회에 데리고 나가서 훈련

---

39 공병우, 앞의 책, 253쪽.

도 시킨다. 다방과 극장에도 가고 쇼핑 승차까지 시켜 마음속에 사물의 개념을 구체적으로 부각시킨다. 이러한 감각 보행 훈련을 받는 동안 맹인들은 자기 소질을 알게 되고 자활의 방법을 찾게 된다. 이들의 의지에 불이 붙으면 집요한 성실을 보이게 되며 미국과 일본의 경우 재활 기관에서 훈련받은 맹인들이 실제로 작업장에서 보통사람보다 훨씬 높은 능률을 올리기도 한다는 것이다. 따라서 종래의 안마 복술 등 이외에 맹인들이 참여할 수 있는 직종(전화교환수, 타이피스트, 기계조립공, 선반공, 제본공 등)은 많이 있으며 철저한 훈련만 받으면 정상인과 어깨를 겨룰 수 있다고 재활센터 소장 남시철(南時哲) 씨는 말했다.

'공안과'를 운영하며 공타자기 맹인 점자타자기 등을 개발한 공병우 박사가 사유지 1천 평에 1천5백만 원을 들여 설립, 일체의 경영도 자기 돈으로 하고 있는 2년 코스의 이 센터는 앞으로 시설 확충과 함께 수용 인원도 늘릴 계획인데 올해의 생활 훈련이 끝나면 내년에는 기계 조립 등 구체적인 직업 훈련을 실시한다는 것. "10여 년 전 나를 찾아온 두 청년의 안질을 내 의술로는 어쩔 수 없어 장님을 만든 후 외국에 나가보니 그런 것쯤 얼마든지 고치고 있는 데에 충격을 받아 맹인복지 사업을 펴기로 했다"는 공 박사는 맹인들에게는 지식도 중요하지만 재활의 길을 개척할 수 있도록 국가적인 시책이 더욱 아쉽다고 강조했다. 한편 동 센터는 28일 정식 개관식을 갖고 맹인들의 재활의식을 높이기 위해 29일엔 한중일 친선 맹인경기대회를 세종대왕기념관에서 연다.[40]

한편 맹인재활센터 주변에는 '한국점자도서관'도 자리를 잡고 있었다. 시각장애인 육병일이 가산을 쏟아 1969년 종로 5가에 점자도서관을 만들었으나, 임대료와 점자 번역 비용 등을 충당하지 못해 위기에 빠지자 공병우를 찾아가

---

40 김언호, 「빛을 주는 사람들─한국 맹인자활센터의 나날」, 『동아일보』 1972. 4. 28.

도움을 청했고, 공병우가 맹인재활센터 옆 135-1번지에 그의 소유로 되어 있던 40평짜리 단층 양옥을 무료로 내주어 도서관으로 쓰게 된 것이다.[41] 이 밖에도 공병우는 성인 정신지체장애인의 자활 공동체 '무궁화촌'의 건립을 위해 강동구 고덕동에 3천여 평의 토지와 임야를 기증하는 등, 다른 장애인 자활 사업에도 기여를 아끼지 않았다.[42]

또한 맹인재활센터에서는 시각장애인들에게 타자뿐 아니라 타자기 조립 및 수리 기술도 가르쳤다. 아래 회고에 보이듯, 공병우타자기 사에서 수입을 벗어나 자체 생산 역량을 갖추면서, 이들은 공병우타자기 사의 공장에 취직하여 조립공으로 일할 기회를 얻을 수 있었다.

> 1960년도 초에는 외국제 영문 타자기를 한글 타자기로 개조하는 기술밖에 없었다. 한글 타자기를 외국에서 만들어 수입해 팔면서, 외국에서 수입한 영문 타자기를 한글 타자기로 개조해 팔았다. 1968년경에 이르러 국산 한글 타자기를 직접 생산하는 공장에서 만들어 팔게 되었다. 이 때 장님들을 타자기 제작 생산 공장에 조립공으로 훈련시켜 채용해 좋은 성과를 거두었다.[43]

여기서 흥미로운 것은, 맹인부흥원이라는 공간에서 시각장애인 타자수 양성 교육을 통해 공병우의 정체성을 이루는 두 중요한 요소가 접점을 찾았다는

---

41 「서울 성내동 한국점자도서관장 육병일씨, "실명으로 못 배운 설움 독서로"—奉仕 18년 폐관 위기 한국점자도서관」, 『경향신문』 1987.01.27. 7면; 「도서관 소개 〉 연혁」, 사단법인 청송교육문화진흥회 한국점자도서관 홈페이지 http://www.kbll.or.kr/about/history.php, 2023. 10. 15 접속.

42 「정신박약아촌 발족—시청각교실, 동식물원 등 낙성」, 『경향신문』 1968. 5. 31, 4면; 「한국 최초의 정신박약아 마을 "무궁화촌" 준공」, 『경향신문』 1973. 5. 21, 7면.

43 공병우, 앞의 책, 275~276쪽.

것이다. 사실 시각장애인과 한글 타자 교육이 연결되는 과정은 의외로 복잡하다. 미국과 유럽에서는 타자기가 발명된 직후부터 시각장애인 자활의 수단으로 타자를 가르치려는 시도가 이어졌다. 자판을 외워서 보지 않고 치는 촉지타자에 익숙해지면 말하는 속도와 비슷하거나 더 빠르게 타자를 칠 수 있고, 시각장애인이나 비장애인이나 그 속도에는 별 차이가 없기 때문이다. 특히 20세기 들어 전화와 축음기와 같은 새로운 기계들이 발명되면서, 타자수의 수요가 늘어났고 시각장애인이 진입할 수 있는 여지도 넓어졌다. 전화 상대의 용건을 타자로 정리하여 사무실 동료에게 전달한다든가, 축음기로 녹취한 음성을 문서로 바꾼다든가 하는 일은 적절한 훈련만 받으면 시각장애인도 똑같이 잘할 수 있는 일이었다. 따라서 구미에서 타자 교육은 시각장애인의 사회 활동을 위한 재활교육의 주요 항목으로 자리잡았다.[44]

동아시아에서도 시각장애인을 타자수로 양성하려는 시도가 있었다. 그러나 문제는 동아시아의 문자 문화가 로마자 타자기와 맞지 않는다는 것이었다. 앞서 살펴보았듯 중문 타자기나 일문 타자기는 로마자 타자기와 생김새도 구조도 전혀 달라서 촉지타자를 할 수 없었다. 이 때문에 동아시아 문자는 촉지타자로 찍을 수 없다고 여기는 이들이 많았다. 다만 일본이나 중국과 달리 한국에서는 한자를 쓰지 않고 한글만 찍는 타자기를 만들면 촉지타자도 가능했으나, 그와 같은 타자기가 쓸모 있는 물건으로 받아들여지려면 한국의 글쓰기 문화 자체가 한자를 쓰지 않는 쪽으로 바뀌어야 했다. 더욱이 앞서 살펴보았듯 동아시아가 근대로 진입하는 과정에서 일본이 한반도에서 점복업을 억압하고 안마와 침구를 장려하는 방향으로 시각장애인 정책을 펼치면서, 시각장애인

---

44 Euclid Herie, *Journey to Independence: Blindness, the Canadian Story*, Dundurn: Toronto, 2005, pp. 108~109.

에 대한 타자 교육은 관심 밖의 일이 되었다.

그런데 어떻게 공병우는 자신의 맹인부흥원에서 시각장애인에게 타자를 가르칠 수 있었던 것일까? 그 배경은 두 가지로 생각해볼 수 있다. 첫째, 공병우 타자기는 시각장애인이 촉지타자로 구술 언어를 실시간으로 받아 적을 수 있는 사실상 유일한 타자기였다. 공병우가 타자기를 만들게 된 것은 자신의 원고 작성에 쓰기 위해서였다. 그는 타자의 이론이나 타자기 제작의 기술적 실제에 대해서는 아는 바가 없었지만, 자신이 만든 타자기로 무엇을 할 것인지에 대해서는 명확한 목표를 세우고 있었다. 속도와 효율을 무엇보다도 앞세운 사람답게, 공병우는 타자기가 글자꼴을 반듯하게 찍을 수 있는가에 대해서는 관심이 없었다. 로마자 타자기처럼 타자수가 생각하지 않고 기계적으로 타자할 수 있는 타자기를 만들겠다는 것이 그의 목표였다. 그 결과 1949년 공병우가 만들어낸 타자기는 순서대로 초성, 중성, 종성의 글쇠만 누르면 되는 구조여서 매우 빠른 속도를 자랑했으며 배우기도 편했다. 이에 비해 다른 한글 타자기들은 글자꼴을 반듯하게 하는 데 신경을 쓰다 보니 하나의 소리에 두 개 이상의 글쇠를 배당한다든가, 받침이 들어가는 음절을 찍을 때는 별도의 받침 글쇠를 눌러야 한다든가 하여 조작하기가 비교적 어려웠고 속도도 공병우타자기보다는 느렸다. 글자꼴이 반듯한 것보다는 빠르고 실수 없이 찍는 것이 더 중요한 작업에는 공병우타자기가 더 적합했다고 할 수 있다. 따라서 시각장애인들이 타자 교육을 받고 구술 언어를 채록하는 등의 일을 하게 된다면 빠르게 촉지타자를 할 수 있는 공병우타자기가 가장 유리했을 것이다.

하지만 시각장애인들에게 구술 언어를 채록하는 일을 누가 맡기겠는가? 이에 대한 답을 두 번째 배경에서 찾아볼 수 있다. 둘째, 공병우는 자신이 원하는 교육과정을 실현시킬 수 있고, 그 교육과정에 따라 양성한 타자수를 채용함으로써 진로 문제를 해결해줄 수 있는 경제력을 갖고 있었다. 시각장애인 교육에 대해 새로운 철학을 갖고 있다고 해서 그것을 사재를 털어가며 당장 실천에 옮기는 사람은 많지 않을 것이다. 설령 실천에 옮긴다고 해도, 새로운 교육과정으로 배운 장애인들을 채용할 곳이 마땅치 않다면 애써 노력한 것이 물거품이 되어버릴 수도 있다. 그러나 서울에서 가장 오래되고 가장 큰 개인 안과병원을 운영하고 있던 공병우라면 그런 문제들을 해결할 수 있었다. 공병우는 맹인부흥원에서 자신의 타자기로 타자를 배운 시각장애인들을 공안과의 접수처에 채용하고, 다른 곳에 적극적으로 취직을 알선하기도 했다. 오른팔이 없는 시각장애인 김종건은 맹인부흥원의 교육을 거쳐 공안과에 사무원으로 취직했는데, 공병우는 그가 "한 손으로 타자기를 잘 쳐 전화 내용뿐 아니라 원장에게 전하는 메시지까지도 보통 사람 이상으로 정확하게 잘 기록하고 있다"고 흡족해 했다.[45] 또한 공병우는 맹인부흥원에서 기계 조립을 익힌 시각장애인을 공병우타자기 공장에 채용하여 타자기 제작 일을 맡기기도 했다.[46]

강영우(1944~2012)는 맹인부흥원을 거쳐 간 시각장애인 중 가장 유명한 사례일 것이다. 그는 덕수중학교에 재학 중 축구 경기에서 눈 부상을 당했고, 그 후유증으로 1961년 완전 실명했다. 가족의 사망까지 여러 불행이 겹치고 생계가 막막해지자 한때 자살까지 생각할 정도로 좌절했으나, 1962년 1월 맹인부흥원에 들어와 그곳에서 숙식을 하며 3월 서울맹학교에 입학했다. 서울맹학교에서는 직업교과목으로 안마를 가르쳤으나 강영우는 안마사가 되기보다는 대학에 진학하기를 원했다. 직업교과를 소홀히 한다고 맹학교와 마찰을 빚으면서까지 대학입시를 준비할 수 있었던 것은 맹인부흥원의 지지가 있었기 때문이

---

45 공병우, 앞의 책, 136쪽.

46 위의 책, 「부록」.

다.[47] 이에 대해 강영우는 자서전에서 다음과 같이 회고하고 있다.

> 천호동 소재 공병우 박사께서 운영하시는 맹인 부흥원에 가서 점자와 타자를
> 배울 수 있다는 것이었다. (…) 1962년 1월, 4년간에 걸친 시력 회복을 위한 투쟁을
> 시작하게 된 것이다. 그곳에 갔더니 맹인 교사가 한 분 계셨는데 건국대학 역사학
> 과에 재학 중이라 하였다. 학생은 나를 포함하여 8명이었다. 그날부터 열심히 한
> 글 타자와 한글 점자 쓰기와 읽기를 연습하였다. 한 달이 지나자 한글 타자로 편
> 지를 쓸 수 있게 되었으며 점자도 속도는 느리지만 쓸 수 있게 되었다. (…) 실명하
> 면 영영 글을 못 쓰게 될 줄 알았는데 한 달도 못 되어 한글 타자로 편지를 써서 이
> 러한 회신을 받고 보니 자신감이 조금씩 생기기 시작하였다. (…) 당시 나는 맹인이
> 되어 자아에 큰 손상을 입어 열등감을 느끼고 있었다. 그런데 창립자이신 공병우
> 박사께서는 가끔 방문하시어 원생이 지은 식사를 우리와 함께 하시고 오락도 즐
> 기는 것이었다. 그 모습은 맹인을 하나의 인간으로 취급해주는 것이 당연한 것임
> 에도 사회가 그렇지 못하기 때문에 무척이나 고맙게 느껴졌으며, 내 자신에 대한
> 인간으로서의 가치를 느끼는 데 도움이 되었다.[48]

강영우는 맹인부흥원의 지지를 등에 업고, 자원봉사자로 만나 뒷날 부인
이 되는 석은옥 등 주변의 도움에 힘입어 1968년 연세대학교 교육학과에 입학
했다. 그리고 체육을 제외한 전과목에서 A학점을 받고 1972년 문과대학 차석
으로 졸업했다. 졸업 후 로타리클럽의 지원을 받아 미국 피츠버그대학 교육대

---

47 황호택, 「'실명 절망' 딛고 미 대학 교수로─한국인 첫 '맹인 박사' 강영우씨」, 『동아일보』
   1991. 7. 30, 9면; 공병우, 앞의 책, 136쪽, 255쪽.
48 강영우, 『빛은 내 가슴에─강영우의 육필 고백』, 한밭출판사, 1983, 42쪽(공병우, 앞의 책, 255
   쪽에서 재인용).

학원으로 유학, 1976년 박사학위를 받아 세간의 화제가 되었다.[49] 이후 노스이스턴 일리노이대학교 교수로 임용되었고, 2001년에는 백악관 국가장애위원회 정책차관보로 발탁되기도 했다.[50] 강영우가 대학에 진학할 때와 미국에 유학할 때 장애인이 신청한 선례가 없어서 부랴부랴 규정을 고쳐야 하는 일이 벌어졌던 것에서도 알 수 있듯이, 그의 시도는 하나같이 장애인에 대한 한국사회의 기존 인식에 도전하는 것이기도 했다.[51]

앞서 강영우의 회고에 "건국대학 역사학과에 재학 중인 맹인 교사"로 언급된 시각장애인 건국대학생 전재경(1936년 출생)도 맹인부흥원과의 인연을 통해 학자의 길을 가게 되었다. 일곱 살 때 녹내장으로 시력을 잃은 전재경은 맹인부흥원과 맹학교를 다니다가, 그곳에서 봉사를 하던 고려대 철학과 대학원생 김영철(후일 같은 학과 교수)의 격려로 대학 진학을 결심하고 건국대 역사지리학과에 입학했다. 강영우와 연을 맺은 것은 대학에 다니면서 맹인부흥원 교사로 활동하던 시절이었는데, 강영우는 그와 만난 뒤 자신도 대학에 갈 수 있으리라는 희망을 갖게 되었다고 한다. 대학 졸업 후에는 미국 퀘이커교단의 후원으로 1965년 유학길에 올라서, 콜럼비아대학교에서 1970년 상담심리학 석사, 1985년에는 박사학위를 땄다.[52] 전재경은 타자 교육으로 어떤 영향을 받았는지에 대해 강영우만큼 구체적인 기록을 남기고 있지는 않지만, 맹인부흥원에서의 경

---

49 김경희, 「실명의 절망 딛고 선 장애자의 등불 강영우 박사」, 『동아일보』 1983. 7. 1, 7면.

50 신태진, 「'빛은 내 가슴에' 강영우 박사, 췌장암으로 별세」, 『크리스천투데이』 2012. 2. 24.

51 물론 강영우가 실명 이전에 명문 덕수중학교를 다녔다는 데서 알 수 있듯, 수학능력이 매우 높았을 뿐 아니라 안마에 투신하지 않아도 생계에 지장이 없는 가정환경이었다는 점을 고려해야 할 것이다.

52 심규선, 「맹인 철학도 '형극의 길' 딛고 인간 승리―도미 20년… 박사로 '금의환향', 전재경 씨 콜럼비아대학서 만학 영광」, 『동아일보』 1985. 6. 10, 11면.

험과 그곳에서 맺게 된 인연에 대해서는 인터뷰 등에서 여러 차례 밝혔다.

공병우는 동아시아 다른 나라의 시각장애인 타자수들과도 교류하고자 했다. 중국의 시각장애인들이 쓰기를 기대하며 주음부호(注音符號) 타자기를 만들어 기증하기도 했고, 일본 맹인직능개발센터와 함께 1972년 4월 29일에는 서울에서, 1978년 11월 9일에는 도쿄에서 한일 맹인 타자경기대회를 열기도 했다.[53] 1972년 4월 29일의 대회는 하루 전인 4월 28일 맹인부흥원이 맹인재활센터로 개편하여 새롭게 개관한 것을 기념하는 행사이기도 했다. 이 두 차례의 대회에서 한국 측 참가자들은 공병우 타자기로 압도적인 속도를 과시하여 공병우를 흡족하게 했다. 1978년의 기록에 따르면, 5분짜리 경기에서 한국 측 선수 4명의 평균 타수는 분당 583타, 최고기록(이병돈)은 분당 평균 614타였다.[54] 오늘날 개인용 컴퓨터 시대의 기준으로도 높은 속도인데, 기계식 타자기가 치는 데 힘이 더 많이 든다는 점과 타자수들이 시각장애인이었다는 점 등을 고려하면 비상한 속도라고 할 수 있다.

이러한 일련의 활동이 얼마나 큰 효과를 거두었는지는 분명치 않다. 공병우는 주음부호 타자기를 개발하여 "장경국 총통 비서실장으로부터 감사장과 선물을 받기도 하였"다고 회고했지만, 주음부호 타자기로는 일반적으로 통용되는 문서를 만들 수 없다는 점을 감안하면 이 발명이 중국어 사용자들에게 큰 의미가 있었을 것 같지는 않다. 일본 시각장애인과의 타자대회도 한국어와 일본어를 타자하는 구조가 다르다는 점, 또한 일문의 구조상 가나만 찍는 타자기의 용도가 극히 제한적이라는 점을 감안하면 실질적인 의미는 약했을 것이다. 대회에서 한국 쪽 참가자들의 성적이 좋았던 것도 공병우와 한국 쪽 참가자들

---

53 공병우, 앞의 책, 146~148쪽.

54 위의 책, 148쪽.

에게 뿌듯한 일이기는 했겠으나, 이를 "한글의 우수성과 한글 타자기의 우수성"까지 연결시키는 것은 다소 비약이라고 볼 수 있다. 그럼에도 불구하고, 이런 이벤트들은 시각장애인 타자 교육에 대한 공병우의 자신감과 자부심을 보여주는 것이어서 주목할 만하다. 맹인부흥원의 교육을 통해 숙련된 타자수를 양성하겠다는 목표를 공병우는 실제로 달성했던 것이다.

공병우 타자기의 배제와 맹인부흥원의 고난

그러나 공병우의 꿈이 마냥 순조롭게 실현되지는 못했다. 그의 맹인재활 사업 가운데 핵심적인 고리였던 타자기에서 문제가 생겼다. 1969년 과학기술처가 새 한글 표준 자판을 발표했는데, 당시 타자기 시장의 절반 이상을 차지하고 있었던 공병우 자판은 표준에서 배제되었다. 자판 표준화 결과 타자 교육의 저변이 넓어지기는 했지만, 공병우와 같이 표준 자판에 동의하지 않은 이들은 그 성장 과정에서 철저히 배제되었다.[55] 이에 따라 맹인부흥원에서 공병우 타자기로 타자 교육을 하는 의미도 반감되었다. 1969년 이전까지의 취업 통계를 확인하기는 어렵지만, 1969년 이후 공병우 타자기로 교육받은 타자수들은 관공서나 학교 등에 취직할 길이 막혀버렸으니 취업이 더 어려워진 것이다.

공병우가 새 표준 자판을 거부한 것은 단순히 자신의 시장 기득권을 지키고자 해서는 아니었다. 그는 자신이 개발한 세벌식 타자기가 한글을 가장 잘 구현할 수 있는 방식이라고 믿었기 때문에 표준 자판 발표 이후에도 그것을 고수했다. 협상의 여지가 없었기 때문에, 권위주의 정부의 배제도 그만큼 철저했다. 공병우 타자기는 학교나 관공서 등에 납품하는 길이 끊겼을 뿐 아니라 정부의 집요한 압박을 받았다. 앞서 언급했듯 공병우는 중경재단의 농간으로 차

---

55 자세한 내용은 다음 장을 참조.

압당한 병원과 집 등을 다시 사들이기 위해 많은 돈을 날리게 되었고, 맹인재활센터 부지도 절반가량 빼앗기고 말았다.[56] 이런 시련을 겪으면서 공병우는 병원 운영도 1977년 둘째 아들 공영태에게 넘겼다. 병원과 타자기 사업에서 모두 손을 뗀 공병우는 자의반 타의반 취미 삼아 사진 촬영에 몰두했다. 그러다가 1980년에는 맹인재활센터도 공안과 병원의 부설 기관으로 재편하여 공영태가 관장하는 것으로 조정하고, 공병우는 미국으로 떠났다. 미국에 간 공병우는 광주민주화운동의 진압 등에 대해 전두환 정권을 비판했고, 그 때문에 1988년까지 귀국하지 못하고 미국에서 머무르게 되었다. 그 와중에 운영난이 가중되면서 맹인재활센터는 결국 1982년 10월에 문을 닫고 말았다.[57]

설립자가 해외에서 유배나 다름없는 처지에 놓이는 바람에 맹인재활센터가 문을 닫기는 했으나, 공병우의 시각장애인 재활 사업에 대한 의지는 사그러들지 않았다. 전재경의 회고에 따르면 "1959년 여름부터 1982년 10월까지 (…) 맹인부흥원을 운영하기 위해 거의 7억 원을 들였"지만, "한 번도 인정받기를 원하거나 부흥원 운영에 얼마가 들었다고 언급한 일이 없다."[58] 그리고 이 열의는 미국 체류 기간이나 귀국 후에도 식지 않았다. 미국 체재 중에 80대의 나이에도 불구하고 매킨토시 컴퓨터를 배운 공병우는, 시각장애인들이 편하게 사용할 수 있는 한글 음성 컴퓨터를 개발하겠다는 목표를 세우고 미국에서 교수로 재직하던 강영우와 상의했다. 이에 필요한 경비를 충당하기 위해 "서울 광

---

56 공병우, 앞의 책, 153~155쪽. 공병우가 1959년 맹인부흥원을 설립할 때는 "2천 평"이라고 회고했지만, 1972년 맹인재활센터 개관식을 소개한 신문기사에는 "1천 평"이라고 되어 있는 것도 이 때문으로 추정된다.

57 공병우, 앞의 책, 256쪽.

58 이태곤, 「공병우 박사와 맹인부흥원」, 『함께걸음』 1996. 7. 1. 인용한 내용 중 "7억 원"은 1996년 당시의 가치로 환산한 것으로 추정된다.

나루 밖에 있는 약 20억 원 상당의 땅과 건물로 법인체를 만들"겠다는 계획을 세우기도 했다.[59] 1989년 출판한 그의 자서전에는 이 사업이 어느 정도 진척을 거두어 "미국의 루즈벨대학 포크 박사"가 "시제품을 만들어내는 데 마침내 성공"했다는 이야기가 실려 있으나, 그 이상의 일은 확인할 수 없다.[60]

이 밖에도 공병우의 시각장애인에 대한 관심은 장애인 일반에 대한 관심으로 확장되기도 했다. 미국에서 매킨토시를 배우면서 "한손용 한글 자판"을 만들어 사람들에게 나눠주었는데, 이는 손에 장애가 있는 이들을 위한 것이었다.[61] 한손용 컴퓨터 자판을 만든 동기 또한 맹인부흥원의 경험에서 그 단서를 찾을 수 있다. 앞서 소개했듯 오른팔이 없는 시각장애인 김종건이 맹인부흥원에서 교육을 받고 공안과에서 사무원으로 일했으며, 공병우는 그의 업무 수행 능력을 높이 사고 있었기 때문이다. 이러한 경험을 토대로 공병우는 손이 불편한 장애인들도 일반 사무를 얼마든지 능숙하게 볼 수 있다는 생각을 하게 되었고, 그를 바탕으로 한손용 자판을 만들었다고 추정할 수 있다.

공병우의 이상은 무엇을 남겼는가?

공병우는 자기 주장이 강하고 쉽게 물러서지 않았던 인물로 잘 알려져 있다. 안과의사, 한글 타자기 발명가, 한글 운동가, 사진작가, 민주화운동가 등 여러 가지 활동에 헌신했고, 그 과정에서 늘 타협하지 않고 자신의 주장을 관철시켜 나갔기 때문에 반대자도 많이 만들었지만 열광적인 지지자도 여럿 확보했다. 공병우의 지지자와 반대자들 모두 그를 기억하면서 그의 개성들, 즉 남

---

59 공병우, 앞의 책, 222쪽.

60 위의 책, 259쪽.

61 위의 책, 258~259쪽.

의 시선을 의식하지 않는 과감함이라든가 한 번 결정한 것은 타협하지 않는 완고함 등에 초점을 맞추었고, 이는 결과적으로 '기인' 또는 '괴짜'라는 공병우의 이미지를 굳혔다. 공병우가 맹인부흥원을 세우고 시각장애인들에게 타자를 가르쳤던 것도 종종 그의 '기행' 중 하나 정도로 취급되기도 한다.

그러나 모든 역사적 인물들이 시대를 반영하듯이, 공병우의 '기행'도 개인의 돌발적 행동이라기보다는 당대 사회상의 산물로 보아야 한다. 공병우가 안과의사로 승승장구하다가 갑자기 타자기를 만들고 타자기 사업에 뛰어들었던 것, 거금의 사재를 들어 맹인부흥원을 세웠던 것, 자신이 개발한 타자기를 맹인부흥원의 시각장애인들에게 가르쳤던 것 등의 일련의 사건은 일견 좌충우돌하는 기행처럼 보이지만 실은 서로 긴밀히 맞물려 있다. 나아가 공병우라는 한 개인이 이렇게 여러 분야에 관여하여 발자취를 남길 수 있었던 것은, 공병우가 나서기 좋아하는 인물이어서라기보다는 그만큼 당시 한국사회의 시스템이 빈틈을 많이 보이고 있었고 그 빈틈은 열의 있는 개인들의 헌신으로 채울 수밖에 없었기 때문일 것이다.

다만 결과를 놓고 본다면, 시각장애인이 사회에서 격리되지 않고 비장애인과 같은 직장에서 어울려 일하도록 돕고 싶다는 공병우의 포부가 온전히 실현되었다고 평가하기는 어려울 것이다. 앞서 소개한 강영우 박사와 같은 소수의 예외를 빼면, 대다수의 시각장애인들에게는 안마가 유일한 직업으로 굳어져 갔다. 공병우 외에도 시각장애인을 속기사로 양성한다든가 하는 시도들이 있었지만, 고용자들이 비장애인 속기사를 제쳐두고 시각장애인 속기사를 고용할 동기가 형성되지 않았고, 사회적 편견도 쉽게 사라지지 않았다. 설사 맹인부흥원이 오래 존속하여 시각장애인 타자수를 다수 양성하는 데 성공했다고 해도, 그것이 오래 지속되지는 못했을 것으로 보인다. 장애인에 대한 차별 문제를 떠나서, 개인용 컴퓨터가 보급되면서 타자수라는 직종 자체가 의미를 잃었기 때문이다. 문서가 아날로그로 생산되던 시절에는 손으로 쓴 메모나 녹음한 대화 등을 타자기로 정서하는 전문 타자수를 기업 또는 기관마다 적어도 한명씩은 고용할 필요가 있었다. 그러나 누구나 자기 책상에 개인용 컴퓨터를 두고 손쉽게 디지털 문서를 생산하고 공유할 수 있는 시대가 되자, 전문 타자수의 역할은 사라져버렸다. 이 점을 감안하면, 맹인부흥원에서 타자수를 성공적으로 양성했다고 가정해도 1980년대 후반 이후에는 그들을 필요로 하는 직장이 더는 남아 있지 않았을 것이다.

시각장애인이 안마업 위주로 사회에 진출하는 것이 반드시 나쁜 일인가 반문할 수도 있다. 즉 공병우의 맹인재활 사업이 시각장애인을 둘러싼 사회경제적 조건들을 면밀하게 분석하지 않고 다만 비장애인의 시혜의식에 기반하여 추진되었던 것은 아닌가도 냉정하게 평가할 필요가 있다. 시각장애인은 사회적 약자로서의 정체성을 공유하면서 자신들 내부에 강한 질서를 쌓고 유지해왔다. 안마업에 대한 독점적 권리를 보장받은 것도 국가로부터의 시혜에 의한 것이라기보다는 시각장애인들이 단결하여 쟁취한 결과로 볼 수 있다.[62] 공병우의 맹인부흥원이 제시했던 맹인재활교육은 여러 가지 직업으로 진출할 수 있는 능력을 길러주기는 했으나 그중 어떤 업종에 대해서도 독점적 권리를 확보하지도 못했고 안정적인 취업을 보장해주지도 못했다. 개인의 자유로운 선택이라는 이상을 중시했던 공병우는 그러한 독점권이 미덕이라기보다는 오히려 개인의 미래를 한 가지로 정해버리는 악습이라고 여겼을 것이다. 그러나 집단으로서의 결속을 중시하는 시각장애인 공동체의 관점으로는, 이 독점권은 오랜 세월에 걸쳐 치열하게 투쟁하여 얻은 소중한 성과이며 대다수 시각장애인의 생존권을 지키기 위한 보루와도 같은 것이었다. 이들에게는 반대로 공

---

62 주윤정, 앞의 글, 2013, 112쪽.

병우가 장애인의 현실을 도외시하고 낭만적인 이상만 제시하는 것이 무책임하게 보였을 수도 있다. 맹인부흥원의 교육과정과 시설이 뛰어나고 공병우가 진심을 다해 후원한다고 해도, 그들을 고용할 시장이 형성되어 있지 않다면 사회에 나가서 무엇을 할 수 있겠는가?

그럼에도 불구하고 공병우의 시각장애인 재활 사업이 "유별난 개인이 벌인 돌출 행위"였을 뿐이라고 간단히 평가해버릴 수는 없다. 맹인부흥원이 한국 사회에 뿌리를 내리고 한국의 시각장애인사회에 지속적인 기여를 하지는 못했지만, 시각장애인들이 "사회에 나가서 당당한 일꾼으로 활동할 수 있도록 만들어보겠다"는 공병우의 이상은 경청할 만한 것이었다. 특히 장애인의 삶에 대한 국가 차원의 대책이 크게 부족했던 개발독재 시기의 한국에서는, 국가 정책이 채워주지 못하는 부분을 공병우와 같은 개인들이 희생을 감수하면서 채워나갈 수밖에 없었다. 공병우라는 인물의 요란해 보이는 족적은, 사실 보건의료와 복지 등의 정책적 기반이 갖춰져 있지 않았던 시절 개인이 스스로의 재능과 의지에만 의지하여 여러 문제들을 해결해야 했던 시대의 한 흔적이라고도 할 수 있다. 공병우의 유명세는 실은 개발독재 시기의 한국에서 어문 정책과 보건의료 정책에 그만큼 빈틈이 많았다는, 그리고 그 틈을 메우기 위해 개인의 헌신과 희생이 필요했다는 간접 증거로 다시 읽어낼 수 있지 않을까?

이러한 맥락에서 시각장애인 공동체는 공병우의 기여를 긍정적으로 기억하고 있다. 비록 공병우가 제시한 미국식 직업교육 모델이 한국의 현실과 맞지 않는 면이 있었다 해도, 막대한 재산을 소진해가며 시각장애인 자활 사업을 벌인 그의 공로에 대해서는 감사하는 평가들이 남아 있다. 김천년이 쓴 미간행 원고 『맹인실록』의 「공병우」 항목은 다음과 같이 그의 기여를 평가하고 있다.

평북 벽동 사람, 안과의사로서 서울 청진동에 공안과를 경영, 다재다능하여 한글 타자기를 1955년경에 개발, 이 타자기가 맹인들에게 애용되니 그의 명성은 갑자기 맹인계에 부각되어 그도 또 맹인들에게 관심이 많아져 맹인부흥원, 맹인 재활센터 등을 세우니 특히 재활센터는 천호동에다 당시로서는 이상적인 시설을 갖춘 건물을 짓고 남시철이라는 의욕에 찬 청년이 그 시제 역할을 맡았었는데 운이 따르지 않았던지 1991년 현재 20여 년의 연조를 가진 육병일 씨가 경영하는 도서관만은 공병우 님의 혜택을 입고 있다. 육병일 씨가 쓰는 건물은 바로 재활센터가 곁에 있는 건물로써 역시 공병우 씨가 지은 건물이다. 그러니 공병우 씨의 맹인계에 끼치는 혜택은 한글 타자기를 비롯해서 은근히 크다. 1991년 현재 각 맹학교 타자과에서 교습용으로 쓰고 있는 타자기는 대부분이 속도주의의 공병우 타자기다.[63]

물론 제도의 빈틈을 개인의 재능과 의지로 채우는 일도 누구에게나 가능한 것은 아니었다. 공병우는 본인의 헌신과 노력에 더하여 주변의 도움도 따랐기 때문에 긍정적인 기억들을 남길 수 있었다. "검정시험 출신의 의학박사", "국내 굴지의 개업의", "한글 운동의 원로" 등 그를 수식하는 여러 치사들은 그가 그만큼 풍부한 사회적 자본을 동원할 수 있었기 때문에 붙은 것이기도 하다. 의료계와 지식인사회의 평안도 인맥, 실력 위주로 대우한 일본인 교수들, 공병우의 세벌식 타자기를 지지한 한글 운동가들 등이 그의 사회적 자본이 되었다. 공병우는 각종 사회적 현안에 대해 이와 같은 유무형의 자산을 투척하기를 주저하지 않았고, 그러다 보니 여러 분야에서 많은 성취를 이루고 추종자를 얻게 되었다. 그리고 이렇게 이질적인 여러 역할들을 오래 맡다 보니 공병우

---

63 김천년, 「공병우(1909[sic.]년 생)」, 『맹인실록』, 미간행자료, c. 1991.

스스로 자기 안에서 그 역할들 사이의 연관 관계를 만들어내고 자신이 여러 가지 역할을 맡는 것을 정당화하기에 이르렀다. 공병우가 좌충우돌하는 기인과 같은 이미지로 기억된 것은 '명사'로서의 책임을 다하기 위한 노력의 결과라고도 할 수 있는 것이다. 각 분야의 시스템이 촘촘히 짜인 오늘날의 한국사회에서는 이렇게 한 개인이 다방면에 걸쳐 영향력을 미치는 일은 기대하기 어려울 것이다. 그런 면에서 공병우의 사례는 한국사회의 형성기와 발전기에 '지식인' 또는 '명사' 계층이 각종 사회 현안에 대응하는 양상을 극적으로 보여주는 흥미로운 사례이기도 하다.

6장

한글 기계화의 분수령이 된 1969년 자판 표준화

1969년 7월 28일, 국무총리 훈령 제81호로 한글 타자기와 인쇄전신기의 표준 자판이 공포되었다. 이것은 국가가 제정한 첫 번째 한글 표준 자판으로, 오늘날 한국에서 사용되는 컴퓨터 표준 자판의 원형이 되었다.

한국의 사례에서 특이한 점은 정부가 표준화 과정에 깊숙이 개입했다는 사실이다. 미국에서는 숄즈(Sholes) 자판, 일명 '쿼티(qwerty) 자판'이 시장에서 지배적 위치를 확고히 하면서 결국 전 세계적으로 로마자의 표준 자판으로 자연스레 자리잡았다. 이에 비해 한국에서는 정부가 기존 사업자들이 채택한 다양한 자판을 무시하고 완전히 새로운 표준을 만들어 시장에 강제했다. 그렇게 제정한 자판은 오늘날까지 쓰이면서 확고한 표준으로 자리잡았으므로 결과적으로는 성공했다고 평가할 수도 있겠지만, 다른 각도에서 평가하면 국가가 관리자나 조정자의 역할이 아니라 직접 행위자를 자임하며 시장에 개입한 것이 과연 적절한 일이었는가 의문을 제기할 수도 있다.

이와 같은 비판적 견해는 특히 1969년 이전 한글 타자기 사업에 뛰어들었던 민간 발명가와 한글 운동가 등의 주장에서 두드러진다. 한국 정부가 표준 자판 제정 과정에서 시중의 기존 타자기를 철저하게 배제하자, 지난 사반세기 동안 자신들이 기여한 바가 제대로 인정받지 못했다고 느낀 민간 발명가들은 표준 자판에 대한 신랄한 비판을 쏟아냈다. 이들은 "과학적 통계와 소비자들의 선택으로 이미 우수함이 입증된 자판이 독재정권의 강압으로 부당하게 밀려났다"고 항변했는데, 이러한 주장은 적지않은 공감을 얻어 각종 매체를 통해 인용되며 복제와 증식을 거듭했다. 예컨대 오늘날에도 인터넷에서 자판 표준화에 대해 검색하면, 아래 주장과 비슷한 이야기가 여러 가지 형태로 변주된 것을 손쉽게 찾아볼 수 있다.

> 정부 예산을 들여 만들어낸 4벌식 자판(1969)은 전문가들로부터 '세벌식과 다섯벌식의 단점만 모은 졸작이다', 2벌식 타자기 자판(1985)은 '네벌식보다 못한 엉터리 자판이다'라고 각각 호된 비판을 받았었다. 여기에는 그럴 만한 이유가 충분히 있다.[01]

반면, 정부 또는 공식적인 기관에서 서술하는 한글 기계화의 역사에는 이와 같은 비판적 견해는 전혀 소개되지 않는다. 국가의 공식 자료에 따르면, 여러 기종이 난립하여 순조롭지 않던 한글 기계화가 자판의 표준화 이후 비로소 본격적인 궤도에 올랐다는 설명만 찾을 수 있다. 그에 비해 1969년 이전에 번성했던 다른 타자기에 대한 이야기들은 한글 기계화의 전사(前史) 정도로 취급되곤 한다. 같은 역사에 대해 이렇게 해석이 갈리는 것을 어떻게 설명할 수 있을까?

---

01 박흥호, 「한글 자판 논쟁, 과학과 제도의 먼 거리」, 『국어생활』 23호, 1990, 91쪽. 박흥호는 국문학도 출신으로 1980년대 말 공병우가 세운 '한글문화원'에 참여해 공병우와 교분을 맺었으며, 뒷날 한글과컴퓨터사의 초창기 주역으로 활동하면서 공병우 자판을 컴퓨터에 맞게 바꾼 세벌식 자판인 '390자판'을 고안하기도 했다.

적극적으로 발화하는 쪽과 의도적으로 무시하거나 침묵 속에 머무르는 쪽의 이야기가 맞서는 경우, 대개 발화하는 쪽이 많은 관심을 받곤 한다. 약자를 동정하는 것도 인지상정이려니와, 침묵하는 쪽이 굳이 밝히지 않는 의도를 읽어내는 일도 쉽지 않기 때문이다. 그럼에도 불구하고 "표준 자판은 단점투성이였다"는 평가가 무비판적으로 복제를 거듭하는 데 대해서는 의문을 품어볼 필요가 있다. 무엇보다도 이러한 평가를 공유하고 복제하는 이들이 사실은 소수에 지나지 않기 때문이다. 국어학자나 타자기 발명가와 같이 본격적인 논쟁에 참여할 수 있는 일부 전문가를 제외하면, 대다수의 사용자들은 큰 문제 없이 표준 자판을 받아들였다. 오늘날 한글의 기계화와 전산화는 매우 높은 수준으로 이루어져 있으며, 각종 기기로 한글을 입력하는 사용자들 대부분은 자판에 대해 특별히 문제를 제기하지 않는다. 그렇다면 1969년 당시에는 무엇 때문에 표준 자판을 둘러싸고 논쟁이 일어났는가? 논쟁의 당사자는 누구였으며, 각각 어떤 입장을 대변했는가? 그 논쟁은 사회 전체적으로 얼마나 파급력을 갖는 것이었는가? 그 논쟁은 어떤 방식으로 해결 또는 해소되었는가? 그리고 오늘날 이 논쟁을 되돌아보는 것은 어떤 의미를 지니는가?

이 장에서는 1969년의 표준 자판 제정 과정을 정리해보고, 그것을 계기로 무엇이 어떻게 바뀌었으며 그를 둘러싼 쟁점은 어떤 것들이었는지 추적하고자 한다. 그리고 이를 통해 한글 기계화의 역사를 재구성할 뿐 아니라 한국인의 언어 생활 변화의 한 단면도 살펴보고자 한다. 1969년의 자판 표준화는 당대 사람들이 인지했건 그렇지 않았건 이후 한국인의 삶에 변화를 가져온 하나의 변곡점이 되었다. 우선 이때 제정된 표준 자판이 오늘날까지 큰 변화 없이 사용되고 있다. 표준 자판의 등장으로 한글 타자의 저변이 크게 넓어지고 전면적인 전산화 추진이 가능했다. 그리고 표준 자판을 둘러싼 논쟁과 갈등의 와중에서, 한글 자판은 기술적 평가의 대상을 뛰어넘어 가치 판단과 정치적 논쟁의 대상이 되었다. 이와 같이 비정치적인 것이 정치화되는 모습은 1960~70년대의 한국사회를 들여다보는 하나의 창이 될 수도 있을 것이다.

불발로 끝난 1950년대의 표준화 시도

앞서 다루었듯 1960년대 한글 타자기 시장이 점차 성장하면서 표준화 문제가 대두되었다. 하지만 표준화 문제에 대한 인식은 그 전에 이미 형성되어 있었다. 미군과 미국 원조 기관 관계자들은 군정기에 일찍이 한글 타자기 개발에 관심을 보였고, 한국전쟁을 계기로 한국(남한) 주둔이 길어지고 각종 원조 프로그램을 운영하면서 이 문제에 대해 지속적인 관심을 갖게 되었다. 한국전쟁 발발 직전인 1950년 2월에는 송기주와 공병우 등이 각각 미국의 원조 자금을 이용해 타자기를 구입하여 공문서 작성에 활용해달라는 청원을 제출하여 국무회의에서 이것을 안건으로 심의하기도 했다.[02] 공병우는 그 뒤에도 관공서의 한글 타자기 보급이 지지부진하자 「한글 타자기 활용에 대한 건의서」를 재차 올리기도 했다.[03] 미국 측 관계자들도 한글 타자기의 개발과 보급 상황을 눈여겨보았다. 미국의 원조 자금을 이용한 사업이어서이기도 했지만, 타자기의 보급이 한국 행정의 효율화에 기여할 것이라고 믿었기 때문이다.

그런데 여러 종류의 한글 타자기가 경쟁하는 상황에서 한정된 원조 자금을 어떤 타자기를 사는 데 사용할 것인지는 이들에게 쉽지 않은 문제였다. 그 답을 찾고자 이들은 한국 정부의 주요 인사들과 수시로 의견을 교환했다.[04] 공

---

02 국무총리비서실, 「한글 타자기 원조 수입에 관한 건」(1950. 2. 4), 국가기록원 관리번호 BA013 5050.

03 국무총리비서실 총무담당관, 「한글 타자기 활용에 대한 건의서」(1951. 9. 27), 국가기록원 관리번호 BA0135094.

04 미국 국립관리기록청, 「J. S. Kim이 이승만에게 보낸 비망록: 한국 타자기에 관하여」, 1956, 국

병우가 언더우드 타자기 사와 협력하여 시장을 선점했으므로 원조 자금으로 구입한 타자기도 공병우 타자기가 다수를 점하기는 했으나, 1950년대 중반 이후 다른 타자기들의 존재도 무시할 수 없는 수준으로 성장하면서 미국처럼 사실상의 독점으로 상황이 정리되기를 기대하는 것은 어려워졌다.

첫 번째 표준화 시도는 문교부가 주도했다. 1957년 4월 13일 한글학회 이사장 최현배가 정부에 「한글 타자기 글자판 통일에 대한 건의서」를 보냈고,[05] 그에 따라 문교부가 '한글 타자기 글자판 합리적 배열에 관한 협의회'를 아래 명단과 같이 구성했다. 1957년에 이 문제가 처음 제기된 것은, 그해 한국어의 어휘 빈도 조사에 대한 보고서가 공식 간행됨으로써 비로소 자판의 '합리적 배열'을 논할 근거가 생겼기 때문이었다.[06]

신두영(국무원 사무국장), 박철재(문교부 기술교육국장), 정재동, 구연석(이상 문교부 기술교육과), 최태호, 홍웅선, 이희복(이상 문교부 편수관), 이재곤, 고규봉, 윤태은, 오홍제(이상 체신부 전신국), 정규석, 김선규, 이용억, 홍소운(이상 육군본부 통신과), 김일관, 박관후(이상 교통부 전신과), 공병우(공병우타자기보급회), 장봉선(한글타이프 사장), 김동훈(화성무역주식회사), 한당욱(대구시), 송계범(광주시, 이상 타자기 발명가와 제조업자들), 최현배(한글학회 이사장), 유제한, 이승화(이상 한글학회), 박종화(전국문화단체총연합회), 주요한(국제문제

가기록원 관리번호 CTA0001508, 17쪽; 미국 국립관리기록청, 「김선기가 W. E. Warne에게 보낸 비망록: 타자기 자판을 위한 통합 방법」, 1956년, 국가기록원 관리번호 CTA0001508, 114쪽.

05 최창식, 「외솔 선생과 한글 기계화」, 『나라사랑』 14, 1974, 208쪽.

06 문교부, 「풀어쓰기 타자기 통일 글자판(안)」(1957. 11. 6), 총무처, 「한글 타자기(풀어쓰기) 통일 글자판 제정에 관한 건(제9회 국무회의 부의 안건)」(1958. 2. 3) 수록(국가기록원 관리번호 BA0084215, 건번호 40-1).

연구소장), 오종식(경향신문사 주필), 백낙준(연세대학교 총장), 김법린(국회의원), 장지영(연세대학교 교수).

협의회 회원은 무려 31명에 이르렀다. 한글 기계화 정책은 한글에 대한 것이었으므로 문교부 어문 정책의 일부였을 뿐 아니라, 텔레타이프에 관한 것이었으므로 체신부와 교통부가 관여하는 통신 정책의 일부이기도 했고, 나아가 군의 문서 작성에 타자기가 널리 쓰였으므로 국방 정책의 일부이기도 했다. 또한 한글을 찍는 기계를 만드는 데 대한 문제이기도 했으므로 산업 정책과 통상 정책의 영역에도 속했다. 그리고 글 쓰는 일을 업으로 삼는 문필가와 기자들도 이 문제에 큰 관심을 가지고 있었다. 이처럼 한글 기계화에 관심을 가진 집단은 매우 다양했고, 이들의 엇갈리는 이해관계와 의견을 조정하는 일은 지극히 어려웠다.

협의회는 한글 자모 빈도 조사 결과를 바탕으로 모아쓰기용과 풀어쓰기용 자판을 각각 하나씩 만들기로 결정하고, 최현배, 주요한, 공병우, 장봉선, 김동훈 등 다섯 사람이 실무자협의회를 따로 구성했다.[07] 이들은 1957년 5월 8일부터 7월 15일까지 열 차례에 걸쳐 회의를 열었지만, 결국 모아쓰기 자판에 대해서는 합의에 이르지 못하고, 장봉선 자판을 바탕으로 한 풀어쓰기 자판의 시안을 내는 데 그쳤다. 보고서에 따르면 "원칙적인 문제에 대한 합의"에 이르렀을 뿐 구체적인 자판의 배열이나 작동 구조 등에 대해서는 의견차를 좁히지 못했던 것으로 보인다. 다섯벌식 모아쓰기 자판의 시안도 보고서 뒤에 "참고"라는 단서를 달아 첨부되기는 했는데, 이것은 시판되던 김동훈 타자기의 자판을 기

---

07 다른 문헌에는 이 밖에 백성죽, 진윤권("진유권"으로 표기되어 있음) 두 명의 타자기 제조업자 이름이 더 올라 있다. 최창식, 앞의 글, 1974, 208쪽.

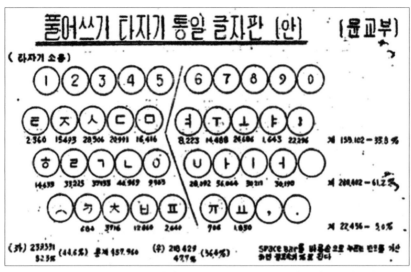

1957년 풀어쓰기 자판 시안(타자기용) 인쇄전신기용은 맨 위의 숫자 줄과 그 다음 줄이 하나로 합쳐져 있는 것을 빼면 나머지 자모의 배열은 동일하다.

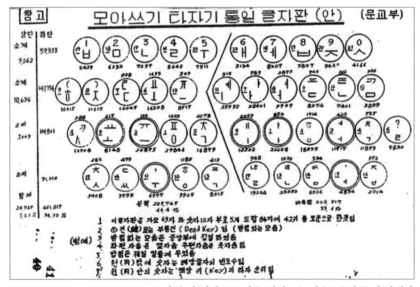

1957년 모아쓰기 타자기 자판 시안 초성 두 벌(옆에 쓰는 자음, 위에 쓰는 자음), 중성 두 벌(받침과 쓰는 모음, 받침 없이 쓰는 모음), 종성 등 다섯 벌로 이루어졌다.

본으로 일부 수정한 것이었다. 이것은 협의회에서 합의된 안이 아니었으므로 표준 자판으로서 효력을 갖지 못했다.[08]

그러나 현실적으로 풀어쓰기 자판의 수요가 없었기 때문에, 결국 문교부가 주도한 자판 표준화 사업은 별다른 반향을 일으키지 못한 채 잊히고 말았다. 이로부터 4년 뒤인 1962년에는 최현배의 주도로 한글학회가 다시 한번 통일 글자판 제정 사업에 착수하여 "각 신문에 통일 자판 고안 모집 광고를 내어, 나라 안은 물론 나라 밖에 이르기까지 널리 알렸"고, 심사위원의 심의를 거쳐 11월 1일 '한글 타자기 통일 글자판'을 발표했다. 그러나 이것은 1957년 문교부가 발표한 풀어쓰기 자판과 거의 똑같은 것을 풀어쓰기와 모아쓰기용으로 이름만 새로 붙여 발표한 것이었기에 역시 많은 호응을 얻지 못했다. 한편 장봉선은 표준 풀어쓰기 자판 시안이 자신이 1956년 특허를 출원한 자판과 같은 것이므로 정부가 특허 사용료를 지급해야 한다고 소송을 걸기도 했다.[09]

이처럼 1950년대의 자판 표준화 시도가 열매를 맺지 못했던 까닭은 무엇일까? 정부 측 관계자들은 기존의 사업자들, 특히 공병우가 기득권을 지키기 위해 자신들의 자판만 고수했기 때문이라고 기억하고 있다. 뒷날 1969년 표준 자판의 제정을 주도한 과학기술처 연구조정관 황해용은 "십여 년 전부터 정부에서 통일된 표준 자판을 확정하려고 여러 차례 시도한 적도 있었으나 그때마다 이해관계에 있는 업자들의 끈덕진 반대로 말미암아 오늘날까지 표준 자판이 없었던" 것이라고 직접적으로 공병우 등을 겨냥했다.[10]

그러나 기득권 다툼이라는 틀로 이 갈등을 설명하려 하면 그 뒤에 숨어 있

---

08   문교부, 「풀어쓰기 타자기 통일 글자판(안)」, 3쪽.

09   「사무 능률화 저해—한글 타자기 건반 배열 통일 시급」, 『매일경제』 1968. 6. 12, 3면.

10   황해용, 「한글 기계화와 표준 자판」, 『과학과 기술』 2권 3호, 1969, 46쪽.

는 한글 기계화에 대한 철학의 차이를 간과할 우려가 있다. 한글이 "세계에서 가장 과학적인 문자"라는 믿음을 견지하는 이들에게 가장 중요한 과제는 단지 잘 작동하는 타자기를 만드는 것이 아니라 "한글 창제 원리를 충실히 구현한" 타자기를 만드는 것이었다. 특히 모아쓰기라는 한글의 특성에서 비롯되는 각종 기술적 제약을 극복하는 것이 가장 중요한 과제였고, 그에 대한 대응 방향을 결정하는 것은 개발자들의 몫이었다. 예컨대 한글 자모를 로마자처럼 풀어 쓰는 타자기는 소리글자라는 한글의 정체성을 지키기 위해 모아쓰기라는 규칙을 포기하자는 한쪽 극단이었다면, 완성된 한글 음절을 한자처럼 낱낱의 '글자'로 취급하는 색인형 공판 타자기는 다른 쪽의 극단, 즉 모아 쓴 한글의 익숙한 외형을 유지하기 위해 '조합할 수 있는 소리글자'라는 정체성을 포기하자는 선택이었다고 할 수 있다.

그렇다면 1950~60년대에 시중에서 경쟁하던 세벌식, 네벌식, 또는 다섯벌식 타자기들은 한글의 기본 원리에 얼마나 충실했다고 평가할 수 있을까? 이들은 앞서 말한 두 극단 사이에서 나름대로 타협의 지점을 찾고 있었다. 예를 들어 김동훈 타자기는 초성 두 벌, 중성 두 벌, 종성 한 벌 등 다섯 벌의 글쇠를 두어 네모반듯한 자형을 만들어내는 길을 택했고, 그에 비해 공병우 타자기는 초성, 중성, 종성에 각각 한 벌씩만 글쇠를 두어 들쭉날쭉한 글자꼴밖에 만들어낼 수 없었지만 쉽게 익히고 빠르게 치는 길을 택했다. 한편 "한글의 창제 원리에 부합하는 타자기"를 중시하는 입장은 이들을 모두 임시변통의 타협으로 여기고, 자모 한 벌씩만 갖춘 두벌식 타자기를 추구했다. 그러나 앞서 여러 차례 설명했듯 기계식 타자기를 두벌식으로 빠르고 편하게 칠 수 있도록 만드는 것은 불가능에 가까운 일이었다.

두벌식 기계화에 대한 믿음은 이 지점에서 풀어쓰기와 맥이 닿는다. 한글을 자모 두 벌로 보는 입장에서 모아쓰기와 두벌식 입력 중 하나를 포기해야

한다면 차라리 모아쓰기를 포기해야 한다는 생각을 하는 이들이 당시에는 적지 않았다. 주시경이나 최현배와 같은 선구적인 국어학자들이 풀어쓰기를 진지하게 고려했던 것도 이 때문이다. 비록 전면적인 풀어쓰기는 현실에 받아들이기에는 지나치게 과격한 주장이어서 큰 세력을 얻지 못했으나, 장차 기술의 발전을 기다리면서 과도적 조치로 풀어쓰기를 용인하자는 정도의 온건한 입장은 적잖은 호응을 얻었다. 1957년에 모아쓰기 자판에 대해서는 합의가 나오지 않았음에도, 쓸 사람도 거의 없었을 풀어쓰기 통일 글자판을 구태여 공표한 것은, 이들이 생각하는 한글 기계화의 종착점이 두벌식 입력이었기 때문이다. 이처럼 두벌식 풀어쓰기에 대한 기대는 뿌리 깊고 튼튼한 것이어서, 심지어 자신의 다섯벌식 자판이 모아쓰기 '참고 시안'으로 채택된 김동훈조차도 풀어쓰기를 옹호하는 이들의 압력에 대해 아래와 같이 불만을 표시하기도 했다.

"한글을 풀어써야 할 것이냐 아니냐"는 앞으로 오랜 시일을 두고 검토되어야
할 문제려니와 백보를 양(讓)하여 한국의 앞날에는 풀어쓰기의 시대가 온다손 치

더라도 그 시기가 오십 년이냐 백 년이냐를 예단할 수 없는 현 단계에서 모아쓰기 타자기를 풀어쓰기 글자판에 억지로 부합시켜서 국민 대중으로 하여금 막대한 불편과 고통을 주어야 할 이유가 어디 있겠는가?[11]

두벌식 기계화를 위해서는 풀어쓰기도 불사하겠다는 생각을 가진 이들에게, 세벌식은 어떻게 보였을까? 공병우와 그의 지지자들은 세벌식 자판이야말로 모아쓰기를 가장 간결하게 기계적으로 구현할 뿐 아니라, 초성·중성·종성이라는 한글의 음운학적 구성 원리에 부합하므로 형이상학적으로도 흠 잡을 데 없는 자판이라고 믿었다. 따라서 장차 전산화 시대로 넘어간다 해도 세벌식은 컴퓨터에 그대로 사용할 수 있는 자판임을 의심하지 않았다. 그러나 두벌식을 지향하는 이들은 이런 생각에 동의하지 않았다. 그들에게는 초성·중성·종성은 한국어의 음운학적 요소일 뿐, '한글'이라는 문자는 자음(닿소리)과 모음(홀소리)의 두 요소로 이루어진 기호 체계라는 것은 확고한 진리였다. 이들의 눈에는 자모 두벌식으로 기계화하는 것만이 '올바른' 해법이고, 세벌식도 네벌식이나 다섯벌식과 질적으로 차이가 없는 임시변통으로 보였을 것이다. 공병우의 세벌식 타자기는 장단점이 각각 뚜렷했기에 지지자도 많았지만 비판자도 많았다. 들쭉날쭉한 글자꼴, 그에 따라 받침을 추가하거나 지워서 글자를 위변조할 가능성, 받침을 찍기 위한 공병우 타자기 특유의 부품인 쌍초점 가이드의 기계적 안정성, 한글 자모의 좌우 배치 등 여러 가지 크고 작은 문제점들이 지적되었다. 공병우는 이러한 문제제기에 대응하여 크고 작은 개량을 거듭하여 신제품을 내놓았지만, 결국 세벌식 메커니즘은 버리지 않고 고수했다.[12] 비판

---

11 김동훈, 「한글 타자기 시비—풀어쓰기와 모아쓰기」, 『동아일보』 1958. 7. 11.

12 예컨대 공병우타자기 사는 위변조 가능성에 대한 대응으로 아라비아 숫자 대신 재무용 한자

자들도 크고 작은 개량을 요구하면서도 결국 세벌식 메커니즘 자체에 대해 회의적인 시선을 거두지 않았다.

장차 기술이 발전한다면 두벌식 기계화가 실현될 것이라고 기대했던 이들은 송계범이 발명한 보류식 두벌 텔레타이프(제4장 참조)에 주목했다. 당시의 기술적 한계로 본인과 주변의 기대에 비해서는 불완전한 점이 적지 않았지만, 이것은 두벌식 한글 기계화의 가능성을 최초로 실현한 기계였기 때문에 한글 기계화의 역사에서 중요한 자리를 차지한다. 풀어쓰기라는 극단적인 선택을 하지 않고도 두벌식 한글 입력이 가능하다는 희망을 준 것이다. 그런 점에서 이 제품은 이어서 살펴볼 1969년 표준 자판에 많은 영향을 미쳤기 때문에, 역사적으로 새롭게 조명할 필요가 있다.

박정희 정부의 표준 자판 제정
상공부 표준국의 세벌식 자판 시안(1968)

1959년의 첫 번째 표준화 시도가 무산된 뒤, 1961년 5·16 군사정변을 계기로 한글 타자기 시장이 성장하게 되었음은 앞에서 살펴보았다. 시장이 팽창하면서 자판 표준화에 대한 요구가 높아졌고, 정부는 1960년대 후반 다시 표준 자판 제정 작업에 착수했다. 1950년대와 달라진 점 중 하나는, 공병우나 김동훈과 같은 타자기 발명가 또는 사업자들이 표준화 논의에서 배제되거나 들러리 정도로만 포함되었다는 점이다. 1959년의 표준화 시도가 무산된 것이 "업자들의 끈덕진 반대" 때문이었다는 정부 측의 판단이 반영되었던 것으로 보인다.

숫자를 넣어 '호적용 타자기'를 시판하기도 했으며, 심지어 반듯한 글씨를 원하는 이들을 위해 다섯벌식 '체재(體裁) 타자기'를 내놓기도 했다. 서울 세종대왕기념관과 근현대디자인박물관 등에 실물이 소장되어 있다.

먼저 표준화를 시도했던 것은 상공부 표준국이었다. 표준국은 1967년 국어학계, 정부 관련 부처, 언론계 등에서 열네 명을 초빙하여 '한글 타자기 글자판 표준화 전문위원회'를 구성하고, 그 아래 "신체적 기능", "타자 이용 조사", "타자 글씨 조사", "공청회 추진", "글자판 배열" 등 다섯 개의 소위원회를 두었다. 전문위원 명단은 아래와 같다. 공병우나 송계범 등 발명가들은 타자 이용 조사 소위원회에는 포함되었으나 전문위원으로는 위촉 받지 못했다.[13]

최현배(한글학회 이사장), 정인섭(중앙대학원장), 한갑수(대한일보사 전무이사), 김성배(국어국문학회 이사장), 한우용(연합기술회사 대표이사), 이규홍(한글기계화연구소 사무국장), [성명 미상](총무처 행정능률과장), 고창식(문교부 편수관), 정창조(국방부 규격장교, 소령), 유병택(특허국 심사관), 정연호(체신부 사무관), 박성유(조달청 사무관), [성명 미상](대한상공회의소 진흥부장), [성명 미상](한글타자협회 집행위원장).

이들은 이듬해인 1968년 한글날을 맞아 '표준 글자판 시안'을 완성했다고 발표하고, 그 시안을 11월 19일 공개했다. 이것은 세벌식이기는 하나 공병우 타자기와는 자판 배열이 전혀 달랐다. 초성은 오른손 가운데 두 줄, 중성은 왼손 가운데 두 줄에 배열하고, 받침은 맨아랫줄에 배열했으며 숫자는 로마자 타자기의 배열을 그대로 살렸다. '우자좌모'(오른손에 자음, 왼손에 모음)의 배열은 공병우 타자기와 유사한 반면, 맨 아랫줄에 받침을 배열한 것은 김동훈 타자기와 유사한데, 이는 위원회가 두 타자기의 지지자들을 설득할 수 있는 절충안을 만

---

13   임종철 외, 『타자 및 워드프로세싱 실기교육방법론』, 종문사, 1988, 59~62쪽. 공청회의 질의 요약 등도 여기에 실려 있다. 임종철은 공병우를 지지한 대구상고의 타자 교사로, 이 교재의 도입 부분에서 한글 타자기의 역사를 상세히 개괄하고 있다.

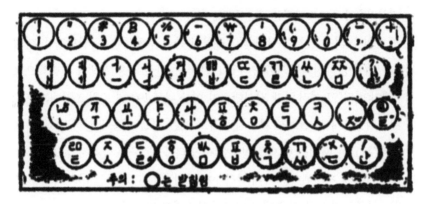

상공부 표준국에서 1968년 11월 19일 발표한 '세벌식 표준 글자판'의 시안

들기 위해 고심한 흔적으로 보인다. 상공부는 "전국 상업고등학교와 타자학원, 정부 관청 등 2백 개소와 협의"를 통해 시안을 마련했다고 발표했는데, 실제 개발을 주도한 것은 한글기계화연구소 사무국장 이규홍이었다.[14] 그러나 이듬해인 1969년 1월 7일 열린 공청회에서 이 시안은 타자기 업계 인사들로부터 냉담한 반응을 얻었고, 결국 공식적으로 채택되지 못한 채 묻히고 말았다.

상공부 시안이 빛을 보지 못한 것은 당시 한글 기계화 사업이 여러 부처에서 조율 없이 추진되고 있었던 상황과도 관련이 있다. 당시 타자기 자판 표준화는 상공부에서, 모노타이프와 라이노타이프 같은 인쇄기의 자판 표준화는 문화공보부에서, 컴퓨터의 자판 표준화는 과학기술처에서 각각 추진하고 있었으므로, 상공부 혼자 기계식 타자기의 표준 자판을 만든다고 해서 자판 문제가 해결될 상황이 아니었던 것이다.

---

14 「3벌식으로 통일—한글타자기 표준화 시안 마련」, 『매일경제』 1968. 11. 20, 3면.

과학기술처 주도로 탄생한 네벌식 표준 자판(1969)

표준화 논의가 이처럼 난항을 거듭하자 관련 부처들은 큰 압박을 느끼게되었다. 대통령 박정희는 "1970년 1월 1일부터는 한글 전용 정책을 전면적으로시행해야 한다"고 여러 차례 지시했으며, 이를 위해 1968년 10월 26일에는 1948년 제정되었으나 큰 실효를 거두지 못하고 있던 '한글 전용에 관한 법률'을 개정하여 "필요한 때에는 한자를 병용할 수 있다"는 문구를 삭제하라고 국무총리 정일권에게 지시했다.[15] 이에 따라 1968년이 저물도록 한글 타자기의 표준자판도 공표하지 못한 것에 대한 비판의 목소리가 높아졌다.

대통령의 지시에 따라, 지지부진한 표준화 논의를 진척시키기 위해 1969년2월 25일부터 여러 부처가 얽혀 있던 한글 기계화 사업을 과학기술처 한 곳에서 총괄하게 되었다.[16] 과학기술처 주도의 「한글 기계화 종합개발 계획(안)」도1969년 5월 6일 제35회 국무회의에서 확정되었다. 과학기술처는 표준화 시안작성 과정에 민간 발명가들과 어문 연구자들을 포함시키지 않았다. 과학기술처는 국어학자나 발명가들이 아니라 "정밀기계 전자통신 및 인간공학 전문가"들로 열여섯 명의 전문심의위원회를 다음과 같이 구성했고, 실제 시안 작성을총괄한 것은 과학기술처 연구조정관 황해용과 같은 관료들이었다.[17]

이창우, 장동환(이상 성균관대 교수), 조선휘(대한기계학회 이사), 오현위(대한전자공학회
회장), 박수명(대한정밀기계센터 기술부장), 김상봉(한국종합기술개발공사), 남준우(한국과학기
술연구소 연구원), 유병택(특허국 심사관), 윤덕규(국립공업연구소 기계제작과장), 이원표(중앙

---

15 「한글 전용 法制化」, 『조선일보』 1968. 10. 27, 1면.

16 「한글 기계화 개발 일원화 종합 추진」, 『조선일보』 1969. 3. 2, 5면.

17 과학기술처, 「한글 기계화 표준 자판 확정 보고서」(1969. 6), 165쪽; 임종철 외, 앞의 책, 1988,
    63~64쪽.

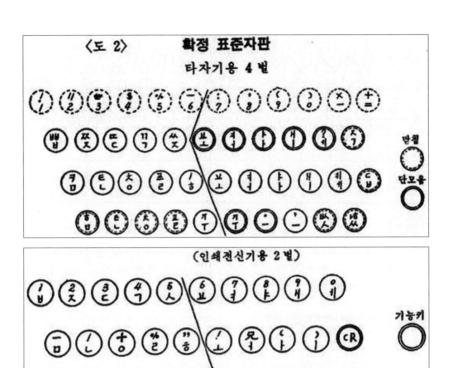

1969년 과학기술처 제정 표준 타자기 자판(위), 표준 텔레타이프 자판(아래)
황해용, 「한글 기계화와 표준 자판」, 『과학과 기술』 2권 3호, 1969, 40쪽.

일보사 공무부장), 최정호(전기통신연구소 통신기좌), 안인식(대한공론사 기사), 현경호(한국과

학기술연구소 연구원), 강명순, 주보순(이상 한국기술사회 기술사), 황해용(과학기술처 연구조정

관).

1969년 7월 28일 국무총리 훈령 제81호로 한글 표준 자판이 발표되었다. 타

자기 자판은 네벌식, 텔레타이프 자판은 두벌식이었다. 당장 논의의 초점이 되

었던 것은 네벌식 타자기 자판이었지만, 이후 한글 기계화의 역사를 생각하면

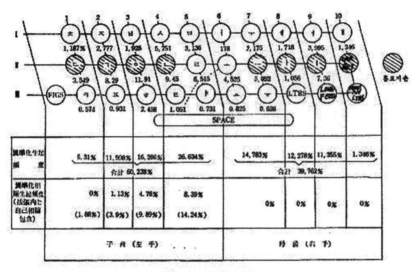

송계범이 제시한 두벌식 타자기의 건반 배열
박영효·송계범, 「한글 타자기의 건반 배열 연구」, 『전기통신연구소보』 9권 2호, 1968, 88쪽.

두벌식 텔레타이프 자판에 오히려 더 주목할 필요가 있다. 두벌식 텔레타이프 자판의 배열은 오늘날 널리 쓰이는 컴퓨터 표준 자판과 거의 똑같기 때문이다. 그리고 네벌식 타자기 자판은 두벌식 텔레타이프 자판에서 자음을 초성과 종성으로, 모음을 받침 없이 쓰는 모음과 받침과 어울려 쓰는 모음으로 각각 두 벌을 만들어 적절히 배치한 것임을 알 수 있다. 초성 자음 가운데 "ㅂ, ㅈ, ㄷ, ㄱ, ㅅ" 다섯 가지는 쌍자음을 만들 수 있는 자음이므로, 기억하기 쉽도록 서로 가까이 몰아두었다.

한편 두벌식 텔레타이프 자판의 배치는 1968년 송계범 등이 제안한 두벌식 전신 타자기용 자판과 상당히 비슷하다. 일부 자모의 위치가 다르기는 하지만, 자음을 왼쪽에 모음을 오른쪽에 배치하고 각 글쇠의 배치는 사용 빈도에 따라 정한다는 기본 구상도 두 자판이 공유하고 있다. 즉 송계범이 1958년 구상한 전

타자기의 구비 조건
황해용, 「한글 기계화와 표준 자판」, 『과학과 기술』 2권 3호, 1969, 41쪽.

기회로를 이용한 보류식 한글 자모 입력이라는 기술이, 10년이 지난 뒤에는 현실에서 적용 가능한 것으로 판단되어 본격적으로 활용되기에 이르렀다고 할 수 있다.

이 과정에서 공병우식 세벌식 타자기와 김동훈과 장봉선 등의 다섯벌식 타자기는 모두 명시적으로 배제되었다. 황해용은 표준 자판 발표 직후 과학기술단체총연합회(과총) 기관지인 『과학과 기술』에 기고한 글에서 이와 같은 의지를 명백히 밝혔다. 그는 "가장 좋은 한글 타자기는 기계 자체의 기계공학적인 요건, 이를 조작하는 인간공학적 여건 및 찍혀지는 글자의 형태학적 요구를 고르게 충족시킬 수 있"어야 한다고 전제하고, 세벌식 타자기는 "인간공학적 여건 (⋯) 에 너무 치중하였기 때문에 속도가 빠른 것이 특징이나 기계공학적 요건 및 글자의 형태학적 요구를 충족시키지 못하고 있"으며, 다섯벌식 타자기는 반대로 형태학적 요구에 치중했기 때문에 나머지 두 요건에서 미흡하다고 주장했다. 그는 이에 비해 네벌식 타자기는 세벌식보다 속도는 약간 뒤떨어지나 "기계공학적 요건 (⋯) 을 완벽하게 충족하고 있으며" 나머지 두 요건도 "거의 고르게 충족"한다고 주장했다.[18] 특히 "기계공학적 요건"에는 장차 전면적인 전산화를 대비한 영문 자판과의 호환성이 중요한 항목으로 포함되었는데, 글쇠가 모자라 맨 위의 숫자 줄까지 한글 자모를 배치했던 세벌식과 다섯벌식 자판은 이런 점에서 부정적인 평가를 받았던 것으로 보인다. 또한 세벌식 타자기의 쌍초점 가이드가 고장이 잦다는 지적도 반영되었다.[19] 결과적으로는 당시 시중에 나와 있던 모든 한글 타자기가 사실상 표준 자판 논의의 시작 단계에서부터 배제되었던 것이다.

공병우 타자기에 대한 비판과 공병우의 대응

이처럼 새 표준 자판 제정에 참여한 이들은 기존에 시장에 나와 있던 타자기들에 대해 회의적 태도를 숨기지 않았다. 특히 공병우의 세벌식 타자기에 대해서는 거부감에 가까운 정서를 드러내기도 했다. 타협이나 절충을 원치 않았던 공병우의 완고한 성격도 중요한 이유였겠지만, 모두를 만족시킬 수 있는 완벽한 한글 타자기가 없던 상황에서 공병우 타자기가 해결하지 못했던 문제점과 한계들도 이들의 비판을 초래한 원인이 되었다.

정부가 네벌식 표준 자판을 발표하면서 대중에게 제시한 공병우 타자기의 단점 중 하나는 '문서의 위변조 가능성'이었다. 세벌식 타자기로 찍은 문서들은 글자의 받침 자리가 비어 있으므로, 나중에 받침을 임의로 추가해 넣음으로써, "이"를 "일"로 또는 "사"를 "삼"으로 바꾸는 식의 위변조가 가능하다는 것이다. 다만 정부 측 논변에서 "문서의 위변조 가능성을 없애기 위해 새로운 자판

---

18 황해용, 「한글 기계화와 표준 자판」, 『과학과 기술』 2권 3호, 1969, 40~41쪽.

19 이강봉, 「'두벌식 한글 타자기는 불편…' 정부의 한글 표준 자판 확정에 항의 이어져」, 『사이언스타임즈』 2006. 6. 18, https://www.sciencetimes.co.kr/news/quot두벌식-한글자판-타자기는-불편-quot/?cat=30, 2023. 9. 1 접속.

을 고안했다"는 식의 이야기가 흔히 나오는 것에 비해, 실제로 당시 뉴스에서 이런 식으로 문서를 위변조한 사건의 사례를 찾기는 어렵다.

오히려 실제로 기계를 다루던 공학자와 발명가들 사이에서 현실적인 문제점으로 지적 받은 것은 '쌍초점 가이드'에서 비롯되는 기계공학적 문제였다. 쌍초점 가이드는 공병우 타자기의 세벌식 메커니즘의 핵심이다. 네벌식이나 다섯벌식 타자기는 받침 있는 모음은 안움직글쇠로, 받침 없는 모음은 움직글쇠로 구별하여 만들기 때문에 한 음절글자가 완성될 때 플래튼이 한 글자 간격으로 이동하여 다음 음절글자를 찍도록 할 수 있다. 이에 비해 세벌식 타자기는 받침이 있거나 없거나 구별 없이 모음 글쇠가 한 벌이기 때문에, 초성과 중성을 찍고 나면 이미 플래튼은 한 글자 간격으로 전진해 있다. 그렇다면 종성을 어떻게 찍느냐가 세벌식 메커니즘을 실현하는 관건이 되는데, 공병우는 타이프가이드를 왼쪽에 하나 더 만들고 종성 글자들이 달린 타이프바를 살짝 비틀어 왼쪽 가이드로 들어가게 함으로써 이 문제를 해결했다. 즉 초성과 중성이 찍혀 플래튼이 전진한 뒤, 다음 입력이 초성이면 빈 자리에 새 음절글자를 찍으면 되고, 종성이면 왼쪽 타이프가이드를 따라 이미 왼쪽으로 전진한 글자를 쫓아가 그 아래 받침을 찍으면 되는 것이다(종성은 안움직글쇠로 만들어 플래튼의 동작에 영향을 미치지 않는다).

공병우 타자기를 지지하는 이들은 쌍초점 가이드가 한글 창제 원리에 맞는 타자기를 실현해준 위대한 혁신이라고 높이 평가했다. 그러나 이에 비판적인 이들은 새 표준 자판이 쌍초점 가이드를 채택하는 것을 반대했다. 쌍초점 가이드로 개조하면 왼쪽 가이드를 따라가는 타이프바를 그에 맞춰 왼쪽으로 비틀어야 하는데, 일부 타이프바가 비틀려 있으면 고속으로 타자할 때 타이프바끼리 엉킬 가능성이 높아지므로 고장이 잦다는 것이 이유였다. 또한 글쇠의 수가 제한되어 있으므로 일부 타이프페이스에는 불가피하게 왼쪽 가이드

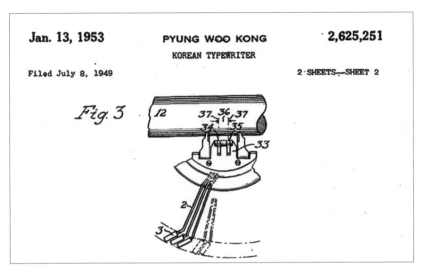

공병우 타자기의 쌍초점 가이드
쌍초점 가이드는 공병우 타자기의 핵심 기술이었지만, 타이프바의 개조 때문에 비판자들로부터 꾸준히 공격 받은 논란의 기술이기도 했다. Pyung Woo Gong, "Korean Typewriter", U. S. Patent 2,625,251, filed July 8, 1949 and issued January 13, 1953.

로 들어갈 활자와 오른쪽 가이드로 들어갈 활자를 함께 배당할 수밖에 없게 되는데, 그 타이프페이스는 곧게 뻗은 모양이 아니라 "S"자처럼 구부러진 모양이 된다. 로마자 대문자까지 찍을 수 있도록 삼단 시프트 구조로 만든 공병우 타자기에서는 이 문제가 더욱 심각하게 드러났다. 쌍초점 가이드 구조에 세 줄의 활자를 싣다 보니 기묘한 형태의 타이프페이스가 들어가게 된 것이다(245쪽 그림 참조).[20] 이렇게 억지로 개조한 타이프페이스는 주변 타이프페이스와 충돌할 가능성이 높아져 잦은 고장의 원인이 된다. 타자 궤적이 정상적이지 않아 글자가 선명하게 찍히지 않는다는 문제도 있다. 또한 이를 만들기 위해 별도의 연

---

20 공병우, 「한영 타자기」, 대한민국 특허공고번호 10-1967-0000435, 1966. 11. 23 출원, 1967. 12. 1 공고.

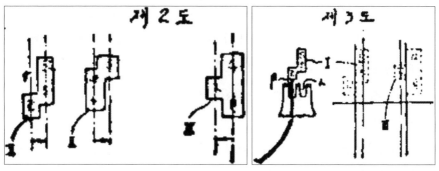

공병우 타자기의 구부러진 타이프페이스

삭 가공을 거쳐야 하므로 타자기의 제작비도 올라가고, 타이프페이스가 크고 무거워지므로 용접한 부위의 안정성은 떨어진다. 공병우 스스로도 이와 같은 문제점을 인식하고 있어서, 1975년에는 구부러진 타이프페이스가 없도록 글쇠 배열을 바꾼 한영 타자기의 특허를 새로 출원하기도 했다.[21]

그럼에도 불구하고, 공병우는 자신의 타자기가 실현 가능한 최선의 기계식 한글 타자기라는 믿음을 굽히지 않았다. 공병우 타자기는 위에서 언급한 기계 공학적 문제점들을 지니고 있었지만, 다른 타자기들도 어차피 로마자 타자기를 개조하고 안움직글쇠와 움직글쇠를 섞어서 배치하는 과정에서 크고 작은 기계공학적 무리를 감수할 수밖에 없었다. 그리고 글자꼴에 대한 비판에 대해서도 공병우는 확고한 입장을 견지했다. 공병우타자기 비판자들은 받침이 있을 때는 글씨가 길게 내려오고 받침이 없을 때는 중간에서 끝나버리는 모습을 보고 "글자 모양이 들쑥날쑥 무슨 빨랫줄에 빨래 널어놓은 것 같다"고 비아냥

---

21   공병우, 「한영 타자기」, 대한민국 특허공고번호 10-1976-0000331, 1975. 2. 4 출원, 1976. 7. 10 공고.

거리기도 했다.[22] 그러나 공병우는 가지런하고 네모반듯한 글자를 요구하는 이들에게, 그것은 타자기가 갖춰야 할 덕목이 아니라며 정면으로 반박하곤 했다. 예쁘게 정돈된 문서를 만드는 것은 조판기와 인쇄기가 할 일이며, 타자기는 서식에 신경 쓰지 않고 빠르게 표준화된 문서를 찍는 것이 본분이라는 게 그의 주장이었다.

타자기가 문제가 아니라 타자기의 역할을 잘못 이해하는 사용자들이 문제라는 공병우의 도발적인 주장은 양극단의 반응을 낳았다. 한글 기계화가 한글 글쓰기 문화를 개혁하는 방편이라고 믿는 이들은 공병우야말로 타자기의 역할을 바르게 이해하고 있는 것이며, 모든 문서가 정서되어야 한다고 믿는 것이 인습과 집착이라고 공격했다. 그러나 이러한 주장이 개인의 믿음을 사용자에게 강요하는 억지라고 여기는 이들도 적지 않았다. 공병우가 그 이전에는 존재하지 않았던 한글 타자기 시장을 개척해내면서 선점했음에도 불구하고 미국의 숄즈처럼 사실상의 독점에는 이르지 못한 까닭도 여기서 찾을 수 있을 것이다. 그리고 시판되는 어떤 타자기도 사실상의 독점에 이르지 못한 상황에서, 막강한 구매력을 바탕으로 시장을 좌지우지할 수 있었던 정부가 일방적으로 표준 자판을 발표함으로써 한글 기계화의 역사는 분수령에 다다르게 되었다.

표준 자판을 둘러싼 논란, 그리고 비정치적인 것의 정치화

표준은 통합의 역할을 하기도 하고, 배제의 역할을 하기도 한다. 표준 자판만 채택하면 누구나 시장에 진입할 수 있게 되었다는 점에서, 표준 자판은 성장기에 접어든 한글 타자기 시장을 통합하고 다음 단계의 성장을 위한 토대를 만드는 역할을 했다. 그러나 표준 자판을 채택하지 않은 장비와 업자에게 새로

---

22 공병우, 앞의 책, 124면.

운 표준은 차가운 배제를 의미했다. 특히 공병우, 김동훈, 장봉선과 같은 기존 사업자들은 자신의 시장 지분을 하루아침에 잃게 된 것은 물론, 정부의 개입이나 지원이 없던 시절 한글 기계화 시장을 형성하기 위해 사재를 털어가며 동분서주했던 공로까지 철저히 부정당했다. 따라서 이들이 1969년의 표준 자판 제정에 반발한 것도 무리는 아니다.

표준 자판이 발표되자 여러 방면에서 비판이 쏟아졌다. 기존 타자기 사업자들뿐 아니라, 일찍이 한글 기계화 관련 논의에 참여했던 국어학자들이나 한글 운동가들도 표준 자판에 호의적인 평가를 내리지 않았다. 우선 이들 중 대부분이 자판 제정을 위한 논의 과정에서 배제되었으므로, 이들은 소수의 기술관료 중심으로 만든 표준 자판에 대해 밀실행정의 산물이라는 의심을 가질 수밖에 없었다. 자연히 "비밀주의와 졸속주의"라는 비판이 일었다.[23]

절차상의 문제뿐 아니라 네벌식이라는 메커니즘이 한글 기계화에 가장 적합한가에 대해서도 회의적인 시각이 우세했다. 황해용 등 표준 자판을 기안했던 이들은 현존 자판의 장점을 취하고 단점을 버려 균형 잡힌 자판을 만들었다고 주장했다. 하지만 비판자들이 보기에 네벌식 표준 자판은 세벌식보다 타자가 느렸고, 다섯벌식보다는 글자꼴이 고르지 않았다. 이에 대해 논의에서 배제되었던 이들은 "과학기술처에서 3벌과 5벌의 중간인 4벌을 선택했는데 이것은 어느 쪽의 특징도 살리지 못해 장점이 하나도 없다"거나 "타자기를 연구하고 만들어본 경험 있는 이는 이에 찬성하지 않을 것이다. 이 방식이 보급되면 국민은 불행할 것이다"라는 등의 거센 비판을 쏟아냈다.[24] 표준 자판 공포를 앞두

---

23 「졸속… 한글 타자기 일원화」, 『동아일보』 1969. 6. 17.

24 「(졸속… 한글 타자기 일원화) 각계의 의견」, 『동아일보』 1969. 6. 17. 인용된 평가는 각각 최현규(타자기 연구가)와 장봉선(張타이프사)의 것이다.

고 6월 14일 과학기술처에서 열렸던 의견청취회의 회의록에서도 당시의 분위기를 짐작할 수 있다. 공청회는 자판 제정 논의에서 소외되었던 공병우와 같은 타자기 사업자들, 주요한과 같은 국어학자들, 한글 운동가 등이 참석한 가운데 성토대회를 방불케 하는 분위기에서 진행되었다. 이들은 국가의 중요한 과제인 표준 자판 제정이 밀실에서 이루어졌으며 공청회는 요식행위에 불과하다고 소리 높여 비판했다.[25]

경기도 이천군 장호원읍사무소에서 근무하던 공무원 성낙승의 글도 실제 타자기 사용자들이 네벌식 타자기에 대해 느꼈던 불만을 보여준다. 그는 네벌식 표준 자판이 세벌식과 다섯벌식의 장점을 모았다는 정부의 발표와는 달리 "속도식과 체재식의 중간에서 둘다 기능을 상실한 느낌"이라고 꼬집으며, 특히 속도면에서는 "공병우식은 [1분에] 200자 이상 찍을 수 있는데 표준판은 60~80자 찍을 수 있다"고 지적했다. 또 표준 자판은 자주 쓰는 글자들을 새끼손가락 쪽에 배당하는 경우가 많아 "그림으로 보면 표준판의 글자 배열이 쉬운 것 같으나 실상 더 어렵다"는 의견을 전하고 있다. 이 밖에도 그는 필요한 특수기호나 겹받침은 없고 불필요한 기호나 쌍자음이 많다는 것, 시프트를 자주 써야 해서 새끼손가락이 쉬이 피로해지고 타자 리듬도 끊긴다는 점 등 여러 가지 아쉬움을 토로했다.[26] 물론 공무원의 처지에서 마냥 정부안을 비판할 수 없기 때문에 "편리한 타자기의 보급은 단시일 내에 한자를 추방할 수 있을 것"이라는 명분을 환기하며 글을 마치고 있지만, 이 글에서 지적한 점들은 대체로 당시 표준 자판이 비판받던 점들과 일치한다.

25   임종철 외, 앞의 책, 1988, 66~68쪽.
26   성낙승, 「회원투고작품: 한글과 타자기」, 『지방행정』 20권 213호, 1971. 7, 238~239쪽.

공병우의 반발과 권위주의 정권의 탄압

그러나 비판자들이 목소리를 높인다고 해서 정부가 이미 만들어놓은 방안을 바꿀 가능성은 매우 낮았다. 앞서 언급했듯 박정희는 1970년부터 완전한 한글 전용 시대를 열 것이라고 선언했고, 권위주의 정권 아래의 국가기구가 민간의 비판에 반응하는 일은 기대하기 어려웠다. 정부는 표준 자판에 대한 비판들에 일일이 대응하기보다는 비판자들을 무시하면서 타자기 사용자 저변을 크게 넓힘으로써 비판을 우회 또는 희석하고자 했다. 과학기술처의 「한글 기계화 종합개발 계획(안)」에는 새로운 자판을 보급하기 위한 로드맵이 함께 제시되어 있었다. 그에 따르면 표준 자판 공포 이후 관공서에서 새로 구입하는 한글 기기는 표준 자판을 장착한 것에 국한되었으며, 중등학교나 사설 학원의 타자 교육과 정부에서 실시하는 타자검정시험도 모두 표준 자판으로만 이루어지게 되었다.[27] 1973년부터는 상업계 고등학교에서 한글 타자가 전문 필수 교과목으로 지정됨에 따라 모든 상업계 고교 졸업생은 표준 자판을 익히고 취업시장에 나가게 되었다.[28] 다시 말해서 표준 자판을 채택하지 않은 한글 타자기나 텔레타이프는 자연히 시장에서 밀려날 수밖에 없게 되었다.

이러한 변화가 반드시 나쁘다고 할 수만은 없었다. 표준 자판이 제정된 뒤로 일선 학교의 타자 교사들은 어떤 자판을 가르칠 것인가와 같은 문제를 더 이상 고민할 필요 없이 교육 내용에만 관심을 쏟을 수 있게 되었다. 표준화된 교육과정에 맞춰 표준 자판을 가르치는 타자 학원도 전국 각지에 생겨났다.[29]

---

27 「한글 기계화 표준 자판 확정에 따른 지시」(국무총리훈령 제81호), 1969. 7. 28 제정.

28 임종철 외, 앞의 책, 1988. 99쪽.

29 '뉴타자학원' 같은 업체들이 이와 같은 시장 확장의 기회를 잡아 전국적 프랜차이즈로 성장했다. 이들은 1980년대 중반 이후로는 컴퓨터학원으로 변신했다.

또한 자판 표준화는 새로운 업체에게 타자기 시장에 진입하는 장벽을 낮춰주기도 했다. 영문 타자기와 달리 한글 타자기의 자판 배열은 글쇠의 벌수와 타자 메커니즘 같은 여러 기술적 문제와 한데 얽혀 있었다. 따라서 자판이 다른 타자기들은 서로 호환되지 않는 부속이 많았으며, 한 가지 자판으로 타자기를 제조하는 업체는 생산공정을 대폭 바꾸지 않고서는 다른 자판의 타자기를 생산하기 어려웠다. 하지만 자판 표준화 이후에는 타자기의 내부 구조나 주요 부속품도 표준화되었고, 그에 따라 부품 단가가 낮아져 새로운 업체가 시장에 진입하기도 쉬워졌다. 표준화 이후 1970년대에 경방기계공업주식회사(사장 이중홍), 동아정공(사장 이범항), 라이카(사장 김동석) 등 새로운 업체들이 타자기 사업에 뛰어든 것은 표준화의 직접적인 결과였다.[30] 수요와 공급이 모두 늘어남에 따라 학생들이 개인 장비로 타자기를 구입하는 것도 1979년 이후 새로운 유행이 되었다.

그러나 이렇게 새로운 업체가 진입하여 시장이 넓어지는 이면에서, 기존의 타자기 제조업체들은 많은 괴로움을 감내해야 했다. 공병우와 김동훈 같은 민간 발명가들은 광복 후 20여 년 동안 한글 타자기 시장을 만들고 키워온 공로를 전혀 인정받지 못했을 뿐 아니라, 표준 자판 위주로 재편되는 시장에서 신생 업체들과 같은 출발선상에 서거나 아예 경쟁에서 배제되었다는 점에서 역차별을 받았다. 또한 만일 표준 자판 채택을 거부하고 자신의 자판을 고수할 경우, 여러 가지 유무형의 탄압을 각오해야 했다. 다섯벌식 타자기로 관급 시장의 40퍼센트 정도를 차지하고 있었던 김동훈은 이러한 변화를 견디지 못하고 결국 타자기 사업에서 손을 뗐다. 공병우타자기 사를 거쳐 서울에서 김동훈

---

30 임종철 외, 앞의 책, 1988, 76~77쪽.

타자기의 총판을 운영하던 이범항은[31] 뒷날 동아(東亞) 재벌에 영입되어 동아정공 대표로 타자기 생산을 주도했고, 전문경영인으로 입지를 굳히기도 했다. 인쇄전신기 시장에서 선전하고 있었던 장봉선은 큰 물의를 일으키지 않고 정부 시책에 협조하여 표준 자판을 받아들이는 길을 택했다.

이들과 달리, 공병우는 표준 자판에 맞서 비타협적인 투쟁을 벌였다. 권위주의 정부의 시책에 감히 맞설 수 있었던 것은 그가 서울에서 가장 크고 오래된 안과병원을 운영하고 있었기 때문이기도 하겠지만, 그보다는 자신이 만들어낸 세벌식 메커니즘에 대한 애착과 자부심이 워낙 컸기 때문일 것이다. 공병우는 기존의 여러 타자기를 분해하고 개조하여 자신만의 타자기를 직접 만들어내는 과정에서, 네벌식 이상은 한글의 창제 원리를 훼손하는 타협이며 두벌식은 기계적으로 제대로 구현할 수 없다고 나름의 경험을 통해 결론 내렸다.[32] 따라서 그의 생각으로는 세벌식이 현실에서 구현 가능하면서도 가장 이상적인 한글 자판이었다. 세벌식 자판은 초성, 중성, 종성에 한 벌씩의 글쇠만을 배당하고 그 밖에 글자꼴 등을 고려하여 중복되는 글쇠도 없으므로, 초성과 종성을 별개의 존재로 보는 관점을 용인하기만 한다면 이론적으로도 두벌식 못지 않게 정당성을 주장할 수 있었다. 공병우는 이와 같은 신념을 바탕으로 표준 자판을 받아들이기를 거부하고 완강하게 저항했다. 자신에게 우호적인 국어학자와 한글 운동가들을 규합하여 공병우 타자기로 타자대회를 열기도 하고, 1972년에는 세종대왕기념사업회 명의로 세벌식으로 된 '한글 기계 기본 글자

---

31 「광고: 한글 타자기 종합 판매 쎈타」, 『동아일보』, 1968. 8. 7, 4면; 「자리잡아가는 전문경영자 시대」, 『동아일보』, 1981. 7. 31, 3면.

32 공병우, 앞의 책, 83~89쪽.

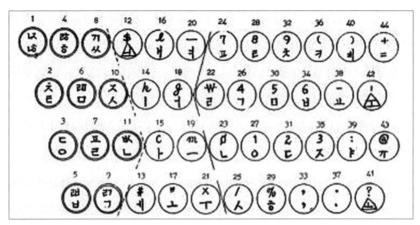

세종대왕기념사업회가 1972년 발표한 한글 기계 기본 글자판(보통 타자기)
세종대왕기념사업회, 『한글 기계 글자판에 대한 심의 보고서』(1972).

판'을 발표하기도 했다.[33] 이미 공병우의 세벌식 한글 타자기 자판에 대한 특허
는 기한이 지났기 때문에 그는 자신의 자판을 다른 제조자들에게 부담 없이 제
공할 수 있었고, 이 싸움이 기득권 다툼이 아니라는 대의명분도 확보할 수 있
었다.

　그러나 3선개헌을 거쳐 유신으로 치닫던 박정희 정부가 이런 식의 저항을
용납할 리는 없었다. 공병우는 정보 기관의 집요한 회유와 탄압에 시달려야 했
다. 공병우의 표준 자판 비판을 표준 자판 옹호와 동일한 비중으로 실어주던
잡지 『현대 한국』은 폐간되었고, 표준 자판에 비판적인 인사들이 참석하는 자
판 관련 토론회나 전시회는 정보 당국의 압력으로 취소되었으며, 과학기술처
에서 후원한 '한글 사무기 전시회'는 공병우 타자기 관련자들의 참석을 허락하

33　세종대왕기념사업회, 『한글 기계 글자판에 대한 심의 보고서』(1972). 『한글새소식』 3호(1972.
　　11. 5)와 4호(1972. 12. 5)에 이 자판의 제정 과정과 개요가 자세히 소개되어 있다.

(굵글 ◎ 속의 글자는 받침이고, 홀글 ○ 속의 글자는 자음과 모음이다.)

민간 통일판의 특징

1. 이 자판은 각종 한글 기계 간의 자판을 한 가지로 통일시킬 수 있다.
2. 하나의 기계로 한글과 로마자를 동시에 실을 수 있다.
3. 이 자판은 4벌식 표준판에 비해 40% 이상 속도가 빠르고, 2배 내지 3배 이상 능률적이다.

공병우의 세벌식 자판을 기본으로 1978년 7월 한글기계화촉진회가 발표한 '민간 통일판'
공병우는 이 시안을 바탕으로 '세종한영타자기'를 만들어 판매했다. 기계식 타자기 시대에 한 대
의 타자기로 로마자와 한글을 모두 찍을 수 있는 것은 공병우 타자기가 유일했으므로, 이 모델은
표준 자판이 아니었음에도 나름의 입지를 가질 수 있었다. 받침은 안움직글쇠로 만들어야 했으므
로 로마자 글쇠를 통상보다 오른쪽으로 두 칸씩 밀어 배치한 것이 특징이다.

지 않았다.[34] 공병우는 1978년 7월 우호적인 인사들을 규합하여 '한글기계화촉
진회'(회장 주요한)의 이름으로 세벌식 '민간 통일판'을 발표하는 등 분투를 멈추
지 않았으나, 정치적 반대자들을 탄압하기 위해 긴급조치를 남발하던 유신 정
권은 이러한 비판에도 아랑곳하지 않았다.[35]

---

34 공병우, 앞의 책, 155~161쪽.

35 「'3벌식'이냐 '4벌식'이냐─한글 타자기 시비 10년째」, 『조선일보』 1978. 7. 19, 5면; 「한글기계
    화촉진회 '민간통일판' 선정」, 『매일경제』 1978. 7. 28, 8면.

이렇게 공병우가 유신 정권과의 정면대결도 마다하지 않았던 탓에, 공병우가 자신의 타자기 사업을 위해 깔아놓았던 포석이 오히려 부메랑이 되어 돌아왔다. 타자기 사업이 한창 순항할 무렵, 공병우는 정부와의 관계를 돈독히 하고 안정적인 환경에서 본업인 병원 일에 더 많은 시간을 쓰고자 군부와 협력했다. 정권의 실세 김재규가 설립한 '중경재단'에 공병우타자기사의 지분을 양도한 것이다. 그런데 1969년 정부가 표준 자판을 발표하고 공병우가 이를 따르기를 거부하자 중경재단과 공병우의 관계는 틀어지고 말았다. 중경재단은 표준 자판이 발표되자 정부 시책을 거스르는 제품을 만드는 데 협력할 수 없다며 공병우타자기 사에서도 네벌식 표준 자판으로 타자기를 만들어야 한다는 입장으로 선회하더니, 공병우가 동의하지 않자 산하의 사무용품 기업이었던 새한사무기기를 움직여 공병우타자기주식회사를 인수해버렸다.[36] 그 와중에 중경재단에 사업을 맡기면서 담보로 맡겼던 공병우의 집과 천호동 병원 부지의 일부도 차압당하고 말았는데, 재단 측은 수수방관하며 공병우에게 모든 손실을 떠넘겼다.[37]

공병우는 결국 반강제로 타자기 사업에서 손을 뗄 수밖에 없었다. 그는 자의반 타의반으로 타자 관련 활동과 사회적 발언을 접고, 새로 시작한 취미인 사진 촬영에 몰두했다. 천호동 공안과와 부설 맹인재활원에서 사용하던 넓은 부지도 차압 후 절반 이상 매각되었다. 타자기 사업에 투신했던 그의 아들 공

---

36 「타자기 수급 현황과 생산계획」, 『매일경제』 1970. 10. 6, 3면. 공병우의 주장에 따르면, 중경재단이 공병우의 부동산을 담보로 은행융자를 받았는데, 표준 자판 제정 이후 그것을 고의로 갚지 않음으로써 은행이 공병우의 부동산을 차압하고 공병우타자기주식회사의 경영권을 빼앗도록 술책을 썼다고 한다. 공병우, 앞의 책, 153~155쪽. 위 기사에서도 공병우타자기를 인수한 새한사무기기는 중경재단과 신탁은행의 합작회사라고 소개되었다.

37 공병우, 앞의 책, 153~155쪽.

공병우 '호적용 타자기'의 활자와 자판 배열도
세종대왕기념관 소장. 글쓴이 촬영.

영길은 종교에 귀의하고 말았다.[38]

공병우가 없는 공병우타자기주식회사는 네벌식 표준 자판에다 공문서 또는 금융 거래에서 쓰는 일(壹), 이(貳), 삼(參) 등의 한자 숫자를 더한 '호적용 타자

---

38 공영길은 '성령쇄신봉사회 대표' 등의 이름으로 1980년대 후반 신문에 광고를 내고, 공개적으로 시국에 대한 의견을 표시하는 등의 활동을 한 기록이 남아 있다. 「노태우 대통령께 드리는 공개편지」, 『동아일보』 1988. 11. 19. 9면 등.

두벌식 표준 자판과 유사한 세벌식 자판을 채택한 공병우 한영타자기
공병우타자기 사에서 활동했던 이윤온이 고안한 절충형 타자기로, 1983년 제정한 두벌식 표준 자판에 더하여 왼쪽에 받침 글쇠를 따로 두었다. 공병우 타자기의 특징인 쌍초점 가이드를 채택하여 받침은 왼쪽 가이드를 따라 찍히도록 했다. 세종대왕기념관 소장. 글쓴이 촬영.

기'를 내놓는가 하면, 두벌식 표준 자판에 왼쪽 구석에 받침 글쇠를 덧붙인 묘한 형태의 세벌식 타자기를 만들기도 했다. 모두 공병우는 한 번도 쓰지 않았던 배열이었다.

분신과도 같은 타자기 회사를 빼앗긴 공병우는 철저히 '재야'로 움직일 수밖에 없었다. 비록 중경재단에게 회사를 빼앗기는 과정에서 큰 손해를 입었지만, 공병우는 여전히 전국에서 가장 유명한 안과병원인 공안과의 원장이었고, 1970년에는 의사 중 두 번째로 많은 세금을 낼 정도로 경제적 여력이 있었다.[39]

---

39 「70년의 고액 납세자」, 『매일경제』, 1971. 3. 3, 1면. 그런데 1970년 이전과 이후로는 공병우가

공병우는 한글 운동 진영에서 타자기에 대한 자신의 생각에 동조하는 이들을 규합하여 정부 표준 자판을 비판하는 토론회를 열기도 하고, 자체적으로 타자기 전시회와 타자 대회를 열기도 했다.

그리고 다른 한편으로는 다시 '공병우 타자기'의 이름 아래 원래의 세벌식 자판을 장착한 타자기를 다시 만들기도 했다. 다만 이미 표준 자판이 기틀을 다져가고 있었으므로 예전 그대로의 세벌식 자판으로 경쟁하기는 어려운 상황이었다. 사용자들이 비표준이라는 어려움을 안고도 굳이 공병우 타자기를 선택하도록 하려면 표준 자판이 할 수 없는 일을 하는 타자기를 선보여야 했다. 공병우는 1970년대 들어 자신이 개발한 여러 타자기 중 한영 타자기(1966년 개발, 1975년 개량)의 판매에 주력했다.[40] 이것은 공병우가 표준에서 밀려난 자신의 세벌식 타자기를 살리기 위해 던진 일종의 승부수라고 할 수 있다. 표준 자판은 네벌식이어서 세벌식보다 글쇠 수가 많았고, 어쩔 수 없이 타이프페이스의 윗자리(시프트키를 누르면 찍히는 자리)까지 한글 자모를 배당해야만 했다. 이에 비해 세벌식 타자기는 글쇠에 여유가 있어서, 아랫자리에 초·중·종성을 모두 넣고 윗자리에는 로마자를 실을 수 있었다. 따라서 공병우는 한영 타자기로 표준 자판 타자기가 채울 수 없는 틈새를 공략하고자 했다. 한글 타자기와 영문 타자기가 모두 필요하지만 두 대를 따로 구입하기는 원치 않는 사용자들이 주요 광고 대상이었다.

의사 중 고액 납세자 순위에 들지 않았다는 점을 감안하면, 공교롭게도 이 해에 유달리 납세액이 높았던 사실에 대한 추가 설명이 필요할 수도 있다.

40 「세대를 나누어 살펴보는 공병우 세벌식 자판 3. 세째 세대 (1960년대 초~1970년대 초)」, 팥알의 블로그, http://pat.im/960, 2023. 8. 9 접속. 이 블로그는 1948년 최초의 공병우타자기부터 최근의 세벌식 컴퓨터 자판에 이르기까지 방대한 자료를 망라하고 공병우 자판에 우호적인 입장에서 그 의의를 평가하고 있다.

공병우 세종한영타자기(1979)
253쪽의 '민간통일판'과 동일한 배열이어서, 이것이 사실상 공병우 한영타자기의 시안이었음을
알 수 있다. 네 개의 글쇠만 흰색으로 표시한 것은, 로마자를 타자할 때 손가락 자리를 잡기 위해서
다. 앞서 그림 설명에서 언급했듯 이 자판은 통상의 타자기와 비교하면 로마자 글쇠가 오른쪽으
로 두 칸씩 밀려 있다. 따라서 한글을 타자할 때는 통상의 자리에서 운지하다가, 로마자 모드로 전
환하면 손을 살짝 오른쪽으로 옮겨 흰색 글쇠에 왼손과 오른손 검지를 놓고 칠 수 있도록 한 것이
다.국립한글박물관 소장.

그 밖에도 공병우는 1990년대까지 기술이 변화할 때마다 세벌식 볼(ball) 타
자기나 세벌식 컴퓨터 자판 등 새로운 기술에 맞는 세벌식 한글 기계를 내놓음
으로써 자신의 자판과 그에 담긴 세벌식 한글 기계화의 이상을 되살리고자 노
력을 멈추지 않았다. 그러한 노력이 세벌식의 세를 다시 일으키는 데까지 이어
지지는 못했다. 하지만 표준 자판의 제정 이후 다른 타자기 발명가들이 별다른

저항을 도모하지도 못했다는 점을 생각하면, 공병우가 주변 환경의 변화에 수동적으로 휩쓸려가기보다는 일말의 가능성이라도 잡아보기 위해 능동적인 노력을 멈추지 않았던 것은 주목할 만하다. 그리고 그의 근성어린 호소에 호응하는 이들도 사라지지 않았다.

아마추어 발명가에서 한글 운동가를 거쳐 민주화운동가로

다방면의 탄압을 겪으면서, 공병우와 그 지지자들은 자신의 싸움을 "과학적 진실을 외면하고 탄압하는 독재정권에 대항하는 투쟁"으로 규정하게 되었다. 공병우가 처음부터 군사정권과 대립했던 것은 아니다. 앞에서 살펴보았듯 공병우 타자기의 가장 큰 수요처는 군이었으며, 그는 군부와의 관계를 유지하기 위해 중경재단과 손을 잡기도 했다. 그러나 그 군사정권이 자신의 타자기를 인정하지 않게 되자 공병우는 정권의 권위주의적 통치행태에 대해 물러섬 없이 비판하기 시작했다. 국어 교사 출신의 시인 송현은 공병우의 권유로 1976년부터 한글기계화연구소에 합류하여, 공병우가 일선에서 물러나 있는 동안 그의 대변인 역할을 했다.[41] 그가 1970~80년대 유인물과 잡지 기고 등을 통해 열렬히 펼쳤던 주장의 요지도 유신 정권의 독단과 불통을 비판하는 것이었다.

공병우는 자신을 지지하는 재야의 한글 운동 단체들과 행동을 함께 하는 과정에서 이들에 대한 지원을 아끼지 않았고, 이러한 연대의식은 다시 공병우 타자기에 대한 지지로 이어졌다. 공병우는 1959년부터 1977년까지 오랫동안 한글학회 이사로 재임하면서, 자신의 회사에서 만든 타자기와 조판기 등을 무상 기증하기도 했다. 이렇게 기증한 기계는 물론 공병우식 자판과 공병우식 글

---

41 송현, 「어느 관리와의 다툼」, 『뿌리깊은나무』 1977년 9월호(송현, 『한글 기계화운동』, 56~57쪽에서 재인용).

한글학회의 기관지 『한글새소식』 창간호(1972. 9).
사진의 기사는 공병우가 기증한 전자동조판기로 이 잡지를 인쇄했음을 알리고 있다. 공병우타자기의 특징적인 글꼴이 눈에 띈다.

꼴을 채택한 것이었다. 한글학회가 1972년 새 기관지 『한글새소식』을 창간할 때 공병우는 편집위원으로 위촉되었고, 이후 『한글새소식』은 46호(1976. 6. 5)까지 "오늘날 우리나라에서 가장 과학적이고 능률적인 '공병우식 타자기'의 키보드를 그대로 적용"한 조판기를 이용하여, 공병우타자기 특유의 글꼴로 찍혀 나왔다.[42] 기부와 후원을 통해 형성된 이와 같은 네트워크는 타자기 논쟁에서 공병우의 지지 기반이 되었다.

공병우는 1981년 미국 체류 중 광주민주화운동 탄압을 비판한 것이 문제가 되어 전두환 정권 내내 귀국하지 못하고 미국에 머물게 되는데, 이를 계기

---

[42] 「신문 만드는 데 큰 횃불—한글 K. M. T 전자동 조판기 드디어 완성」, 『한글새소식』 창간호, 1972. 9, 4면.

로 "당분간 미국에 있으면서 고국의 민주화운동에 힘을 보태면서 전자 시대의 한글 기계화를 연구"하기로 결심했다. 그는 뉴욕과 필라델피아 등에서 재미교포 민주화운동 단체와도 교류하며 자신이 개발한 세벌식 한영 타자기, 식자기, 조판기 등을 기증하여 이들의 활동을 도왔다.[43] 민주화운동과 한글 기계화 운동에 헌신한 공으로 미국 서재필재단으로부터 '서재필상'을 받기도 했다. 이와 같은 인적·물적 교류를 통해 공병우는 '재야' 세력과 깊은 교분을 쌓게 되었고, 이는 다시 공병우의 주장에 도덕적 권위를 실어주었다.

1988년 한국사회를 휩쓸던 민주화 열기에 힘입어 귀국할 무렵, 공병우는 이미 반독재 민주화 투쟁 진영에서 원로로 존중받고 있었다. 귀국 후 진보 성향의 일간지 『한겨레』와 인터뷰하면서 그는 "독립신문이 살아남지 못해 일본에 망했듯이 『한겨레신문』이 발전해야 미국의 신식민지 상태를 벗고 조국이 자주 민주 통일을 이룰 수 있다"고 강경한 어조로 『한겨레』가 상징하는 재야 운동권에 대한 지지를 밝혔으며, "남은 인생은 평화협정, 남북불가침조약, 군축협약, 핵무기 철거, 미군 철수, 중립적 평화통일국가 건립을 위해 노력하고 한글 기계화 운동에 전력을 쏟을 생각"이라고 선언하기도 했다.[44] 정판사 위조지폐 사건 때문에 좌익 계열의 원한을 사고 인민군에 체포되었다가 가까스로 목숨을 구했던 과거 그의 행적을 생각하면 놀랄 만한 변화를 겪은 셈이다. 이러한 맥락에서 대중들 사이에서 공병우의 수난사는 "더 빠르고 효율적이었으나 군사독재정권에 의해 밀려난 세벌식 타자기 이야기"라는 서사로 정리되어, 군사독재의 폐단을 보여주는 사례로 널리 회자되었다. 공병우라는 독특한 개성

---

43 공병우, 앞의 책, 179~189쪽.

44 이재혁, 「인터뷰: '한반도 비극 미국 탓'―8년 만에 귀국한 공병우 박사」, 『한겨레』 1988. 11. 29, 9면.

을 지닌 인물에 대한 존경심과 맞물려, 세벌식 타자기의 수난사는 젊은이들과 지식인층에게 한글 타자기의 역사에 대한 정설처럼 받아들여졌다. 한글 타자기의 표준 자판 문제는 비정치적인 것으로 시작했으나 어느새 정치적인 것이 되어버렸다.

표준화의 빛과 그림자

네벌식 표준 자판은 불과 14년여 만인 1983년 8월 26일, 국무총리지시 제21호로 '개정 표준 자판'이 공포되면서 국가 표준 자판의 지위를 잃었다.[45] 새로운 표준 타자기 자판으로 지정된 것은 1969년 표준 타자기 자판과 함께 발표된 두벌식 인쇄전신기 자판을 개량한 것이었다.

이 타자기 자판에는 자음과 모음 한 벌씩만 새겨져 있어, 외관상으로는 완전한 두벌식 타자기로 보인다. 하지만 타이프페이스를 살펴보면 같은 글자가 위아래로 두 번씩 새겨져 있다. 아랫단에는 받침 없는 모음과 초성 자음이, 윗단에는 받침 있는 모음과 종성 자음이 배당되어 있다. 즉 활자는 네 벌인 셈이다. 그렇다면 두벌식 글쇠로 어떻게 네벌식 활자를 가려 찍을 수 있었을까? 이 타자기를 조작하기 위해서는 타자수가 받침이 있을 때와 없을 때를 구별하여 '받침' 레버를 눌러주어야 했다. 받침 레버를 누르면 시프트락(shift lock)이 작동하며 동시에 '미끄럼판에 의한 동·부동 변환기구'가 작동하여 플래튼과의 연결이 끊어진다. 이 상태에서 모음 글쇠를 누르면 플래튼이 움직이지 않은 채 타이프페이스 상단에 있는 키작은 모음이 찍힌다. 마지막으로 자음 글쇠를 누르면 타이프페이스 상단의 받침이 입력되면서 시프트락은 자동으로 해제되고,

---

45   총무처 법무담당관, 「행정 능률화를 위한 한글 타자기 관련 제도의 보완」, (국무총리 지시 제21호), 『관보』 제9534호, 1983. 9. 5, 대한민국 국가기록원 기록물 관리번호 BA0195530.

정음사 제작, '외솔 타자기'(위)와 자판 부분 확대(아래)
1983년 새 표준으로 지정된 두벌식 자판을 채택한 타자기로, 외솔 최현배의 손자 최동식과 김광성 등이 개발했다. 자판은 오늘날의 컴퓨터 한글 자판과 같아 보이는 두벌식이지만, 실제 타자 메커니즘은 네벌식에 가깝다. 울산박물관 소장.

플래튼과의 연결도 복원되어 다음 음절글자를 칠 수 있게 된다.

이 두벌식 타자기는 기계의 외관은 두벌식이지만 타이프페이스의 활자도 네 벌이고, 실제 타자의 메커니즘도 네벌식에 가까웠다. 오히려 타자수가 일일이 받침이 있는 글자를 구별하여 받침 레버를 눌러줘야 한다는 점에서 기존의 네벌식 타자기와 비교해 더 느리고 불편하다고 여기는 이들도 있었다.

그렇다면 정부는 왜 굳이 개정 표준 자판을 새로 공표한 것일까? 바로 기계식 타자기와 컴퓨터 자판의 통일이 목적이었기 때문이다. 1983년 국무총리 지

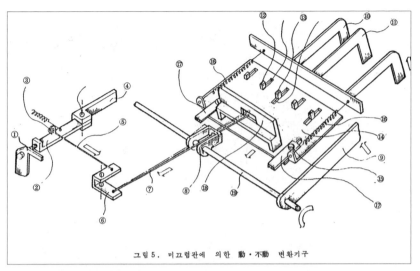

그림 5. 미끄럼판에 의한 動・不動 변환기구

"미끄럼판에 의한 동-부동 변환기구"
한국기계연구소, 『한글 타자기 자판 및 기구 제도 개선에 관한 연구』, 과학기술처, 1985.

시를 보완하기 위해 1985년 공표한 국무총리 훈령 제205호는 이를 잘 보여준다. 훈령에서는 "최근 정보처리용 건반 배열에 의한 컴퓨터 및 전자식 타자기, 워드프로세서가 널리 보급·사용되고 있는 실정이나 종래 사용되던 4벌식 한글 타자기와 자판 배열이 상이하여 타자 기술의 연계 활용이 제한되는 등 사무 능률 향상에 많은 지장을 초래하여왔"음을 지적하고, 이를 개선하기 위해 "이들 상이한 자판을 '공업진흥청 고시 정보처리용 건반 배열'에 따라 통일하여 누구나 쉽게 타자 기술을 습득함은 물론, 습득한 기술을 컴퓨터 등 관련 정보처리기기에까지 다방면으로 활용 가능케 함으로써 인력의 효과적 활용과 더불어 사무 자동화 추세에 대비하고자 별첨과 같이 기계식 한글 타자기 개정 표준 자판을 확정하고, 85. 7월부터 개정 표준 자판을 채택한 타자기를 생산·보급

할 계획"이라고 밝혔다.[46] 즉 1983년의 새 표준 자판은 타자기 자판 자체로서의 미덕보다도 전산기기와의 통일성을 중시하여 제정했다고 할 수 있다. 1969년 인쇄전신기 자판을 컴퓨터 표준 자판이 계승했고, 그것과 통일하기 위해 복잡한 메커니즘을 감수하면서까지 똑같은 자판을 가진 두벌식 기계식 타자기를 개발하고 다시 그것을 새 표준 자판으로 삼은 것이다. 요컨대 1980년대로 넘어오면서 정부의 한글 기계화 정책의 무게중심은 명백하게 개인용 컴퓨터와 같은 전자기기로 이전되었고, 기계식 타자기는 구색을 맞추기 위해 개발한 정도였다고도 볼 수 있다. 전산화가 거스를 수 없는 대세이고 순수한 기계식 한글 기기는 어차피 머지않아 사라질 것이라는 정부의 판단이 이와 같은 과감한 조처의 원동력이었던 것으로 보인다.[47]

새 표준 자판은 빠르게 1969년의 표준 자판을 대체했고 그 기억마저 지워나갔다. 개인용 컴퓨터가 예상보다 빨리 보급되면서, 1980년대에 태어나고 자란 새 세대들은 가정과 학교에서 두벌식 표준 자판이 달린 개인용 컴퓨터를 접하게 되었고, 다른 자판이 있을 수 있다는 가능성조차 생각할 기회 없이 자연스럽게 두벌식 자판을 받아들였다. 오늘날 두벌식 표준 자판을 쓰고 있는 이들 가운데 절대 다수는 표준으로 채택되지 못한 세벌식이나 다섯벌식 자판을 모르는 것은 물론, 14년 동안 표준이었던 네벌식 자판의 존재에 대해서도 잘 알지 못한다.

그렇다면 1969년 표준 자판의 역사적 의의는 무엇인가? 그것은 당대 비판

---

46 총무처 법무담당관, 「한글 기계화 표준 자판 확정에 따른 지시 폐지」(국무총리 훈령 제205호), 1985, 대한민국 국가기록원 기록물 관리번호 BA0196021.

47 새 표준 자판 발표 당시에도 이와 같은 평가가 있었다. 박흥호는 "표준 자판을 위한 KIST 연구는 1969년 2벌식 인쇄 전신기 표준 자판을 컴퓨터 표준 자판으로 선정하기 위한 형식적인 연구였다"고 판단했다. 박흥호, 「한글 자판 논쟁, 과학과 제도의 먼 거리」, 87쪽.

자들의 주장처럼 "단점만을 모은 졸작"이었고, 결국 그 때문에 단명할 수밖에 없었던 실패작인가? 이에 대한 답은 1969년 두 표준 자판 가운데 타자기 자판과 인쇄전신기 자판 중 어떤 것에 주목하느냐에 따라 달라질 수 있다. 타자기 자판을 중심으로 본다면 1969년 표준 자판은 단명하고 잊힌 것이지만, 인쇄전신기 자판을 중심으로 본다면 1983년 표준 자판은 1969년 표준 자판을 그대로 계승하며 적용 범위를 확대한 것이다. 즉 1969년의 네벌식 타자기 자판을 평가하려면 자판 자체의 완성도나 그에 대한 사용자의 호응 외의 요소들을 고려해야 한다. 한글 기계화에 대한 여러 가지 목소리들 가운데 "한글 자모 두 벌만 이용하여 한글을 입력해야 한다"는 주장들은 1960년대까지도 기술적으로 실현 가능성이 낮고 이상에 치우친 주장으로 남아 있었다. 1969년의 네벌식 타자기 자판은 그것을 실현할 수 있는 기술이 세상에 나올 때까지 이 이상론이 살아남을 수 있도록 시간을 벌어주는 역할을 했다. 박정희 시대의 강력한 국가를 등에 업고 이 자판은 다른 경쟁 기술들을 밀어내는 데 성공했으며, 그렇게 확보한 독점적 지위를 1983년 두벌식 컴퓨터 자판에 넘겨주었다. 그리하여 한때는 풀어쓰기 같은 과격한 방식이 아니고서는 불가능해 보였던 두벌식 한글 기계화라는 꿈이 지극히 당연한 일상이 되기에 이른 것이다. 그런 점에서 1969년은 한글 기계화의 역사에서 하나의 분수령이었다고 할 수 있다.

그러나 두벌식으로의 한글 기계화는 미래를 내다보는 것이기는 했으되 과거에 대해서는 철저히 냉담하게 눈을 감은 것이었다. 두벌식 한글 기계화는 전자회로라는 새로운 기술에 의존하는 것이었으므로 타자기와 같은 과거의 기계들과는 사실상 하위호환성이 없다. 즉 오늘날의 표준 자판을 중심으로 한글 기계화의 역사를 쓴다면, 1969년 이전의 기계식 타자기의 이야기는 들어갈 마땅한 자리를 찾지 못하는 것이다. 공병우를 비롯한 민간 발명가들이 정부 주도의 표준화 작업에 반발했던 것도 단순히 경제적 이해관계 때문이라기보다는 이처럼 자신들의 역사적 기여가 철저히 부정당할 수 있다는 위기감 때문이었다고 보아야 할 것이다.

공병우와 그 지지자들은 전열을 가다듬고 1970년대에는 네벌식 자판에 대한 비판, 1980년대에는 컴퓨터 두벌식 자판에 대한 비판을 계속하며 세벌식 자판의 우수성을 열심히 주장했다. 하지만 자판들의 장단점에 대한 평가는 절대적인 것이라기보다는 개인의 기호나 철학에 따라 달라질 수 있는 것이었으므로, 대다수 사용자들은 여러 불편을 감수해가면서 비표준 자판을 택하는 모험을 하지는 않았다. 그 결과 1990년대 초반쯤이면 두벌식으로의 한글 자판 표준화는 압도적인 대세가 되었다. 그리고 누구나 쉽게 배울 수 있는 한글 자판이 보급되면서, 한자를 섞어서 손으로 쓰는 것보다 한글만 컴퓨터로 쓰는 것이 글을 쓰는 더 익숙한 방식으로 자리잡았다. 이런 점에서 1969년 첫발을 뗀 두벌식 한글 자판은 한글 기계화와 한글 전용이라는 오래된 목표들을 달성하는 데 두루 성공했다고 할 수 있다.

다만 특이한 점은, 두벌식 한글 자판의 성공에도 불구하고 공병우식 자판의 사용자가 오늘날에도 적으나마 여전히 남아 있다는 사실이다. 공병우 자판이 비표준 자판 가운데 유일하게 살아남을 수 있었던 이유 중 하나는 그것이 상징하는 명분에 있다. 한국인에게 한글이라는 것이 지닌 상징성을 감안하면, 한글의 기계화는 단순히 "효율적으로" 완수하면 되는 기술적 문제가 아니라 "올바르게" 해내야 하는 문화적이고 정치적인 문제이기도 하다. 오늘날의 세벌식 자판 지지자들 가운데는 타자 동작의 속도나 효율성 때문에 세벌식을 택한 이들도 있지만, 초성·중성·종성에 한 벌씩 글쇠를 배당한 그 이론적 체계에 동의하거나, 또는 "독재정권의 부당한 개입으로 우수한 자판이 밀려난" 것에 대한 비판의식 때문에 세벌식을 택한 이들도 있다. 나아가 세벌식 타자기가 찍어내는 글자의 독특한 미감에 호응하는 이들이 한글 타이포그래피의 다변화에 기여하기도 했다. 초창기에 실용성과 속도를 내세워 각광받았던 공병우식 자판이 오늘날에는 추상적인 명분이나 미적 판단과 결부되어 있다는 것은 예기치 못했던 일이지만, 이 또한 1969년 시작된 한글 자판 표준화가 빚은 뜻밖의 결과 중 하나라고 할 수 있다.

7장

공병우 타자기의 유산과 '탈네모틀 글꼴'의 탄생

공병우는 1988년 귀국하자마자 서울 종로구 와룡동의 옛 공안과 건물의 일부 공간을 떼어 '한글문화원'이라 이름 붙이고 말년의 활동 근거지로 삼았다.[01] 기계식 타자기는 퇴조하고 개인용 컴퓨터의 시대가 되었지만 그는 여전히 세벌식 자판의 우수성을 굳게 믿었으며, 한글문화원을 발판으로 컴퓨터 시대에도 세벌식 자판이 필요하다는 주장을 펴 나가고자 했다. 만 80세가 넘어서도 새로운 기술을 배우는 그의 열정은 여러 분야에 흔적을 남겼는데, 이 장에서 살펴 볼 한글 타이포그래피(typography)도 그중 하나다.

모든 글꼴은 그것을 만든 이의 가치관과 미적 감각을 반영하고, 나아가 그것을 배태한 사회의 문화와 지배적 가치를 따라가거나 선도한다. 예컨대 프랑스에서 만들어진 가라몽(Garamond)은 고전적이고 인본주의적인 단행본 활자체의 분위기를, 영국에서 신문을 위해 만들어진 타임즈 뉴 로만(Times New Roman)은 명료한 인상을 준다. 특정한 글꼴에 대한 선호는 전통적인 종이 매체뿐 아

---

01 이재혁, 「인터뷰: '한반도 비극 미국 탓'—8년 만에 귀국한 공병우 박사」, 『한겨레』 1988. 11. 29, 9면.

가라몽 폰트 샘플(왼쪽)과 타임즈 뉴 로만 샘플(오른쪽)

니라 인터넷 홈페이지와 같은 전자매체에도 이어져 내려오고 있다. 『뉴욕타임즈』나 『뉴요커』와 같은 저명 매체들은 자기네 회사의 종이 신문은 물론 인터넷 뉴스에도 고유의 글꼴을 적용하여 정체성의 일부로 삼고 있다. 로마자를 쓰지 않는 나라에서도 글꼴은 해당 사회의 역사와 문화를 반영한다. 예컨대 한자 문화권에서 널리 쓰는 명조(明朝) 글꼴은 그 이름에 드러나듯 중국 명나라 때의 목판 인쇄 글꼴에서 유래한 것이며, 일본은 에도 시대 벽보나 간판에서 중국이나 한국과도 구별되는 특유의 굵고 힘찬 서체를 발달시키기도 했다.

특정한 시기와 장소에 태어나거나 유행했던 글꼴 가운데는 그 사회문화적 배경과 매우 강하게 결부되어 일종의 정치적 상징이 되어버린 것들도 있다. 이와 같은 폰트로 쓴 글은 그 내용을 분석하기도 전에 읽는 이들에게 특정한 방향의 메시지를 시각적으로 전달하게 되는 것이다. 예를 들어 헬베티카(Helvetica)로 민족주의적이고 국가주의적인 메세지를, 프락투어(Fraktur)로 세계시민주의

헬베티카(왼쪽), 프락투어의 일종인 페테 프락투어(오른쪽)

적인 메세지를 전한다면, 그 폰트들의 역사적 배경을 잘 알고 있는 독자들은 위화감을 느낄 수 있다. 헬베티카는 1950~60년대를 풍미한 스위스 국제주의 양식에서 비롯된 글꼴로서, 장식적 요소를 억제하고 국제적이고 보편적인 가치를 담아내고자 하였다. 반면 프락투어를 비롯한 블렉레터(Blackletter) 계열 글꼴들은 전통적인 독일 문화의 색채가 뚜렷하여 짙은 향토색을 전달하며, 때문에 과거 나치의 선전물에 애용되기도 했다. 다만 서구 문화의 복잡한 맥락을 잘 알기 어려운 다른 문화권의 독자들은 같은 글을 보더라도 별다른 문제를 느끼지 못할 수도 있다. 글꼴의 문화사적 맥락에서 비롯되는 이러한 미묘한 차이들은 폰트의 시각적 효과를 단순히 심미적이고 기술적인 차원에서만 이해한다면 놓치기 쉬운 부분이다. 특정한 폰트의 함의를 온전히 이해하려면 폰트의 역사, 즉 특정한 시대와 지역에서 그 폰트가 걸어온 길을 알아야 한다.

한국에서도 특정한 사회문화적 경향과 강하게 결부된 폰트들이 있다. 글꼴을 심미적 선택의 대상으로서만 여기는 이들도 많지만, 그 역사적 맥락 때문에 특정한 글꼴을 선호하는 이들도 있다. 특히 샘물체, 안상수체, 공한체 등 이른바 '탈네모틀' 글꼴들은 1980년대 말부터 1990년대 중반에 이르는 짧은 시간에 집중적으로 저변을 넓혔다. 이들 글꼴은 그것을 만든 이도 받아들인 이도 단지 그것이 더 아름답다고 생각해서가 아니라 그것이 한글 글꼴이 역사적으로 진보해야 할 방향을 보여준다고 생각했기 때문에 짧은 시간에 큰 인기를 끌 수 있었다. 이런 생각을 이해하려면 역시 당시의 시대적 상황을 이해해야 한다.

이 장에서는 탈네모꼴 계열의 글꼴이 한국의 언중(言衆)들 사이에 자리잡게 되는 과정을 추적하고, 이들 글꼴이 대중에게 선을 보이고 지지를 얻었던 1980년대 후반의 사회문화적 맥락 안에서 그 역사를 재구성해 보이고자 한다. 특히 이 시기 대학을 중심으로 기존 질서에 비판적인 새로운 문화가 형성되었다는 점, 그리고 개인용 컴퓨터(PC) 보급과 같은 기술적 환경의 변화로 말미암아 한글 기계화에 대한 논의도 새로운 전환점을 맞이하게 되었다는 점에 주목할 것이다. 이를 통해 "어떠한 집단이 어떠한 이유로 특정한 모양의 텍스트를 생산하고 유통하기를 선호하는가"라는 질문을 파고들어감으로써, 현대 한글 텍스트의 유통, 인쇄, 출판을 둘러싼 테크놀로지의 복잡한 지형 가운데 한 갈래를 드러내 보이고자 한다.

공병우 타자기의 "빨랫줄에 널어놓은" 글꼴

공병우 타자기가 지닌 가장 큰 특징은 글자의 조형적 균형에 대한 배려를 생략하고 극단적으로 효율을 추구했다는 점이다. 손글씨나 인쇄체 한글 자모는 모아 쓰는 과정에서 크기와 모양이 조금씩 바뀌는 것이 보통이다. 그러나 공병우 타자기는 속도가 빠른 대신 자형의 복잡다단한 변화를 무시해버렸다. 받침이 있으나 없으나 모음의 키가 일정했으므로 받침이 없는 음절글자는 받침이 있는 것들에 비해 위아래로 짧은 꼴이 되었다. 또한 쌍자음 글쇠를 따로 두지 않고 같은 글쇠를 두 번 찍어 입력했으므로 쌍자음이 들어간 음절글자는 옆으로 더 넓은 공간을 차지하곤 했다. 즉 공병우 타자기로 찍은 글자는 너비나 키가 고르지 않고 들쭉날쭉했다. 음절글자들이 윗줄을 따라 정렬되고 받침이 있으면 그만큼 아래로 내려오는 특유의 모양은, 비판자들이 "빨랫줄에 옷을 널어놓은 모양 같다"고 놀리는 빌미가 되기도 했다.

이처럼 당시의 감각으로는 파격적이었던 공병우타자기의 글꼴은 그 최대 장점인 빠른 타자를 가능하게 하는 기술적 전제조건이었지만, 동시에 그것이 더 널리 보급되는 것을 가로막은 결정적 요인이기도 했다. 많은 공무원들은 "받침 자리를 비워둔 공병우 타자기의 글꼴은 위조 가능성이 있다"는 등 갖가지 이유를 들어 타자기를 아예 쓰지 않거나 가지런한 글씨를 찍어내는 다섯벌식 타자기를 쓰곤 했다. 공병우는 기계식 타자기뿐 아니라 인쇄전신기(텔레타이프)와 자동조판기(라이노타이프) 등 다양한 한글 기계를 자신의 자판을 적용하여 만들면서 사실상 한글 기계화 시장을 혼자 힘으로 개척해 나갔다. 하지만 공병우의 한글 기계화 철학에 동의하지 않는 이들도 적지 않았다. 표준화 직전 정부가 관공서의 타자기 보급 현황을 조사한 결과, 공병우 타자기는 약 60퍼센트를 차지하기는 했으나 시장에서 사실상의 표준이 될 정도로 지배적인 1등은 아니었다.[02] 네벌식 또는 다섯벌식 등 글자꼴에 중점을 둔 타자기들이 나머지 40퍼센트를 차지하고 있었다는 점은, 글자꼴의 문제가 공병우의 장담처럼 쉽게 해결될 수 있는 것은 아니었음을 보여준다.

공병우 타자기가 끝내 정부 표준 자판으로 공인받지 못한 데 대해서도 여러 가지 설명이 있지만, 한 가지 확실한 것은 공병우 타자기의 글씨꼴에 만족

02　황해용, 「한글 기계화와 표준 자판」, 『과학과 기술』 2권 3호, 1969, 38쪽.

하지 못한 사용자가 당시 많이 있었고 그것이 정부쪽 입장의 중요한 근거가 되었다는 사실이다. 정부는 표준 자판을 제정하고 나자, 그에 대한 많은 문제제기에도 불구하고 강력한 행정력을 동원하여 표준이 아닌 타자기들을 시장에서 몰아냈다. 그러나 공병우는 자신의 타자기의 기술적 우수성과 형이상학적 정당성을 확신하고 있었으므로, 정부의 표준 자판을 맹렬하게 비판하는 한편 자신의 타자기 보급을 멈추지 않았다. 박정희 정부는 중앙정보부까지 동원하여 공병우를 주저앉히려 했지만, 공병우는 쉽게 굴복하지 않았다.

우선 타자기 사업에만 매달렸던 다른 발명가들과는 달리 공병우는 '공안과'라는 든든한 경제적 배경과 사회적 명망이 있었다. 거기에 한국에서 손꼽는 고집불통으로 알려졌던 그의 독특한 성격도 쉽게 타협을 허락하지 않았다. 자신의 타자기를 지키려던 공병우의 싸움은 점차 정부의 부당한 강압에 항거하는 개인의 투쟁으로 변모해갔다.[03]

앞서 살펴보았듯, 공병우는 표준 자판이 제정되면서 자신의 타자기가 밀려나게 되자 재야 단체와의 연대를 통해 저항하고자 했다. 공병우는 한글 운동 진영에 지원을 아끼지 않았고, 한글 운동 진영은 공병우 타자기에 대한 연대와 지지를 확고히 했다. 이에 힘입어 공병우 타자기는 한글 운동의 대표적 성과 중 하나로 대중의 기억 속에 자리매김할 수 있었다. 반면 '졸속' 시비를 불러일으킨 1969년 표준 자판 제정 과정은 박정희 정권의 비민주적인 운영 행태의 연장선상에서 인식되었고, 그에 따라 공병우는 대중의 많은 동정을 얻었다. 또 많은 한글 운동가들은 정부의 비민주성과 정부의 그릇된 말글 정책(주로 한글 전용론에 대한 무관심)이 서로 무관한 것이 아니라고 여겼다. 따라서 정부의 말글 정책에 불만을 가진 이들은 그 반작용으로 최현배의 한글 전용론과 풀어쓰기 주

---

03 공병우, 『나는 내 식대로 살아왔다』, 대원사, 1989, 153~161쪽.

장, 공병우의 세벌식 타자기 등 각종 '재야' 한글 운동 담론들에 두루 친숙해지게 되었다. 이것은 논리적 정합성을 갖춘 연결이라기보다는 재야라는 공통분모를 지닌 사람들 사이에서 이루어지는 담론의 삼투 또는 습합이었다.

이윽고 1980년대가 되면 이러한 담론의 습합을 바탕으로 공병우 타자기의 글꼴에 적극적인 의미를 부여하려는 시도가 나타났다. 1950년대의 공병우는 자신의 타자기의 글꼴을 비판하는 목소리에 대해 "타자기는 식자기가 아닌 만큼, 모양은 미워도 빨리 찍는 것이 가장 중요하다"는 요지의 다소 소극적인 해명을 내놓았을 뿐이다.[04] 그러나 1980년대에 접어들면서 송현과 같은 이들은 "네모반듯한 글꼴이야말로 한자 시대의 구습"이라며, "탈네모틀 글꼴이야말로 순한글이 지향해야 할 모습"이라는 공세적인 주장을 폈다.[05] 이러한 인식은 최현배가 가로 풀어쓰기를 주장한 『글자의 혁명』(1948)에서 그 연원을 찾을 수 있다. 하지만 최현배의 주장이 당대에 큰 호응을 얻지 못했던 데 비해, 1980년대 공병우와 그 지지자들이 새롭게 편 주장은 상당한 영향력을 미칠 수 있었다. 바로 그와 같은 주장에 공감하는 한글 타이포그래퍼들이 나타났고, 이들이 공병우 진영에서 주장하는 바를 쓸 만한 폰트로 실현해냈기 때문이다.

한글 타이포그래피의 역사적 과제

구체적인 폰트 개발의 이야기로 넘어가기 전에, 1980년대를 전후하여 한글 운동과 한글 타이포그래피 담론이 서로 만나게 되는 지점을 추적해볼 필요가 있다. 당시 여러 경로로 전개된 논의들을 사후적으로 요약한다면, 한글 타이포그래피가 '한국적' 가치를 추구해야 한다는 정도의 주장이 될 것이다. 한글다

---

04   위의 책, 93~94쪽.

05   송현, 『한글자형학』, 월간디자인 편집부, 1985, 41~42쪽의 표.

운 특징을 잘 살릴 수 있는 한글만의 고유한 타이포그래피란 어떤 것인가? 좀 더 구체적으로, 한글 타이포그래피가 일본 타이포그래피의 영향에서 벗어날 수 있는 길은 무엇인가? 이러한 문제를 고민하던 타이포그래퍼들은 한글 운동 쪽의 주장에 귀를 기울이게 되었고, 공병우 타자기 진영의 논리에서 일종의 가능성을 발견하고 새로운 시도들을 해보았다.

민족적 정체성 같은 추상적 가치를 따라 서술하는 것은 한글 타이포그래피의 역사에서 중심 서사는 아닐 수도 있다. 하지만 심미적 또는 기술적 관점으로만 바라볼 때는 보이지 않던 지점들이 이렇게 관점을 달리하면 드러나 보일 수도 있다. 실제로 탈네모틀 글꼴의 개발에 참여했던 이들에게는 "한글을 한글답게"라는 주장이 매우 큰 의미를 지녔기 때문이다.

한글은 낱자모를 모아 쓰는 문자이기는 하지만, 국어학의 이론이 아닌 실제 언어 생활에서 결국 사람들이 인식하고 유통하는 언어의 기본 단위는 낱자모를 조합한 음절글자들이다. 따라서 한글 타이포그래피도 조합된 음절글자를 단위로 발전할 수밖에 없었다. 모아 쓰는 소리글자라는 한글의 특성은 한글을 익히고 쓰는 데는 매우 큰 도움이 되지만 한글 기계화에는 큰 골칫거리가 되었다. 모아 쓰는 과정에서 자모의 위치와 크기가 여러 갈래로 바뀌는데, 타자기의 한정된 자판에는 그것을 다 담아낼 수 없었기 때문이다.

이에 대해 차라리 한글을 풀어쓰면 기계화에 따르는 문제가 모두 해결된다는 급진적인 주장을 하는 이들도 있었다. 하지만 대다수 사람들은 명분에 이끌려 익숙한 현실을 뿌리째 바꾸는 것보다는 눈에 익은 모아쓰기를 유지하는 것을 선호했다. 이것은 단순히 미학적인 선호라기보다는, 당시 인쇄 및 출판 산업의 현실적인 요구를 반영한 선택이기도 했다. 조판이나 인쇄의 관점에서는 모아쓴 한글을 음절 단위로 취급하면 한자나 가나와 다른 점이 없다. 낱낱의 음절글자를 통째로 하나의 활자로 만들면 한글의 특성상 활자의 개수가 크게 늘어나기는 하지만 기술을 운용하기는 한층 쉬워진다. 공판 타자기, 조판기, 식자기, 인쇄기 등 일본에서 한자와 가나에 맞춰 개발한 각종 기계들을 큰 개조 없이 그대로 사용할 수 있기 때문이다.

일찍이 아시아 다른 나라에 거점을 둔 유럽 선교사들이 한반도에 들일 한글 『성서』를 찍기 위해 한글 활자를 만들었던 선례 등이 있기는 했지만, 인쇄와 출판에 관련된 제반 기술은 일본의 영향을 강하게 받았다. 여기서 비롯된 경로 의존성은 여러 층위에서 오래 지속되었다. 일제강점기 한반도의 인쇄소들은 일본의 모리사와(モリサワフォント)나 샤켄(写研) 등에서 만든 조판기를 도입하면서 가나와 한자 활자도 같이 도입했다. 활자와 함께 '명조'나 '고딕'과 같은 활자체의 이름이나 활자의 치수를 '호' 단위로 표현하는 규격 등도 모두 일본에서 들어왔다.[06] 이 밖에도 도서의 판형이나 인쇄기의 규격 등 기술 시스템의 제반 요소도 일본에서 형성된 것을 받아들일 수밖에 없었다.

따라서 한글 타이포그래피는 이미 잘 짜여 있는 일본 타이포그래피의 체계 안에서 출발할 수밖에 없었다. 조형 면에서도 한자 글꼴까지 다시 디자인하는 것보다는 기존에 일본에서 사용하던 한자 활자와 잘 어울리도록 한글 글꼴을 맞추는 것이 현실적으로 더 효율적인 선택이었다. 따라서 인쇄용 한글 글꼴의 조형은 처음부터 "가나와 잘 어울리도록 디자인된 한자와 잘 어울리도록" 해야 한다는 제약조건 안에서 시작할 수밖에 없었다.

이처럼 기계화를 전제로 한 근대의 한글 글꼴은 출발부터 '원죄'를 안고 있었다. 이로부터 발생하는 문제는 두 가지로 생각해볼 수 있다. 첫째, 한글의 이론적인 기본 단위는 스물 네 개의 닿소리와 홀소리들이지만, 한글을 쓰거나 인

---

06 류현국, 『한글 활자의 탄생: 1820~1945』, 홍시, 2015. 특히 12장, 「근대 한글 신식 활자의 명칭 변화」를 참조.

쇄할 때 현실적인 조형의 단위는 그것들을 조합하여 만든 음절글자일 수밖에 없었다. 그런데 이렇게 한글을 음절 단위로 취급하는 방식의 기계화는, 관점에 따라서는 닿소리와 홀소리를 모아 쓰는 글자라는 한글 고유의 정체성을 훼손하는 일일 수 있다. 간단한 소리글자인 한글은 그 기계화도 로마자와 마찬가지로 간단히 이루어지는 것이 마땅하다고 믿었던 이들은, 음절글자를 단위로 한글을 기계화하는 것은 한자의 기계화와 다를 바 없다고 여겼다. 가장 간단한 소리글자인 한글의 기계화가 가장 복잡한 뜻글자인 한자의 기계화 방식을 따라간다는 것은 한글의 장점을 자진해서 버리는 부조리한 일이라는 것이 이들의 믿음이었다. 실제로 음절글자를 한글 활자의 기본 단위로 삼을 경우, 현대 한글의 자모 스물네 개에 쌍자음, 이중모음, 겹받침까지 모두 헤아리면 이들을 조합해 만들 수 있는 음절글자는 11,172자에 이른다. 국어학자들이 생각하는 한글은 스물 넉 자이지만 조판공이 생각하는 한글은 만 이천 자 가까이 된다는 사실은 한글 기계화를 고민하는 이들을 당혹케 했다.[07]

둘째, 한글 기계화가 일본의 기술로 진행되는 데 대한 민족주의적 반감도 있었다. 제1세대 타이포그래퍼들은 부득이 이미 형성된 일본 타이포그래피의 체계 안에서, 기존의 한자 글꼴에 한글 음절글자를 추가하는 방식으로 작업할 수밖에 없었다. 하지만 언젠가는 한국의 고유한 타이포그래피 전통을 세워야 한다는 인식 또한 대부분의 타이포그래퍼가 공유하고 있었다. 그렇다면 한글의 고유한 타이포그래피는 어떤 것이 되어야 하는가? 그에 대한 대답은 다시 한글 전용에 대한 입장에 따라 둘로 나뉘었다. 기존의 쓰기 문화를 존중하여 한자를 계속 섞어 쓰기로 한다면, 일본에서 수십 년 동안 개발한 수백만 자의

---

07   모아쓰기 문제는 기계식 타자기 개발 과정에서도 가장 어려운 과제가 되었다. 이 책 2장 '순탄치만은 않았던 한글 타자기의 탄생' 참조.

한자 글꼴을 대체하는 새로운 한자 글꼴을 만들고 그것과 어울리는 한글 글꼴을 개발해 함께 쓰는 길밖에 없었다. 반면 과감히 한글 전용을 택한다면, 한자와 어울려 쓰지 않는 것을 전제로 한글만의 고유한 조형미를 추구할 수 있다는 입장도 있었다. 하지만 그를 위해 한국어의 글쓰기 문화를 송두리째 바꾸어야 한다는 주장은 어떤 이들에게는 신에 발을 맞추라는 소리처럼 들리기도 했다.

이와 같이 근대의 한글 글꼴은 기계화라는 문제, 다시 기계화를 전제로 한 쓰기 문화의 개혁이라는 문제와 맞물려 복잡한 맥락 안에 놓여 있었다. 즉 특정한 글꼴을 만들거나 지지하는 이들은 단순히 심미적인 입장뿐 아니라 한글 기계화에 대한 입장, 나아가 근대 한글의 지향점에 대한 입장에서 각자의 선택을 내렸던 것이다.

글쓰기 환경의 변화와 새로운 타이포그래피

한글 글쓰기를 둘러싼 기술적 환경과 문화가 변화하면서, 한글 타이포그래피의 변화는 한층 더 촉진되었다. 특히 중요한 환경의 변화로는 가로쓰기, 한글 전용, 그리고 개인용 컴퓨터의 보급을 생각해볼 수 있다.

가로쓰기는 글자 디자인의 기준선 문제와 관련이 있다. 훈민정음이 창제된 뒤 500년 가까이 한글은 세로쓰기에 맞게 발달되어왔다. 초창기의 기하학적인 한글은 낱자모나 음절글자 모두 특별한 기준선 없이 한자처럼 가상의 네모틀을 꽉 채운 형태였지만, 한글 붓글씨가 자리잡으면서 한글의 음절글자들은 차츰 세로모음(ㅏ, ㅓ, ㅣ 등)의 중심선을 기준선으로 삼게 되었다. 따라서 세로쓰기에서 가로쓰기로 조판을 바꾼다는 것은 단순히 세로로 조판된 활자를 헐어서 가로로 짜넣는 것 이상을 의미했다. 500년 동안 진화되어온 세로 기준선을 대신할 만한 새로운 기준선을 찾아야 한다는 과제가 드러난 것이다.[08] 그러나 이 과제는 쉽게 해결되지 않았다. 일단은 기존의 세로쓰기 한글이나 한자와 마찬가지로 균일한 네모틀에 맞추고 세로 중심선으로 기준선을 잡는 것이 대세였다. 그러나 가운데의 기준선은 확고한 것이 아니었고, 글자가 실제로 네모틀에 꼭 들어맞는 경우도 많지 않았다.

한글 전용과 가로쓰기를 강력히 주장했던 국어학자 최현배는 이에 대해 매우 과격한 대안을 제시하기도 했다. 그는 1946년 출간한 『글자의 혁명』에서 한글 자모를 모두 로마자처럼 풀어서 가로로 써버리자는 주장을 폈는데, 그가 새로 만든 풀어쓰기 자모들은 가독성을 높이기 위해 의도적으로 기준선 위 또는 아래로 내려오도록 고안된 것들이었다.[09] 최현배는 기준선 위와 아래로 내려오는 글자의 비율이 로마자 소문자와 비슷해지게끔 자모의 출현 빈도까지 감안하여 글자체를 고안했다. 이러한 시도는 지나치게 생경한 것이어서 큰 호응을 얻지는 못했으나, 가로쓰기와 기준선의 문제가 연결되어 있음을 보여주는 사례로 눈여겨볼 만하다. 이 밖에도 가로쓰기에 맞추려면 신문 조판의 틀을 비롯하여 세로쓰기에 맞춰 형성된 수많은 기존의 관행들을 근본적으로 바꾸어야 했다.[10]

이런 것들은 민감한 눈을 지닌 전문 타이포그래퍼에게나 문젯거리가 될 만한 사소한 일이라고 할 수도 있다. 그러나 1980년대 들어 컴퓨터의 보급과 함께 한글 기계화의 가능성이 한층 높아지면서, 기준선과 네모틀의 문제는 경제

---

08 초창기 한글 서체 개발에 큰 발자국을 남긴 최정호는 1950년대 가로쓰기가 나타나자 세로쓰기 활자를 고치는 데 많은 어려움을 겪었다고 한다. 최정호, 「한글 서체 개발 40년, 외길 인생을 산다」, 『월간 시각디자인』 7권 10호, 1987. 10, 94~95쪽 참조.

09 최현배, 『글자의 혁명』, 군정청 문교부, 1946, 150~154쪽.

10 이중흡, 「가로짜기 신문 편집 연구」, 『관훈저널』 47호, 1989. 6, 211~246쪽.

적·기술적으로 중요한 의미를 지니게 되었다. 낱자모를 컴퓨터로 디자인하고 그것을 모듈(module)로 삼아 조합한다면 새로운 글꼴을 만드는 데 들어가는 시간과 비용이 크게 절감될 수 있다. 그러나 음절글자 하나하나의 조형적 완결성을 중시하는 전통적 글꼴을 만들려면, 온전한 글꼴 한 벌인 11,172자를 만들기 위해서는 최소한 1천여 개의 자모를 도안해야 한다. 이렇게 자모를 다양하게 변형하여 쓴다면 모듈을 이용한 디자인은 사실상 불가능하다. 그 결과 사회 각 분야에서 전산화가 진행되던 1980년대에도 한글 글꼴의 개발은 종래와 마찬가지로 만여 자의 음절글자를 손으로 써서 원도(原圖)를 제작하고 그것을 사진 찍어 식자하는 형태에서 벗어나지 못하고 있었다. 시간과 비용을 차치하고서라도 이는 한국의 타이포그래퍼들에게 매우 자존심 상하는 일이었다. 사진식자기 시장은 일본 기업이 장악하고 있었으므로, 수제 원도를 일본 회사에 팔고 전산화된 글꼴을 비싼 값을 주고 다시 사들여 오는 일이 허다했던 것이다.[11]

이런 문제의식을 지닌 젊은 디자이너와 타이포그래퍼들은 1970년대 후반부터 자본과 인력의 투입을 줄이면서도 조형미를 갖춘 한글 글꼴을 만드는 길을 모색했다. 그 해법 중 하나로 주목받았던 것이 음절글자의 구성요소인 초·중·종성을 형태가 고정된 모듈로 만들고 그것들을 조합하는 것이다. 이렇게 조합한 글자는 네모틀을 꽉 채우지 못하고 들쭉날쭉한 모양이 될 수밖에 없었다. 마치 공병우 타자기의 세벌식 활자로 찍은 글자체와 같았다. 즉 조합형 모듈을 바탕으로 한글 폰트를 만든다는 것은 한글 음절글자는 크기가 고른 네모꼴이어야 한다는 당대의 상식을 더 이상 상식으로 인정하지 않을 때 가능한 일

---

11 구성회, 「컴퓨터용 한글 서체 '보 90'」, 『월간 디자인』 10권 3호, 1990. 3, 92~93면; 송현, 「한글 기계화 일생—빨래줄 글꼴을 최초로 개발한 공병우 박사」, 『월간 디자인』 9권 10호, 1989. 10, 110~111쪽 등에 이러한 인식이 잘 드러나 있다.

이었다. 그러나 1960년대의 공무원들과는 달리, 디자이너들에게 '파격'이란 피해야 할 것이 아니라 오히려 적극적으로 시도해볼 만한 가치가 있는 것이었다.

이처럼 새로운 글꼴에 도전할 수 있었던 배경에는 한글 전용 문화가 차츰 정착되어가고 있다는 시대적 추세가 있었다. 탈네모틀 글꼴[12]은 균일한 네모꼴의 한자와는 조형적으로 어울리게 만들기가 쉽지 않다. 한자를 병기하는 한, 일본 가나 타이포그래피와 마찬가지로 명조 아니면 고딕 정도 밖에는 선택의 여지가 없게 된다. 한글 전용이 확산되고 한글로만 문장을 구성해도 사람들이 어색하게 여기지 않게 된 다음에야 이처럼 새로운 형태의 글꼴을 시도할 수 있게 된 것이다.

1980년대 후반의 새로운 문화와 '아마추어'의 역할

한글을 사용하여 문서를 만드는 일이 소수의 손에만 머물러 있었다면, 가로쓰기와 한글 전용이라는 환경의 변화가 미치는 파급력은 제한적이었을 것이다. 하지만 1980년대 후반 개인용 컴퓨터가 보급되고, 문서작성 프로그램을 이용하여 전문가가 아닌 사용자도 문서를 만들 수 있게 되면서, 네트워크 효과에 의해 이러한 환경의 변화가 타이포그래피의 혁신으로 이어질 수 있었다.

개인용 컴퓨터의 보급과 함께 '탁상출판(DTP: desktop publishing)'이라는 개념도

---

12 이 책에서는 한글 타이포그래피의 흐름으로 한편으로는 '세벌체/조합형/탈네모꼴'을, 다른 한편으로는 '두벌체/완성형/네모꼴'을 대비시켜 이야기하고 있다. 다만 엄밀한 타이포그래피 용어로는 세벌체와 두벌체는 입력 메커니즘에 따른 구분이고, 조합형과 완성형은 모듈화의 정도에 따른 구분이다. 또한 세벌체/조합형 글꼴이 최초로 실용적으로 널리 쓰인 탈네모틀 글꼴이기는 하지만, 탈네모틀 글꼴은 '네모틀을 벗어나는' 글꼴 전체를 가리키는 말이므로 세벌체가 아닌 탈네모꼴 글꼴도 여럿 있다. 그럼에도 불구하고 이들 개념이 서로 접합된 채 진화해왔던 것은 역사적 사실이므로, 필요한 경우 용어를 섞어 쓰기도 했다는 점을 일러둔다.

확산되었다. 저자의 원고가 책이 되려면 예전에는 교열, 식자, 인쇄 등 여러 단계의 전문 노동과 그에 상응하는 장비가 있어야 했는데, 컴퓨터와 프린터 등 비교적 간단한 장비만 갖추면 워드프로세서(word processor), 즉 문서작성 프로그램의 힘을 빌려 보통 사람도 형식에 맞게 정돈된 문서를 혼자 힘으로 만들고 출력할 수 있게 된 것이다.

그와 같은 기술의 발전이 낳은 결과 중 하나는, 인쇄 출판의 생태계에서 '아마추어'가 참여할 수 있는 문이 대단히 넓어졌다는 것이다. 기술을 사용하는 문호만 넓어진 것이 아니라 기술의 우열을 가리는 논쟁에 참여할 수 있는 문호도 넓어졌다. 금융 전산망이나 행정 전상망 등 특수한 목적의 컴퓨터의 기술 표준은 그것을 사용하는 전문 직업군에 속한 이들에게만 일차적으로 영향을 미치지만, 개인용 컴퓨터는 누구나 쓸 수 있는 범용 기술이므로 그 기술 표준에 대한 논쟁이라면 적어도 이론적으로는 모든 한국인이 참여할 수 있는 것이기 때문이었다.

그런데 이와 같이 기술 논쟁에 참여하는 비전문가들은, 전문 직업군의 눈에는 '아마추어'로 보일지라도 1980년대의 한국사회 평균에 비추어보면 교육 수준이나 컴퓨터 기술에 대한 이해의 정도가 대체로 상당히 높은 이들이었다. 특히 컴퓨터와 같이 완전히 새로운 분야에서는 전문성이 특정한 집단에게 독점되는 형태로 제도화되기 전에 관심과 애정이 높은 비전문가 또는 '동호인'의 활약이 중요한 단계를 거치게 마련이다. 한국에서는 1980년대 후반 이러한 '아마추어'들의 활동이 두드러졌고, 이들 중 많은 수는 1990년대 중후반 이후 이른바 '벤처 붐'의 첫 세대로서 정보통신 산업에서 중요한 기여를 하게 되었다.

이미 세부 영역으로 구획되고 전문화된 기술 교육 과정을 통해 입문한 이들과 비교하면, 이렇게 동호인적 정체성을 유지한 채 논쟁에 참여한 이들은 대체로 세부적인 기술적 쟁점에 함몰되기보다는 대의명분을 중시하며 범용성 높은 기술을 지지하는 경향을 보인다. 1980년대 후반의 잡지 지면이나 1990년 대 초반의 피씨통신 게시판 등에서 벌어진 논쟁에서 대학생과 동호인들이 정 부 표준으로 결정된 두벌식 자판과 완성형 한글 코드를 외면하고 세벌식 자판 과 조합형 코드를 지지했던 것에는 이런 문화적 배경도 숨어 있다. 표준 자판 과 한글 코드를 결정한 전산 전문가들은 숫자로 드러나는 효율성 또는 기존 기 술과의 호환 여부를 우선 고려했지만, 동호인들은 기술적으로는 구현이 어렵 더라도 한글을 "한글답게" 구현한다고 주장하는 기술에 더 높은 점수를 주었 다.[13]

　범용성 또는 유연성을 중시하는 성향은 문서작성 프로그램의 선택에도 영 향을 미쳤다. 행정 전산망이나 금융 전산망 등 특정한 용도에만 맞추어 개발된 기술은 정해진 몇 종류의 서식들을 문제없이 만드는 것으로 그 임무를 다할 수 있다. 전산망의 서식은 오프라인 세계에서 사용하던 서식을 기준으로 만든 것 이고, 그 서식을 채워 모양대로 출력할 수 있다면 문서작성 프로그램으로서 충 분한 기능을 갖춘 것이었다. 반면 불특정다수의 일반인을 상대로 문서작성 프 로그램을 만든다면 그와는 전혀 다른 방식으로 접근해야 한다. 사용자가 만들 고자 하는 문서가 공문서일 뿐 아니라 이력서일 수도, 교회 주보일 수도, 학생 문집일 수도 있기 때문이다. 따라서 민간 기업이 개발한 문서작성 프로그램은 처음부터 국가 전산망용 프로그램과는 다른 데 목표를 두었다. 어떤 형식의 문 서를 만드는 데도 대응할 수 있는 범용성 또는 유연성이 핵심적인 가치가 되었 고, 이를 위해 국가 전산망용 프로그램에서는 애초에 필요 없었던 그림을 다루

13　로마자 기반으로 개발된 컴퓨터에서 한글 기계화가 "한글답게" 이루어져야 한다는 화두가
　　1980년대 후반 여러 지면에서 등장한다. 김진형, 「한글 문화에 알맞는 컴퓨터를 개발하자」,
　　『과학동아』 1989. 10, 146~148쪽 등을 참조.

는 기능이나 다양한 글꼴을 이용하여 꾸미는 기능 등이 추가되었다. 특히 하드웨어의 성능상 제약으로 말미암아 그림을 처리하는 데 한계가 있던 1990년대 중반까지, 다양한 글꼴은 문서를 꾸밀 수 있는 핵심적인 디자인 요소였다.

아마추어 동호인들은 이런 다양성을 넓혀 나가는 데도 중요한 역할을 했다. 다양한 배경과 관심사를 가진 동호인들이 여러 각도에서 프로그램에 대한 의견을 내놓고, 그것을 반영하여 더 나은 기능의 프로그램으로 발전시켜 나가는 방식으로 한국의 소프트웨어 기술은 성장할 수 있었다. 또한 이들의 요구를 받아들이면서 컴퓨터 글꼴도 다양해졌고, 새로운 실험을 할 수 있는 토대가 마련되었다.

새로운 의미를 얻은 탈네모틀 글꼴
생산: 폰트 디자이너들이 재해석한 공병우식 글꼴

이렇게 한글 운동과 한글 타이포그래피의 접점이 서서히 형성되어가던 1988년, 공병우가 귀국하여 한글문화원을 열었다. 그는 컴퓨터의 보급으로 기계식 타자기 시장이 사실상 사라져가는 가운데서도 세벌식 자판의 유효성을 거듭 주장했다. 세벌식 자판을 컴퓨터에서 이용하면 모듈화된 자모를 조합하여 쉽게 영문 운영체제에서 한글을 구현할 수 있기 때문이라는 것이었다. 그는 이를 입증하기 위해 영문 매킨토시 컴퓨터에서 세벌식 한글을 구현하는 프로그램을 직접 만들어 쓰기도 했으며, 매킨토시용 글꼴을 여러 가지 개발하기도 했다. 세벌식으로 입력하고 세벌식 모듈을 조합하여 출력했기 때문에 이들 글꼴은 자연히 기계식 공병우 타자기와 마찬가지로 탈네모꼴이었다.[14]

한편 젊은 한글 디자이너들은 전문가의 견지에서 본격적으로 탈네모틀 글

---

14 송현, 앞의 글, 1989, 110~111쪽.

탈네모틀 글꼴로 고안된 잡지 제호들
왼쪽은 이상철이 도안한 『샘이깊은물』 제호, 오른쪽은 안상수가 도안한 『과학동아』 제호이다.

꼴의 가능성을 연구하기 시작했다. 이들은 새 시대의 한글 폰트는 적은 수의 모듈을 조합하여 만듦으로써 한글 창제의 원리를 살리고 폰트 제작의 효율을 높여야 한다는 타이포그래피 철학을 공유했으며, 한편으로는 공병우 타자기와 같이 그런 가능성을 현실에서 구현해줄 수 있는 기계에도 관심을 가졌다. 디자이너 이상철은 김진평, 안상수, 석금호, 손진성 등과 함께 1979년 '글꼴모임'을 꾸렸고 거기에서 타이포그래피와 그에 바탕을 둔 편집 디자인 등을 탐구했다.[15] 이상철은 1984년 창간된 잡지 『샘이깊은물』의 제호를 위해 철저히 모듈

---

15 황부용, 「이미지를 만드는 사람들 (4) 타이포그래피적인 접근」, 『월간 디자인』 6권, 1986년 4월호, 120~124쪽. 김진평은 라이카 한글 휠 타자기의 타이프페이스를 개발했고, 석금호는 탈네모꼴인 '산돌체'를 개발했다.

이상철의 '샘이깊은물체'를 위한
모듈 설계
출처: 송현, 『한글자형학』, 월간디
자인 편집부, 1985, 192쪽.

화된 자모를 고안했다. 뒷날 '샘이깊은물체' 또는 '샘물체'로 불리게 된 이 글꼴
은 대중의 환영을 받은 최초의 탈네모틀 글꼴이라고 할 수 있다. 이상철의 작
업에서 영감을 얻은 젊은 타이포그래퍼들은 탈네모틀 글꼴의 가능성을 더욱
깊이 파고들기 시작했다. 안상수는 1985년 기하학적 단순성을 극대화한 '안상
수체'를 내놓았고, 이는 책이나 잡지의 제호 등에서 널리 쓰이게 되었다. 『과학
동아』의 제호도 그가 디자인한 것이다.[16]

이들이 탈네모틀 글꼴에 관심을 갖게 된 것이 반드시 공병우 타자기 때문
이라고만은 할 수 없다. 기존 한글 타이포그래피의 한계를 깨는 새로운 가능성
을 추구하던 끝에 하나의 대안으로 탈네모틀 글꼴에 주목했다고 보아야 할 것
이다. 하지만 대중들은 디자이너의 궁리의 산물인 샘물체나 안상수체에서 공

---

16 위의 글, 122쪽.

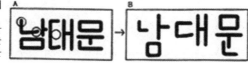

**송현이 주장한 탈네모틀 글꼴의 장점의 예
(1985)**
송현은 탈네모틀 글꼴의 장점 중 하나
로, 잉여 부분을 제거하여 변별력을 높
일 수 있다고 주장했다. 출처: 송현, 한
글자형학, 월간디자인 편집부, 182쪽.

병우 타자기의 "빨랫줄 글꼴"과 많은 공통점을 찾아냈다. 더욱이 흔글의 초기
버전에서 샘물체를, 1991년(버전 1.52 이후)에는 안상수체를 기본 글꼴로 탑재하
면서, 흔글의 "재야" 출신 정체성과 탈네모틀 글꼴의 결합은 더욱 공고해졌다.

또한 공병우 타자기의 옹호자들도 세벌체 글꼴의 잠재력을 적극적으로 홍
보하기 시작했다. 공병우가 미국에 머무는 동안 세벌식 자판을 살리기 위해 고
군분투한 송현은 1985년 『한글자형학』이라는 책을 펴내고, 탈네모틀 글꼴이야
말로 한글 타이포그래피가 나아가야 할 방향이라고 주장했다. 그는 비록 전문
성을 갖춘 디자이너는 아니었으나, 탈네모틀 글꼴은 의미 식별에 도움이 되지
않는 불필요한 여백을 줄일 수 있어 가독성을 높일 수 있다는 등의 주장을 펴
는 등 탈네모틀 글꼴의 장점을 정리하고자 했다.

공병우가 귀국한 후에는 젊은 타이포그래퍼들이 공병우와 직접 교류하며
함께 글꼴을 연구하고 영향을 주고받기도 했다. 홍익대학교를 졸업한 젊은 타
이포그래퍼 한재준은 1988년 공병우와의 개인적인 만남을 계기로 타이포그래
피 작업에 컴퓨터를 도입했고, 그 결과 1990년에는 공병우와 공동으로 탈네모
틀 글자를 선보였다. 그 글꼴에는 공병우와 한재준의 성을 따서 '공한체'라는
이름이 붙었다.[17]

---

17 「나의 작업―타이포그래퍼 한재준」, 『월간 디자인』 10권, 1990년 4월호, 80~81쪽.

수용: 저항적 대학문화와 개인용 컴퓨터의 보급

그런데 이렇게 개발한 글꼴이 생명을 얻으려면 일반 사용자들이 일상적으로 사용해야 한다. 다시 말해 어떤 소프트웨어가 이들 탈네모틀 글꼴을 채택하고 기본 패키지에 포함하느냐가 이들의 명운을 결정짓는 요소였다. 공병우 등 개인용 컴퓨터를 사용한 첫 세대는 직접 필요한 프로그램을 만들어 썼다. 그러나 하루가 다르게 컴퓨터 기술이 진보하면서 누구나 쉽게 쓸 수 있는 한글 문서편집 프로그램의 필요성이 높아졌다. 만일 누구나 쓸 수 있는 좋은 한글 문서편집 프로그램에 탈네모꼴 글꼴이 실린다면, 그것은 실로 엄청난 가능성을 의미하는 일이 될 터였다.

이 무렵 한글문화원에서는 한 무리의 젊은 프로그래머들이 모여 새로운 한글 문서편집 프로그램을 개발하고 있었다. 전산망용 문서작성기 등 종래의 텍스트 기반 문서편집 프로그램은 운영체제가 가지고 있는 글꼴만을 살려 쓸 수 있었으므로 고작해야 명조와 고딕 등 두어 가지의 폰트를 쓸 수 있었다. 이에 비해 이찬진, 김형집, 우원식 등 대학생들이 만들고자 했던 프로그램은 자기 안에 여러 가지 글꼴을 내장하고 있는 그래픽 기반 문서편집 프로그램이었다. 이들은 1989년 새로운 문서작성 프로그램 '흔글 1.0'을 발표했다.

공병우는 이 젊은이들의 활동을 열렬히 후원했으며, 1990년 이들이 '한글과컴퓨터' 사를 세웠을 때는 자신이 운영하던 한글문화원의 사무실 방 하나를 이름뿐인 회사를 위해 내주고, 한글문화원에서 함께 일하던 박흥호에게도 한글과컴퓨터에서 일할 것을 권유했다. 1990년 출시된 '흔글 1.5'가 크게 성공하면서 한글과컴퓨터 사의 매출액은 1991년 10억 원에서 1994년에는 150억 원으로 수직상승했고, '흔글'은 사실상 시장 표준 문서편집 프로그램이 되었다.

'흔글'의 기능상 특징은 여러 가지가 있지만, 여기서는 그것이 세벌식 자판과 탈네모꼴 글꼴을 본격적으로 지원했다는 점에 특히 주목하고자 한다. '흔

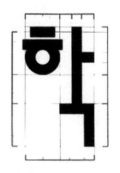

탈네모틀 한글

안상수체

안상수체는 원칙적으로 닿자, 홀자, 받침의 모양과 크기, 위치가 모두 일정한 것이 특징

받침은 홀자의 정중앙 아래에 오는 것 때문에 안상수체의 형태적 특징이 도드라져 보이며, 세로홀자에서의 쌍받침은 오른쪽으로 삐져나가 그 모양이 파격해 보이기까지 한다.

닿자 중에서 ㄹ, ㅌ의 가운데 가로줄기의 위치가 약간 위로 치우쳐 있으며 ㅅ, ㅈ, ㅊ에서 빗침과 내림의 각도 변화와 ㅆ, ㅉ에서 낱자들의 결합 부위에 유의한다.

쌍닿자의 경우 홀닿자들이 결합하는 방식이 독특하다.

홀자에서는 겹홀자나 짧은 기둥이 닿자와 겹쳐 연결되어 보이도록 기준선보다 약간 길어진 것에 주목한다.

공한체

공한체는 닿자, 홀자, 받침의 형태와 크기, 위치는 원칙적으로 기준선에 따라 만들어 졌으나 시각보정에 따른 미세한 변화에 유의

받침의 위치를 보면, 세로 모음에서 첫닿자의 바로 아래에 두었고, 가로 모음에서는 세로기둥 홀자에 오른쪽 바깥으로 벗어나지 않게 정리하였다. 닿자에서는 첫닿자 ㄱ과 받침 ㄱ의 빗길의 형태에 주목하고, 받침 ㄴ이 넓은 속공간으로 인해 위치가 올라간 것에 유의한다. 홀자에서는 ㅏ, ㅑ보다 ㅓ, ㅕ의 기둥이 오른쪽으로 이동하고, ㅗ, ㅛ보다 ㅜ, ㅠ의 보가 아래로 이동한 것에 유의한다. ㅗ의 경우, 단독으로 쓰이는 경우와 섞임홀자에서 쓰이는 경우 이음보의 차이에 유의한다.

안상수체와 공한체의 기본 특징

출처: 안상수·한재준·이용제, 『한글 디자인 교과서』, 안그라픽스, 2009, 142쪽, 146쪽.

글' 초기 버전은 명조, 고딕, 필기체, 샘물체 등 네 가지 폰트를 내장하고 있었다. 이 중 필기체와 샘물체는 종래의 명조체와 고딕체의 딱딱한 느낌을 벗어나는 신선한 폰트로서 사용자들의 사랑을 받았다. 샘물체는 위에서 언급한 이상철이 만든 『샘이 깊은 물』의 제호 폰트였다. 이상철이 이 글꼴을 만든 데도 공병우의 영향이 있었지만, '흔글'의 제작자들은 샘물체를 기본 탑재함으로써 이 새로운 세벌체 글꼴이 전국적으로 유행하는 데 크게 기여했다. 이후 '흔글'은 버전이 높아질 때마다 공한체, 안상수체, 타이프체 등 다양한 탈네모틀 글꼴을 추가했다. 천편일률적인 글꼴에 식상한 이용자들은 탈네모틀 글꼴을 디자인 요소로 적절히 활용했고, 이는 다시 탈네모틀 글꼴이 대중들의 눈에 익도록 하는 계기가 되었다.

시대의 아이콘이 된 탈네모틀 글꼴

이와 같은 역사적 연결을 통해 세벌체 글꼴, 또는 탈네모틀 글꼴은 특정한 문화적 함의를 획득하게 되었다. 세벌체 글꼴에 대한 호응은 특히 젊은 세대에게서 두드러지게 나타났다. 이는 '흔글'의 전파 과정과도 맥을 같이한다. 전산망 워드 등 기존의 기술 시스템에 익숙해져 있던 기성세대는 새로운 기술의 필요성을 느끼지 못했던 데 비해, 제도 밖에서 새로운 소프트웨어를 만들어낸 젊은 세대는 애초에 제도로부터 자유로웠으므로 새로운 문제의식을 새로운 기술에 마음껏 담아낼 수 있었다.

흔글이 공전의 성공을 거두어 1990년대 중반에는 사실상 한국의 표준 문서편집기 자리를 굳힘으로써, 거기에 기본 탑재된 샘물체와 안상수체 등의 탈네모틀 글꼴도 전국적으로 이름을 알리게 되었다. 특히 기성 문화에 비판적이었던 대학생과 청년들이 탈네모틀 글꼴을 선호하는 경향을 보였다. 기존의 행정전상망 워드와 같은 "구세대" 문서편집기에는 명조와 고딕 외에는 선택의 여지가 없었는데, 이에 식상했던 젊은 사용자들은 디자인의 변화를 주기 위해 샘물체 등을 즐겨 사용했다.

당시 대학 문화의 지배적인 조류는 정치적 민주화를 위한 투쟁이었으므로, 개인용 컴퓨터의 문서편집기는 민주화 투쟁을 위한 유인물이나 자료집 등 사설 '문건'을 만드는 이들에게 대단히 유용한 도구가 되었다. 그리고 이들 문건을 편집할 때 단조로움을 줄이기 위해 탈네모틀 글꼴이 곧잘 사용되었다. 다음 그림들은 민주화운동기념사업회의 오픈아카이브에서 빌려 온 1990년대 초반 민주화운동 단체들의 자료집인데, 고딕과 명조 일색인 문서들 사이에서 샘

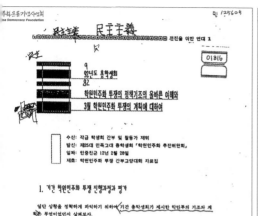

(왼쪽) 고려대학교 제25대 총학생회가 발행한 『학원민주화 투쟁 간부교양대회 자료집』(1991. 2. 28), 민주화운동자료관추진위원회 기증, 등록번호 00126053, 민주화운동기념사업회 오픈아카이브 소장. 글 제목과 장제목 등에 샘물체를 적용했다.
(오른쪽) 인하대학교 사범대학 학생회가 발행한 『'91 사범대 신입생 오리엔테이션 자료집』(1991. 2. 26), 이우재 기증, 등록번호 00412281, 민주화운동기념사업회오픈아카이브 소장. 글의 강조하고 싶은 부분에서 샘물체를 적용했다.

물체가 디자인의 변화를 주기 위해 유용하게 사용되고 있음을 보여준다. 샘물체는 파격을 위해 제목 등에 쓰고 본문은 친숙한 명조체로 쓰는 것이 일반적인 관행이었으나, 1990년대 중반쯤에는 강조하고 싶은 부분을 샘물체 등 일부러 생소한 폰트로 쓰는 경향도 보인다.

글꼴뿐 아니라, "정부 표준을 따르지 않는 것"은 대학생들이 소프트웨어를

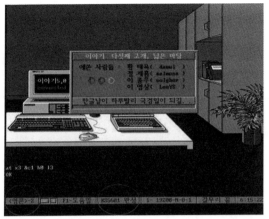

만들 때도 일종의 불문율이 되었다. 1980년대 말부터 대학생들이 만들어 보급
한 프로그램들은 정부 표준이 아닌 자판이나 한글 코드도 사용자가 자유롭게
고를 수 있도록 폭넓은 선택을 보장하는 것이 유행이 되었다. 한글 자판을 두
벌식과 세벌식 중에서 고르게 한다거나, 한글 코드를 완성형과 조합형 중에서
고르게 하는 기능은 정부나 대기업이 만든 프로그램에서는 찾아볼 수 없었지
만, 대학생 동아리나 작은 기업이 만든 프로그램에서는 대부분 기본적인 옵션
이었다. 이는 재야 한글 운동 진영의 주장을 체제 비판적 대학생들이 받아들
여 자신들의 프로그래밍에 적용한 결과라 할 수 있다. 대학생들이 만들었지만
사실상의 시장 표준이 되었던 프로그램으로는 '흔글' 외에도 경북대학교 컴퓨
터 동아리 '하늘소'가 만든 피씨통신 에뮬레이터 '이야기'가 있는데, 이들 프로
그램은 모두 설치화면에서 자판은 두벌식과 세벌식 중 어떤 것을 고를 것인지,
화면 글꼴은 무엇으로 선택할 것인지, 화면에 표시하는 한글 코드는 완성형과
조합형 중 무엇으로 할 것인지 등을 물어보는 과정을 거치도록 만들었다. 이런
문제를 미처 생각해볼 기회도 없었던 사용자들도 이들 프로그램을 설치하고
사용하면서 이것이 논쟁거리가 된다는 것을 비로소 인지할 수 있었다.

타자 예문에 남은 연대의 흔적

이런 역사적 맥락을 생각하면 초창기 '흔글'이 세벌식에 우호적이었으며, 사용자들이 세벌식에 관심을 갖고 배워보기를 기대했다는 것은 전혀 놀라운 일이 아니다. 그리고 '흔글'이 버전을 여러 번 바꾼 뒤에도 이 인연의 흔적은 곳곳에 남아 있었다. 아래 예문은 1997년 발매된 '흔글 1997'에 딸린 '한컴타자연습'의 기본 타자 예문 중 하나다.[18] 보고서의 형식이지만 내용은 세벌식 자판이 우수하다는 이야기들을 책과 피씨(PC)통신 등에서 모아 정리한 것이어서, 이 예문으로 타자 연습을 하면서 사용자들이 내용을 유심히 읽기를 바라고 예문 모음에 집어넣었을 것이라고 추측할 수 있다. 세벌식의 장점으로는 타자의 신속함과 편리함, 초·중·종성을 구분하여 한글 창제 원리에 맞고 받침도 낱자로 입력할 수 있으며 '도깨비불 현상'이 없음 등을 들고 있는데, 이는 1990년대 초중반 다양한 형태로 변주되어 퍼지던 세벌식 자판 옹호론의 세부 내용과 대체로 일치한다.

보고서

보고 번호 : 가93-0124

보고자 : 홍길동

보고일 : 1993년 9월 1일

보고 제목 : 3벌식 자판과 2벌식 자판의 비교/(1)

보고 내용 :

3벌식 글자판과 2벌식 글자판의 특징을 다룬 글들을 조사하여 요약하였습니다.

---

18 초코맛전환사채, 「잉여지식_한글97타자연습 '보고서'」, (블로그) 51 병?커!, https://pyeong0.tistory.com/866 2023. 8. 1 접속.

검토하여보시고 한글 자판 연구에 도움이 되시기를 바랍니다.

한글문화원(원장 공병우)의 글자판 비교 자료

수동식 한글 타자기는 2벌식과 3벌식 모두 개발되어 있고, 3벌식이 두 배 정도 능률적이다. 수동식 한/영 타자기는 2벌식으로 개발이 불가능하지만 3벌식으로는 이미 수십만 대가 보급되어 널리 쓰이고 있다. 시각장애자를 위한 점자 한글 타자기도 2벌식으로는 개발이 불가능하지만 3벌식은 최근 개발되어 보급 단계에 있다. 전자식 한글 타자기는 2벌식과 3벌식 모두 개발되었다. 이 역시 3벌식이 능률이 높고 입력 속도도 30%가량 더 빠르다. 2벌식은 한글 자모를 따로따로 찍을 수 없고 글자쇠를 누르는 대로 바로 글자가 나타나지 않는다. 그러나 3벌식은 어떤 방식으로도 한글을 찍을 수 있다.

정부에 의해 표준 글자판으로 지정된 컴퓨터 2벌식 자판은 수동식 타자기와 찍는 방식이 전혀 다르고, 화면에서 한글이 맞춤법대로 나타나지 않는 과정을 거쳐 글자를 표현한다. 3벌식 자판은 글쇠를 누르는 대로 화면에 그대로 나타나기 때문에 받침만 단독으로도 찍을 수가 있다. 특히 어린이들에게 올바른 한글 맞춤법을 가르치려면 3벌식 자판이 필수적이다.

또 3벌식이 2벌식보다 10% 정도 입력 속도가 빠르고 소프트웨어 개발에 걸리는 시간을 40% 정도 절약할 수 있다.

연세대 조관희 교수님이 지은 『컴퓨터 길잡이』 중에서

2벌식 글자판은 3벌식 글자판에 비하여 한글 글자쇠가 적다는 장점 외에는 나은 것이 없다. 같은 문장을 입력할 때, '쉬프트' 글자쇠를 누른 채로 입력하는 글자가 3벌식 글자판이 2벌식에 비하여 4분의 1 정도에 불과하기 때문에 3벌식이 30% 정도 빠르게 입력할 수 있다. 또 3벌식은 음소별로 수정이 가능하고 손가락에 무리가 없으며, 화면상에 표현하려는 글자가 손으로 쓰는 방식 그대로 나타나기 때문에 심리적으로 안정감을 준다.

2벌식은 입력 중에 표현하려는 글자 모양과 전혀 다른 글자가 나타나는 이른바 '도깨비불 현상'이 있다. 자음과 모음의 집합인 2벌식 글자판과 달리, 3벌식 글자판의 가장 중요한 특징 중의 하나는 바로 초성, 중성, 종성을 모아 쓰는 '우리글 한글의 창제 원칙'과 같다는 점이다.

컴퓨터 통신 하이텔에 공개된 이인섭 님(아이디 MS123)의 글

한글 글자판에 대하여 '아마추어'의 입장에서 느낀 점이다. 약 일 년 동안 2벌식 자판을 사용했었는데, 문장을 오래 입력하다 보면 손가락과 손목 관절 부근이 아프고 두 손가락으로 치는 것이 오히려 편하다는 점을 깨달았다. 2벌식 자판은 자음과 모음으로 이루어진 영문 자판을 흉내낸 것이라 받침 글자가 있는 한글을 입력하기 위해 글자판을 이리저리 옮겨 다녀야 하는 구조이다. 3벌식 글자판을 사용하기 시작한 처음에는 복잡한 느낌도 있었지만, 많이 쓰는 글자쇠가 가운데에 몰려 있고 종성 글쇠가 알맞게 배치되어 2벌식보다 훨씬 리듬감 있게 입력할 수 있는 실용적인 자판이었다. 따라서 손가락과 손목의 뻐근함도 많이 줄었다. 또 3벌식 글자판은 과학적인 한글의 구조에 충실한 자판이라고 생각한다.

위 예문에서 알 수 있듯이, 1990년대 중반 무렵이면 세벌식 사용자들은 컴퓨터 시대에 맞춰 정돈된 레퍼토리를 공유하게 되었다. 앞서 간단히 언급했듯이, 공병우는 미국 생활 중 시대의 흐름이 컴퓨터로 넘어가는 것을 목격하면서 컴퓨터 시대에는 두벌식으로 통일이 되어도 상관없으리라는 생각을 하기도 했다고 술회하고 있다. 하지만 곧 생각을 되돌리고는, 젊은 지지자들과 힘을 합쳐 컴퓨터 시대에도 세벌식 자판으로 통일해야 한다는 주장을 벼리기 시

작했다. 이들은 하이텔과 천리안, 나우누리 등의 피씨통신에 '세벌식 사랑모임'(세사모)이라는 그룹을 만들고 활발히 의견을 교환하며 논리를 가다듬어 나갔다.[19] 세사모의 운영자(시삽 sysop)였던 박정만은 이를 일목요연하게 표로 정리했고, 회원들은 다시 이 표를 온라인 공간 이곳저곳으로 퍼 날랐다.

지금은 피씨통신의 시대가 저물어 하이텔, 천리안, 나우누리 모두 서비스를 중단했을 뿐 아니라 서버조차 폐기되어서, 피씨통신 시절의 자료를 확인하기는 쉽지 않다.[20] 하지만 월드와이드웹(WWW) 시대에도 활동을 계속한 세벌식 지지자들이 보존하고 공유해온 자료를 통해 당시의 논의가 어떤 형태로 정리되었는지 엿볼 수 있다.

블로거 '낮달'은 "두벌식 오나전 벼롤, 빠릴 세벌식으로 바뀌길 ㅂ니다"라는 익살스러운 제목의 글에서 1990년대 중반 세벌식 진영의 레퍼토리를 정리하여 소개했다. 이들의 핵심 주장은 박정만이 공병우와 공동 명의로 작성하여 배포한 다음 "견줌표"로 요약할 수 있다. 세벌식의 장점을 요약하면, 첫째로 두벌식보다 속도가 빠르고 피로가 덜하며 오타가 적고, 둘째로 기계식 타자기와 컴퓨터의 자판을 하나로 통일할 수 있어 기술 적용 폭이 넓으며, 셋째로 한글 창제 원리에 맞게 초·중·종성을 구분하므로 한글을 입출력하는 프로그램을 짜는 일도 더 간단해진다는 것이다(셋째 논거는 조합형 코드와 같이 쓰는 것을 전제로 한다).[21] 피로도나 능률을 어떤 기준으로 재는지 명확한 근거가 제시되어 있지 않

---

19 김수진, 「컴퓨터자판 두벌식 일색—세종대왕 뵙기 민망해요」, 『문화일보』 1997. 10. 9, https://munhwa.com/news/view.html?no=1997100910005301, 2023. 9. 13 접속.

20 김성환, 「디지털 수몰민의 눈물 '우리 추억을 어쩌라고'」, 『한겨레21』 제949호, 2013. 2. 24, https://h21.hani.co.kr/arti/society/society_general/33950.html, 2023. 9. 13 접속.

21 낮달, 「두벌식 오나전 벼롤, 빠릴 세벌식으로 바뀌길 ㅂ니다」, 2016. 2. 17, ㅍㅍㅅㅅ https://ppss.kr/archives/73632, 2023. 8. 15 접속.

공병우·박정만이 만든 '세벌식·두벌식 견줌표'

견주어볼 것	세벌식	두벌식
만들어진 때	1949년~	1983년~
보급률	10%	90%
기종 간 자판 통일	가능	불가능
한글 기계 평균 속도	100%	70%
한글 기계 평균 능률	100%	50%
타자 평균 피로도	50%	100%
타자 오타율	1배	2~3배
건강 피해	50%	100%
한글 구성 원리	꼭 맞음	벗어남
문화 발전 속도	100%	50%
기계 개발 여부	모두 개발 가능	타자기 개발 불가능
글쇠수	1~4단까지	1~3단까지
속도	빠름	느림
리듬감	있음	없음
연타	적음	많음
윗글쇠	적음	많음
프로그래밍	간단함	어려움
발전 가능성	발전이 무궁함	발전이 어려움
모아치기	완벽	불가능

* 출처: 낱달, 「두벌식 오나전 벼롤, 빠릴 세벌식으로 바뀌길 ㅂ니다」, 2016. 2. 17, ㅍㅍㅅㅅ https://ppss.kr/archives/73632, 2023. 8. 15 접속.
* 여기서 '모아치기'란 초·중·종성 글쇠를 한꺼번에 눌러 한 음절을 단숨에 입력하는 것을 말하는데, 속기 전용 자판에 적용되는 기술이다. 일상 생활에서 속기사 수준의 속도로 타자해야 할 경우는 많지 않지만, 세벌식 지지자들은 두벌식으로는 모아치기 프로그램을 만드는 것이 원천적으로 불가능하다는 것을 큰 단점으로 지적했다.

고, 나아가 "문화 발전 속도" 같은 자의적인 형질은 어떻게 측정할 수 있는가 의아함을 자아내는 부분도 있지만, 이 표는 2000년대까지도 복제를 거듭하며 세벌식 사용자 집단이 여전히 남아 있음을 알리는 역할을 했다.

그리고 젊은 사용자들 사이에서 나름 설득력 있게 유통되었던 또 하나의 논거가 소위 '도깨비불 현상'이다. 이것은 '종성 우선 현상'이라고도 하는데, 어

ㄷ
도
돆
도깨
도깹
도깨비
도깨빕
도깨비부
도깨비불

떤 이름으로 불러도 생소한 것은 오늘날 두벌식 자판을 쓰는 대다수의 사용자들은 이것을 특별한 '현상'이나 '문제'로 인식하지 않기 때문일 것이다. 두벌식 자판으로 타자할 때는 앞 음절의 초성과 중성을 입력하고 그 다음 세 번째 신호로 자음을 입력하면 일단 이것은 앞 음절의 받침 자리에 들어간다. 이것이 앞 음절의 받침인지 그 다음 음절의 초성인지는, 네 번째 입력 신호가 자음인지 모음인지에 따라 결정된다. 네 번째 신호가 자음이면 세 번째 자음은 받침 자리에 그대로 정착하지만, 모음이면 다음 음절의 초성 자리로 옮겨 간다(그림 참조). 오늘날 대다수의 두벌식 사용자들은 너무 익숙해져 있기 때문에 이것이 눈에 거슬리지도 않을 것이다. 하지만 지금보다 하드웨어의 성능이 떨어졌던 시절에는 이렇게 받침이 들락날락하는 현상은 실제로 글의 처리 속도를 눈에 띄게 떨어트렸다. 일찍이 송계범의 두벌식 인쇄전신기가 전기회로의 작동으로 두벌식 모아쓰기를 구현했지만, 실제로 여러 음절을 한꺼번에 입력하면 회로에 과부하가 걸려 처리 속도가 느려지고 과열로 기계가 멈추기까지 했다는 것은 앞서 언급한 바와 같다. 이것은 시각적인 도깨비불 현상은 아니었지만, 받침 처리가 한글 기계의 논리 연산에 부담을 준다는 면에서는 도깨비불 현상과 연장선상에 있는 문제라 할 수 있다. 이후 1980년대 들어 전자타자기와 개인용 컴퓨터가 보급되면서 도깨비불 현상은 비로소 사용자들의 주의를 끌었다. 특히 타자에 능숙한 사용자일수록 받침 처리가 지연되어 화면에 글자가 늦게 찍히는 불편

두벌식 자판의 오타 문제

출처: 낮달, 「두벌식 오나전 벼롤, 빠릴 세벌식으로 바뀌길 ㅂ니다」, 앞의 글. 이 글의 제목 자체가 두벌식 자판을 썼을 때 일어날 수 있는 오타들을 여럿 포함하여, 세벌식 사용자의 입장에서 두벌식의 단점을 꼬집고 있다.

뭥미	⇐ 뭐임
밍나	⇐ 미안
빈다	⇐ ㅂ니다
빠릴	⇐ 빨리
생리	⇐ 생일
오나전	⇐ 완전
우너	⇐ 원
젭라	⇐ 제발

함을 더 자주 경험할 수밖에 없었다. 다만 연산 속도와 관련된 문제들은 하드웨어가 놀라운 속도로 개선되면서 금세 대수롭지 않은 일이 되었다. 요즘도 인터넷 검색엔진 중 실시간으로 추천 검색어를 골라주는 증분 검색(incremental search) 기능을 지원하는 곳에서는, 두벌식으로 검색어를 입력하면 음절이 넘어갈 때마다 추천 검색어가 바뀌면서 트래픽 자원을 낭비하는 문제가 일어나기도 한다. 하지만 이 또한 사용자 개인에게 크게 피부에 와닿는 문제는 아니다.

기술적인 문제를 제쳐두더라도, 도깨비불 현상은 오타 문제와도 연결되어 있었으므로 세벌식 사용자들은 여전히 유효한 공격 목표로 인식했다. 세벌식 자판으로 타자하면 초성과 종성이 구별되므로, 손가락 놀림이 엉켜서 자모의 순서가 잘못 입력되더라도 종성이 초성 자리에 가 붙는 일은 일어나지 않는다. 하지만 두벌식 자판을 쓰면 종성으로 가야 할 자음이 초성 자리에 가 붙거나, 반대로 초성이 되어야 할 것이 앞음절의 받침으로 들어가는 일도 곧잘 일어난다. 그 결과 원래 의도와는 다른 우스꽝스러운 글귀가 보이기도 한다. 예를 들어 "뭐임"을 잘못 쓴 "뭥미", "완전"을 잘못 쓴 "오나전" 등은 재미있는 어감 덕에 밈(meme)으로 유행하기도 했다(그림 참조). 세벌식 사용자들은 이 점을 놓치지 않고, 세벌식 자판을 사용한다면 나오지 않겠지만 두벌식 자판을 쓰기 때문에 나오는 우스꽝스러운 오타들의 사례를 모아 표로 만들었다. 이 표도 피씨통신 과 인터넷 게시판에서 복제되고 유포되었다. 그 가운데 하나는 이성과의 채팅 중 "생일"을 "생리"로 잘못 써서 난처해졌다는 사례로 윤색되어 인터넷 유머로 도 종종 회자되었고, 2011년에는 문화방송(MBC)의 시트콤 〈하이킥 3: 짧은 다리 의 역습〉에 소재로 쓰이기도 했다.[22]

여기에 더하여 피씨통신이나 인터넷의 세벌식 옹호론에 단골로 등장하는 또 하나의 소재가 '드보락 자판'이다. 드보락 자판(DSK: Dvoraks Simplified Keyboard)은 미국 워싱턴대학교의 교육심리학자 오거스트 드보락(August Dvorak) 교수가 노스 텍사스주립 교원대학의 윌리엄 딜리(William Dealey)와 함께 1932년 고안한 자판이 다. 이들은 20세기 초 사실상 표준으로 자리잡은 쿼티 자판이 촉지타자에는 최 적의 배열이 아니라고 판단하고, 쿼티 자판을 대신할 수 있는 빠르고 편리한 자판을 만들고자 했다. 그 결과 알파벳 중 가장 사용 빈도가 높은 글자들을 가 운데 줄에 몰아놓고, 다섯 개의 모음(a, e, i, o, u)을 왼손이 전담하도록 배열하여 왼 손과 오른손 손가락의 사용 빈도를 비슷하게 맞추었다. 드보락은 자신의 자판 으로 훈련한 타자수들을 1933년 타자대회에 내보냈고, 이들이 놀라운 속도를 과시함으로써 드보락 자판에 대한 관심이 높아졌다. 그러나 중립적인 입장에 서 실험 설계를 달리하자 드보락 자판과 쿼티 자판의 속도 차이는 통계적으로 의미 있는 수준은 아니라는 결과도 나와서, 드보락 자판은 더 이상 세를 넓히 지 못했다.

그럼에도 불구하고 드보락 자판의 옹호자들은 약 50년 동안 꾸준히 드보락 자판의 장점을 홍보했으며, 나아가 "단점 많은 자판인 쿼티가 시장을 선점하

---

22   송지현, 「서지석, 박하선에 '생리 언제냐' 문자 오타 '폭소'」, 『아시아투데이』 2011. 10. 21, https://www.asiatoday.co.kr/view.php?key=544668, 2023. 9. 12 접속.

여 자물쇠를 채움(lock-in)으로써 더 나은 자판인 드보락의 보급을 막았다"는 서사를 만들어냈다. 이 서사는 약자를 응원하는 심리와 맞물려 기술사에 관심있는 이들로부터 적잖은 호응을 얻었다. 결국 미국 국가표준협회(ANSI)는 1982년 'ANSI X4.22-1983' 규격을 승인하여, 개량된 드보락 자판을 표준 자판의 하나로 승인했다. 사용자 수는 그 뒤로도 크게 늘지 않았지만 드보락 자판은 50년의 싸움 끝에 제도적으로 쿼티와 동등한 지위를 인정받은 것이다.

이렇게 고난을 딛고 해피엔딩으로 끝나는 드보락 자판의 서사는 세벌식 사용자들에게 용기와 희망을 주었다. 표준 자판보다 더 나은 자판이라는 점, 그럼에도 불구하고 표준으로 인정받지 못하여 점점 잊혀가고 있다는 점은 세벌식 진영에서 얼마든지 동일시할 수 있는 이야기였다. 그리고 결국 복수 표준으로 인정받게 되었다는 점은 세벌식 진영이 "그러니 한국에서도 세벌식을 복수 표준으로라도 인정해야 한다"고 주장하는 굳건한 근거가 됨과 동시에, 세벌식 사용자들의 결속을 다지고 미래를 낙관하자고 스스로에게 던지는 호소가 되기도 했다.

'한결체'의 도전

이들의 분투에도 불구하고 세벌식 자판이나 조합형 코드가 표준의 자리를 탈환하는 일은 일어나지 않았다. 조합형과 완성형 한글 코드는 서로 장단점이 뚜렷했기 때문에, 조합형 진영의 공격에도 불구하고 완성형은 표준의 자리를 지켰다. 결국 1996년 유니코드(UNICODE) 2.0부터 조합형 자모와 완성형 음절글자를 모두 지원하는 방식으로 한글 코드 문제는 해소되었다. 자판은 표준의 벽이 더 높았다. 한글 코드 문제가 대부분 화면 저편의 전산처리 영역에서 일어나는 일이어서 일반 사용자들이 체감하기 어려운 것이었던 데 비해, 자판은 사용자들이 컴퓨터를 배울 때 가장 먼저 접하는 인터페이스이므로 직관적이고 접근하기 쉬운 것이 인기를 끌 수밖에 없었다. 키보드에 두벌식 표준 자판이 새겨져 있는데 굳이 그것을 외면하고 더 글쇠 수가 많은 세벌식 자판을 배워야 한다는 주장은, 자판 논쟁을 쭉 지켜본 소수의 사용자를 제외하고는 저변을 넓히기 어려웠다. 공병우는 공안과를 통해 세벌식 자판 스티커를 무료 배포하는 등 마지막까지 세벌식 자판 보급 운동을 멈추지 않았지만, 그가 1995년 세상을 떠나면서 세벌식 자판의 확산도 주춤해졌다.

그러나 세벌체 글꼴은 세벌식 자판보다도 오래 살아남았고, 마침내 독자적인 생명을 얻기에 이르렀다. 공병우 사후 10년이 지난 뒤 일간지 『한겨레』가 탈네모틀 글꼴로 신문 전체를 펴내겠다고 선언한 일은, 탈네모틀 글꼴이 특정한 가치를 담은 문화적 상징이 되었음을 다시금 명확하게 드러낸 사건이었다. 2005년 5월 16일, 『한겨레』는 창간 17주년을 맞아 지면을 개편하면서 파격적인 시도를 했다. 새로 만든 세벌체 폰트 '한결체(한겨레 결체)'로 신문의 전 지면을 편집하기 시작한 것이다. 탈네모틀 글꼴이 책의 제목이나 짧은 광고 문구 등에는 많이 쓰이고 있었지만, 중앙일간지의 본문까지 이런 글꼴로 편집하는 일은 대단히 이례적이었다. 『한겨레』는 2005년 한글날에는 많은 예산을 들여 제작한 한결체를 무료로 인터넷에 공개하는 열의를 보이기까지 했다.[23]

사실 『한겨레』는 1988년 창간할 때부터 한글에 대해서는 상당히 급진적인 입장을 택했다. 창간호부터 가로쓰기 전용을 천명했는데, 당시 중앙일간지로서는 대단히 파격적인 이러한 선택은 신문사의 정체성과 무관하지 않다. 순한글 가로쓰기는 초기에는 "북한 신문 같다"는 비평까지 들을 정도로 생소했지만 『한겨레』가 시도한 뒤로는 시대적 대세가 되어 다른 신문들도 따라가게 되었다. 2005년의 실험은 여기에서 한 발 더 나아간 것으로, 제목뿐 아니라 본문

---

23 『한겨레』 2005. 5. 16; 『한겨레』 2005. 10. 10 등 참조.

제목과 본문 글꼴을 탈네모틀 글꼴로 바꾼 「한겨레」

까지 세벌체 글꼴로 전환을 시도한 것이다.

　한겨레의 시도는 그동안 세벌체 글꼴의 옹호자들이 쌓아올린 나름의 논리를 바탕으로 하고 있다. 세벌체 글꼴의 옹호자들은 한결체와 같은 탈네모틀 글꼴이 한글을 한글답게 쓰는 길일 뿐 아니라, 나아가 "한글 글꼴의 민주화"를 앞당기는 길이라는 논리를 개발해왔다. 한글을 네모틀 안에 맞춰 쓰는 것은 우리가 오랜 세월 한자에 익숙해지는 바람에 생긴 타성일 뿐이지, 한글의 장점을 잘 살릴 수 있는 방식은 아니라는 것이 이들의 주장이다. 받침 있는 글자를 더 길게 쓰는 것은 공간을 합리적으로 쓰는 길이며, 글자가 눈에 더 잘 들어오게 함으로써 한글 고유의 타이포그래피가 될 수 있다는 것이다. 종래의 완성형 글꼴은 최소 수천 개의 음절글자를 디자인해야 하므로 디자이너의 부담이 막중한 데 비하여, 탈네모틀 글꼴은 자모를 모듈화할 수 있어서 새 글꼴 한 벌을 만드는 데 드는 시간과 노동을 줄일 수 있고, 궁극적으로 일반인도 쉽게 자신의 글꼴을 만들 수 있는 "글꼴의 민주화"로 이어질 것이라는 것이 그들의 전망이었다.

글꼴은 살아 있다

한결체의 실험은 어떻게 되었는가? 약 20년이 지난 지금까지도 아직 그 성패를 판단하기에는 이르다고도 할 수 있다. 독자들의 꾸준한 불만이 반영되어 한결체는 점점 받침이 없는 글자도 키가 커지는 방향으로 수정되었고, 요즘의 형태는 주의 깊게 보지 않으면 세벌체 글꼴임을 알아보기 어려운 정도가 되었다. 그러나 『한겨레』의 실험이 상업적으로 성공하느냐의 여부를 떠나, 한결체의 도입은 그 자체로 기술사에서 대단히 흥미로운 주제다. 한글 글꼴의 변천 과정과 한글 기계식 타자기의 역사라는 일견 동떨어져 보이는 두 흐름이 공병우라는 개인을 고리 삼아 1980년대 후반에 만나게 되었고, 그 만남이 2000년대 중반까지 영향을 미치는 것을 확인할 수 있기 때문이다.

탈네모틀 글꼴이 1949년 첫선을 보인 것은 디자이너의 미적 취향 때문이 아니라 기술적 제약 조건들 때문이었다. 공병우 타자기는 특유의 타자 메커니즘 때문에 균일한 네모꼴 글자를 찍을 수 없었고, 이것은 공병우 타자기를 지지하는 이들과 비판하는 이들 사이에 줄곧 쟁점이 되었다. 일찍이 공병우가 세벌식 타자기를 만들었을 때 그는 오로지 속도에만 주목했다. 세벌식 타자기의 글씨가 밉다는 지적에 대해서도 "타자기는 인쇄기가 아니므로 빨리 찍으면 그만"이라고 응수했던 것으로 보아, 그 스스로도 세벌식 타자기의 글꼴에서 특별한 미학적 가치를 발견했던 것은 아니었던 듯하다.

그러나 그와 같은 기술적 제약이 사라진 오늘날에도 탈네모틀 글꼴은 살아남아 있으며, 심미적인 고려에 의해 이용자들의 선택을 받고 있다. 공병우의 투쟁, 재야 한글 운동의 확산, 1980년대 대학의 민주화운동, 개인용 컴퓨터의

첫닿자 기준선 구조 공한체	탈네모틀 한글꼴
ㅡ'자 계열의 기준선 마노체	탈네모틀 한글꼴
모임 형식의 변화 안상수체	탈네모틀 한글꼴
받침의 특성을 살린 해체 구조 이상체	탈네모틀 한글꼴

세벌식 탈네모틀 컴퓨터용 글꼴의 예   출처: 한글 디자인 교과서, 138쪽.

보급 등 몇 가지 요소들이 우연적으로 겹치면서 세벌체 글꼴은 그 창안자도 예
상치 못했던 미학적 가치를 획득하게 되었다. 비록 기계식 타자기는 1980년대
들어 급속도로 퇴조했지만, 그 글꼴의 가치는 컴퓨터용 글꼴로 다시 태어나는
과정에서 새롭게 해석되었다. 그리고 여기에 예상 밖으로 많은 사용자들이 호
응함으로써 탈네모꼴 글꼴이 컴퓨터 시대의 한글 쓰기 문화에 뿌리를 내릴 수
있게 된 것이다. 이처럼 탈네모틀 글꼴을 둘러싼 담론이 구성되고 변천해온 과
정은 하나의 인공물이 기술, 이상, 디자인 등 서로 다른 차원을 아우르는 네트
워크 안에서 성장해 나가는 모습을 생생하게 보여준다.

　세벌체 글꼴의 진화는 여전히 진행 중이다. 특히 공식 출판물이 아닌 휴대
전화나 블로그 같은 사적 매체에서는 세벌체 글꼴이 다양하게 변주되면서 저
변을 넓히고 있다. 디자인의 변화를 줄 여지가 많고 손글씨와 비슷한 느낌을
주는 특징이 있기 때문이다. 세벌식 타자기의 시대가 저물었음에도 불구하고

조합형 모듈을 이용한 세벌체 글꼴들이 독자적인 생명을 얻고 진화를 계속하고 있는 것은, 글쓰기의 테크놀로지가 보여주는 역동성의 한 사례라 할 수 있다.

내일은 한글을 어떤 기계로, 어떻게?

탈네모틀 글꼴은 1990년대 중반 이후 오늘날까지도 적잖은 영향력을 확보하고 있다. 하지만 세벌식 자판의 역사라는 관점에서 보면, 그것은 장엄한 낙조 같은 현상이라고 보아야 할지도 모르겠다.

세벌식 자판의 마지막 불꽃

흔글의 대성공과 탈네모틀 글꼴의 유행은 세벌식 자판의 옹호자들에게 매우 고무적인 일이었다. 그럼에도 불구하고 "세벌식의 역습"은 결국 성공하지 못했다. 개인용 컴퓨터 사용자 수는 크게 늘어났지만, 세벌식 자판을 쓰는 사용자의 비율은 오히려 줄어들어갔던 것이다. 이는 컴퓨터 사용자의 구성이 달라졌기 때문이었다. 개인용 컴퓨터가 보급되던 초창기에는, 컴퓨터를 만질 줄 아는 사람이면 누구나 컴퓨터의 구조나 프로그래밍에 대해 어느 정도의 지식을 갖추고 있었다. 사용자의 대부분이 개발자이기도 했으므로, 피씨통신 등에서는 프로그래밍과 같은 전문적인 주제를 중심으로 이야기가 오가는 것이 보통이었다. 따라서 초기의 컴퓨터 사용자들은 한글 전산화 문제에 대해서도 큰 관심과 전문가 못지않은 식견을 가지고 있었다. 이 집단 안에서 세벌식 자판을 사용하고 지지하는 이들의 비율은 한국사회 일반에 비해 훨씬 높았다. 빠른 타자 속도라든가 초·중·종성이 구분되어 있다는 논리적 타당성 등이 전문가들의 완벽주의적 취향에 잘 들어맞았기 때문이다. 물론 공병우라는 전설적인 인물의 명성도 세벌식 자판에 대한 동정적 분위기의 한 요인이었다.

그러나 1990년대 중반 이후 상황은 크게 달라졌다. 대량생산과 가격 하락에 따라 개인용 컴퓨터 시장은 급격히 확장되었고, 마이크로소프트의 '윈도95' 등 GUI (graphic user interface)를 채용한 운영체제가 선을 보이면서 컴퓨터의 구조나 프로그래밍 같은 것을 몰라도 남녀노소 누구나 컴퓨터를 이용할 수 있게 되었다. 윈도 시대에 컴퓨터를 익힌 이들에게 1980년대의 한글 전산화 논쟁은 피부에 와닿지 않았다. 두벌식이냐 세벌식이냐, 또는 완성형이냐 조합형이냐 등의 논쟁은 이들에게 아무 의미가 없었다. 특히 코드 문제는 빠르게 사람들의 관심사에서 멀어졌다. 1990년대 중반 이후 윈도 계열 운영체제에서는 완성형과 조합형을 절충한 유니코드(Unicode)를 채택했으므로, 사용자들이 한글 코드를 선택할 필요가 없어졌기 때문이다. 한글 자판에 대한 논쟁도 일반 사용자들에게는 별로 중요한 문제가 되지 못했다. 겉으로 드러나지 않는 부분까지 기술의 완결성이나 논리적 타당성을 따지는 전문가들과는 달리, 일반 사용자들은 사용하기에 편리하다면 그 기술에 대해 더 의문을 제기하지 않는 것이 보통이다. 따라서 이들에게는 초·중·종성의 구분 같은 다소 형이상학적인 문제들보다는, 얼마나 직관적으로 배우기 쉽고 쓰기 쉬운가가 자판을 선택하는 데 더 중요한 문제였다. 뿐만 아니라 모든 키보드 표면에 표준 자판이 인쇄되어 시판되고 있었으므로, 일부러 세벌식 자판을 배우기로 결심하고 세벌식 키보드 스티커 등을 찾아 나서지 않는 한, 컴퓨터를 처음 배우는 사용자들은 두벌식 자판에 친숙해지게 마련이었다.

타자라는 행위 자체의 성격이 변한 것도 세벌식에 대한 관심이 줄어든 또 하나의 이유였다. 기계식 타자기로 글을 찍을 때는 타건하는 힘이 그대로 글자의 농도에 반영된다. 따라서 또렷한 문서를 찍으려면 자판을 그야말로 "때려야" 했고, 하루종일 이렇게 힘주어 타자해야 하는 타자수들에게 어떤 자판을 선택하느냐의 문제는 곧장 노동의 강도와, 나아가서는 직업병의 가능성과도 직결되는 일이었다. 그러나 개인용 컴퓨터의 시대로 접어들자 타자는 힘이 거의 들지 않는 일로 바뀌었다. 편하게 뒤로 기대 앉아 손가락만 살짝 놀려도 전자회로로 작동하는 키보드는 컴퓨터에 똑같은 입력신호를 보내주었고, 화면에 찍히는 글자의 농도는 언제나 일정했다. 더욱이 한 사람의 사무직 노동자가 해야 하는 타자 노동의 양도 바뀌었다. 기계식 타자기 시대에는 책상마다 타자기가 있는 것이 아니라, 한 사무실 또는 한 층 전체에서 생산된 손으로 쓴 문서를 모아다가 한두 명의 타자수가 타자하여 정리해주었다. 이에 비해 개인용 컴퓨터 시대에는 대부분의 사무직 노동자가 자기 컴퓨터로 각자 업무를 처리하고, 그에 필요한 글은 직접 타자하게 되었다. 결과적으로 한 사람이 타자하는 글자의 수는 전문 타자수를 두던 시절에 비해 크게 줄어들었고, 어떤 자판이 더 빠른가 또는 어떤 자판이 더 편한가 등의 논쟁도 그 의미가 퇴색되었다. 즉 개인용 컴퓨터 시대로 넘어가면서 세벌식 자판을 옹호하던 주요한 근거들이 사람들의 뇌리에서 차츰 그 존재감을 잃어버린 것이다.

일부러 세벌식 키보드 스티커를 구해다 붙여 쓰는 '유별난' 사용자들은 여전히 열심히 활동을 이어갔다. 공안과에서는 2000년대 초까지도 세벌식을 배우고자 하는 이들을 위해 무료로 세벌식 글쇠 스티커나 키스킨을 우송해주었다. 기존의 세벌식 사용자들도 여전히 '세사모'(세벌식 사랑 모임) 등 피씨통신 동호회를 중심으로 활발히 활동하면서, 세벌식 자판에 관심을 갖고 찾아오는 이들의 질문에 답해주고 세벌식 자판을 옹호하는 논리를 가다듬었다. 그러나 전체 컴퓨터 이용자 중에서 그들이 차지하는 비중은 매우 작았다. 소수의 전문가나 고급 사용자들이 영향력을 미칠 수 없는 공간에서 엄청난 속도로 일반 사용자들이 늘어나고 있었던 것이다. 그리고 이들은 거의 모두 두벌식 표준 자판으로 컴퓨터와 인연을 맺었다.

그리고, 세벌식 자판을 만들고 평생 그것을 지키기 위해 싸워온 공병우가 1995년 세상을 떠났다. 공병우는 아흔이 다 되어서까지 피씨통신과 공안과, 한글문화원 등을 지키며 세벌식 자판의 우수성을 주장하는 일을 게을리 하지 않았다. 노환으로 병원에 입원하던 1995년 1월, 하이텔에서는 그의 ID 'Kongbw'가 탈퇴 처리되었다. 공병우는 3월 세상을 떠났고, 미리 써둔 유서에 따라 그의 시신은 장례식 없이 의학 실습용으로 세브란스 병원에 기증되었다. 그의 사망 소식은 하이텔에 전체 공지 사항으로 올랐고 일주일 만에 5,000여 명의 네티즌이 이 '온라인 부음'을 조회했다. 당시의 피씨통신 사용자 수를 감안하면 기록적인 조회수였다.

타자기의 시대가 가도 한글 기계화의 도전은 계속된다

공병우가 세상을 뜬 뒤에도 세벌식 자판은 사라지지 않았다. 물론 공병우라는 인물의 상징성이 크기는 했으나, 세벌식 자판의 사용자들이 단지 공병우에 대한 존경심으로 글자판을 선택한 것은 아니었기 때문이다. 수십 년 동안 축적된 세벌식 자판의 장단점에 대한 논의들은 두벌식 표준 자판에 만족하지 못한 이들에게 유용한 참고가 되었고, 적게나마 여러 가지 이유로 세벌식을 배우는 이들이 여전히 존재한다. 어떤 이들은 타자를 많이 해야 하는 직종이라 손목이나 팔꿈치의 건강을 걱정해서, 어떤 이들은 속기와 같이 빠른 속도로 타자해야 할 필요가 있어서, 어떤 이들은 소위 '도깨비불 현상' 같은 것이 깔끔하지 않다고 여겨서, 또 어떤 이들은 초·중·종성을 구별하는 세벌식의 기본 구조가 마음에 들어서 등등 저마다 이유는 각기 다르다.

세벌식 자판을 쓰기에는 기술적 환경이 좋아진 면도 있고 거꾸로 나빠진 면도 있다. 컴퓨터 기술의 발달은 사용자가 원하기만 하면 세벌식 자판을 쓰기에 더 편리한 환경을 제공했다. 공병우가 매킨토시로 직결식 글꼴을 만든 인연으로, MacOS 계열에서는 일찍부터 언어설정에서 한국어 자판으로 세벌식을 고를 수 있도록 배려해주었다. 리눅스(Linux)도 한국 보급 초창기부터 GUI 환경에서는 세벌식 입력 옵션을 제공했다. 마이크로소프트 윈도(Windows) 운영체제도 세벌식 사용자들의 요구에 부응하여 윈도95 이후 안정적으로 세벌식 자판을 지원하게 되었다. 어떤 자판을 선택하느냐에 따라 하드웨어를 구입하고 유지보수하는 비용이 달라질 수 있었던 기계식 타자기 시대와는 달리, 컴퓨터 시대에는 자판을 자유롭게 선택하고 언제든 바꿀 수 있게 된 것이다.

반면 스마트폰이나 태블릿과 같은 차세대 정보통신기기에서는 세벌식 자판을 사용하기가 오히려 어려워졌다. 세벌식 자판은 두벌식 자판이나 로마자 자판보다 많은 글쇠가 필요했기 때문에, 어쩔 수 없이 맨 윗줄에도 숫자 대신 한글 자모를 배열했다. 그런데 최근 보급되는 정보통신기기는 터치스크린에서 좁은 화면을 알차게 쓰기 위해, 글자판을 화면에 띄울 때 숫자줄을 빼고 세 줄만 띄워주도록 설계되어 있다. 로마자 자판을 쓰던 미국에서 아이폰이나 아이패드를 설계하면서 다른 언어권을 충분히 배려하지 않은 탓이지만, 전 세계적으로 스마트기기에서는 세 줄의 글자판을 띄우는 것이 당연한 일이 되어버렸으니 어쩔 수 없는 노릇이다. 애플이 한국 보급 초창기에 세벌식 자판을 충실히 지원하여 세벌식 사용자들에게 많은 호응을 얻었던 과거와 비교하면 더욱 얄궂은 역사라고도 할 수 있다.

하지만 세벌식 자판의 문제가 한글 기계화 문제의 전부는 아니다. 세벌식 자판의 명운과 별개로, 또 타자기의 역사와 별개로, 한글 기계화의 역사는 끝나지 않았다. 정보화시대에는 정보화시대에 따르는 문제들이 여전히 남아 있고, 이들 중 몇 가지는 여전히 현재진행형이다.

첫째, 컴퓨터의 한글 코드 문제도 아직 끝나지 않았다. 사실 한글 코드 문제는 "해결되었다"기보다는 "묻혔다"고 말하는 것이 더 적절할 것이다. 완성형과 조합형을 두고 평행선을 달리던 논쟁은 결국 유니코드에 완성형 한글 음절글자와 조합형 자모, 그리고 조합형 옛한글 자모 등 가능한 모든 한글 부호를 집어넣으며 일단락되었는데, 그 결과 "가장 간단한 문자 체계"인 한글은 유니코드 안에서 한자 다음으로 많은 공간을 차지하게 되었다.[01] 하지만 이것으로도 모든 문제가 끝난 것이 아니다. 이 공간은 남한의 한글 코드가 차지하는 공간이고, 북한의 한글 코드가 차지한 공간도 따로 있다. 유니코드 체계 안에서 남북한의 글자 통일은 아직까지 해결되지 않은 과제로 남아 있다. 언젠가 통일이 되어도, 그때까지 남한과 북한에서 각각 생산하고 축적한 막대한 양의 디지털 한글 자료들을 효과적으로 검색하고 활용하기 위해서는 이에 대한 기술적 대비도 필요하다.

둘째, 이 책에서는 남한의 타자기에 대해서만 다루었지만, 남북한의 글자판도 아직 통일되지 않고 있다. 북한의 기계식 타자기에 대해서는 자료가 부족하여 현재로서는 알 수 있는 것이 별로 없다. 컴퓨터 시대로 넘어오면서 1993년 "국규(남한의 KS에 해당) 9256" 자판을 제정하였다는 것이 알려져 있는데, 남한과 마찬가지로 두벌식이며 왼손으로 자음을, 오른손으로 모음을 치게 되어 있다. 남북한은 글자판 통일을 위해 몇 차례의 교섭을 벌였으나 큰 성과 없이 각자의 자판을 고수하고 있다. 성공회의 안마태 신부가 컴퓨터에서 쓸 수 있는 독자적인 세벌식 자판을 만들어 남북한의 통일 글자판으로 채택할 것을 제안한 일도

---

01 Dongoh Park, "The Korean Character Code: A National Controversy, 1987~1995," *IEEE Annals of the History of Computing* 38:2, 2016, pp. 40~53.

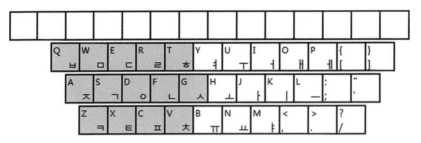

1993년 제정된 북한의 국규 9256(KPS 9256) 컴퓨터 자판
작성자 김국. 출처: 위키피디아.

있으나, 큰 반향을 이끌어내지는 못하고 있다.

셋째, 컴퓨터의 역할을 대신하는 새로운 기기들이 속속 등장함에 따라, 백여 년간 써온 글자판의 틀을 벗어나는 새로운 입력방식을 개발할 필요가 높아지고 있다. 이것은 이미 스마트폰 보급 이전에 휴대전화의 한글 입력에서 한 차례 중요한 과제가 되었다. 터치스크린이 없는 휴대전화에서는 전화번호를 입력하도록 만든 키패드를 활용하여 문자를 입력할 수밖에 없었는데, 같은 단추를 여러 번 누르면 입력되는 신호가 바뀌도록 하여 여러 개의 글자를 열 개의 단추에 담아냈다. 대표적인 입력방식으로 삼성전자의 '천지인' 방식과 LG 전자에서 주로 사용하던 '나랏글' 방식이 있었다. 천지인 방식은 모음의 제자 원리를 응용하여 천(·), 지(ㅡ), 인(ㅣ)의 세 요소를 조합하여 모음을 만들 수 있도록 하는 방식이었고, 나랏글 방식은 자음의 제자 원리에 치중하여 '획추가' 단추를 별도로 두어서, 니은(ㄴ)에 획을 추가하여 디귿(ㄷ)을, 다시 추가하여 티읕(ㅌ)을 만드는 방식이었다. 두 방식 모두 훈민정음 창제 당시에 밝힌 제자 원리를 충실히 따르고 있어 높은 평가를 받았다.

하지만 스마트폰의 시대가 되면서 대대수의 사용자들은 다시 타자기 또는 컴퓨터 자판과 유사한 방식의 입력으로 되돌아갔다. 작은 화면의 스마트폰에

안마태 자판

종성을 맨 아랫줄에 배열하고, 표준 자판의 좌자우모 左子右母 배열을 받아들여 두벌식 자판 사용자가 쉽게 익히도록 하였다.

서는 구형 휴대전화 방식의 입력이 더 편리할 수도 있지만, 컴퓨터 자판을 쓸 때 언어 전환이나 특수기호 입력 등이 자유롭기 때문에 익숙한 방식을 선호하는 것으로 보인다. 다만 앞서 언급했듯이 스마트 기기에서 띄워주는 컴퓨터 자판은 완전한 형태가 아니라 숫자줄 등을 생략한 간단한 형태이므로, 맨윗줄 글쇠를 사용하는 비(非)로마자 자판들은 제대로 사용하기 어렵다는 단점도 있다.

　정보 기술이 계속 발전함에 따라, 스마트 기기의 한글 입력은 자판의 한계를 벗어나 더 큰 가능성을 열어주고 있다. 같은 컴퓨터 자판을 보고 입력하는 것 같지만, 스마트 기기에서 입력하다 보면 컴퓨터로 입력할 때보다 글쇠를 점점 덜 누르게 되는 것을 발견할 수 있다. 언제나 온라인으로 연결되어 있는 스마트 기기들은 사용자의 언어 패턴을 익히고, 입력을 다 마치기도 전에 자주 쓰는 표현을 제안해준다. 이러한 텍스트 예측(text prediction) 기술은 일상적인 대화에서 타자 노동의 양을 크게 줄여준다. 또한 음성인식 기능과도 결합하여 자주 쓰는 표현들을 더 정확하게 구별하고 인식할 수 있도록 도와준다. 이러한 기술들이 계속 발전해 나간다면 직접 글쇠를 눌러 타자하는 일은 점점 줄어들 수도 있을 것이다. 그리고 미래에는 우리가 상상하지 못한 새로운 정보통신기기가 나올 수도 있고, 그것에도 여전히 우리가 아는 것과 같은 형태의 '글자판'이 달려 있을지는, 지금으로서는 아무도 알 수 없는 일이다.

그럼에도 불구하고, 한국인이 한국어를 쓰고 한글로 그것을 표기하는 한, 한글을 어떻게 기계화할 것인가라는 문제는 사라지지 않을 것이다. 어떤 기계로 어떻게 쓸 것인가가 시대에 따라 바뀔 뿐이다. 우리는 앞으로도 우리가 알고 있는 기계로, 또는 우리가 아직 알지 못하는 기계로, 어떻게 하면 한글을 "한글답게" 입력할 수 있을지 고민할 것이고, 나아가 "한글답게"라는 것이 무엇인지에 대해서도 계속 논쟁할 것이다. 그 끝없는 모색과 시행착오를 통해 15세기 세종대왕이 만든 훈민정음은 오늘에 맞는 의미를 찾고 새로운 생명력을 얻게 될 것이다.

이 책은 아래의 논문들을 근간으로 새롭게 구성, 보완하여 집필되었음.

- 「'가장 과학적인 문자'와 근대 기술의 충돌—초기 기계식 한글 타자기 개발 과정의 문제들, 1914~1968」, 『한국과학사학회지』 33권 3호, 2011. 12.
- 「"독학 의학박사"의 자수성가기—안과의사 공병우(1907~1995)를 통해 살펴본 일제강점기 의료계의 단면」, 『의사학』 22권 3호(통권 45), 2013. 12.
- 「1969년 한글 자판 표준화—한글 기계화의 분수령」, 『역사비평』 113, 2015 겨울호.
- 「한글 기계 생태계의 압력, 변이, 그리고 진화—1960~80년대의 다양한 한글 기계들의 성쇠」, 『동악어문학』 69집, 2016. 12.
- 「어설픈 절충에서 새로운 미학으로—공병우 타자기의 유산과 '탈네모틀 글꼴'의 탄생」, 『동악어문학』 77집, 2018. 12.
- 「안과의사, 시각장애인에게 타자를 가르치다—'맹인부흥원'과 공병우의 시각장애인 자활 운동」, 『역사비평』 130, 2020 봄호.